审讯测谎一体化实务宝典

杨　鹏◎著

中国法制出版社
CHINA LEGAL PUBLISHING HOUSE

序

《审讯测慌一体化实务宝典》一书的出版问世，无疑是对审讯科学的务实性打下了坚实的根基，侦查审讯的行为目的在于转变犯罪嫌疑人的隐瞒对抗心理，使之自愿供述犯罪事实。侦查审讯的这一行为活动，按照传统的审讯方法，完全依赖于审讯人员的经验和水平，来完成嫌疑人对抗心理的转变，在此行为过程中把握嫌疑人的对抗心理过程，对侦查审讯人员来说既是首要的任务也是一大难关，过此难关的基本方法主要是依赖侦查审讯人员的眼睛看、耳朵听和心理的经验感知，于此也大大的降低了对审讯对象判定的准确性和对审讯目标成功的时效性，由此也迫切需要运用科学的心理测试技术，来解决对犯罪嫌疑人的对抗心理把握的难题。

二十世纪七十年代我们国家引进美国的心理测试技术，很快的就运用到了侦查审讯的行为活动中，借助于心理测试技术为审讯服务，但是这种借助于服务的关系始终处于分离状态，专门心理测试人员，针对犯罪嫌疑人的隐瞒和谎言进行心理测试，待测试完成后审讯人员再介入审讯。很多的时候测试人员完成了测试，告知嫌疑人的测试结果之后就离开了审讯室。测试结果致使嫌疑人的谎言退路被破坏和堵塞，处于被强制的心理困境，即刻需要趁热打铁对应的方法跟进，而此刻嫌疑人所处的空间是等待审讯人员继续审讯的空白而自由的空间，同时也是留给嫌疑人缓解心理压力的空间，待审讯人员根据测试的结果再次进行审讯的时候，犯罪嫌疑人被测试后产生的心理强制的压力又恢复到了初前。这种“审”“测”分离、各自为政的方法，降低了应有的心理测试和心理反应的效果。

审测一体化即审讯与测试合为一体，审中有测，测中有审，能够有效、及时、准确的把握嫌疑人在当下的被审讯的空间里“想什么”“怕什么”“要什么”，审讯人员才能及时准确的知道“用什么”，以此保障审讯活动的顺利成功！

《审讯测谎一体化实务宝典》一书的作者杨鹏，是公安机关的侦查审讯和心理测试技术的专家，他从警二十多年成功的审结了数十件久攻不破的疑难案件，是实战型的侦查审讯专家，他高深的侦查审讯技巧，为公安机关打击各类刑事犯罪作出了积极贡献，他诸多的奖章和荣誉证书，记载着他件件成功的审讯案例，也为审讯科学与技术的发展和进步奠定了坚实理论基础。

我与杨鹏的相识是一次偶然的机会，在公安部刑事侦查审讯骨干培训班上，他是培训班里的学员，虽然说他是学员，但是他却给我留下了深刻的印象，他对审讯科学的研究已经达到痴迷的程度，我自居是培训班的教官和老师，授课结束总想安静的休息不想被学员们打扰，但是每次都有学员围着问这问那，就是在那天的人群中一位学员提出的问题让我感到惊讶，他不仅对我课上的内容熟记如流，而且还提出了一个更深层次的疑难问题：“审讯的过程是解决谎言恢复客观事实的过程，前提条件是解决谎言和处理谎言的问题，运用“导慌”的方法解决了谎言问题，但是他距离恢复客观事实仍然还存在着一定的距离，也就是说揭露了嫌疑人的谎言，并不能代表嫌疑人就会主动交代犯罪事实，就能够恢复客观事实，为了解决此类问题，能否在“导慌”的方法上进行深化，以此来促进供述动机的产生！”。提问题的学员正是杨鹏，他提出这个问题的目的，是试图通过深化谎言的处理，找出能够促进犯罪嫌疑人供述动机产生的条件和方法。一直以来能够促进犯罪嫌疑人供述动机产生的条件在哪里，始终都是困扰着审讯人员的难题，同时，能够发现这一难题的存在，和解决这一难题的目标和方向，本身就需要具备一定审讯能力、实战经验和对审讯活动有很高悟性的专业审讯人员才能提出来。该问题的提出，与我当时的想法不谋而合，于此才有了我们今天运用的“换谎”和“撤慌”的审讯方法。

《审讯测谎一体化实务宝典》是一部难得的审讯实战宝典，该书言简意赅，书中的大量实战案例，充分的显示了该书丰富的内容，独特的审讯技巧，接地气的操作方法。它是从事侦查审讯、监察讯问工作人员难得的教科书，有着很强实务指导性，同时该书的出版也为审讯科学与技术的发展和研究更上一层楼。

吴克利写于

中国政法大学刑司院国际交流中心

2019 年 4 月 12 日

目录

第一章　犯罪嫌疑人抗审的心理因素

第一节　利益关系的心理冲突与平衡 ······ 1
第二节　对抗条件的满足与得失 ······ 5
第三节　人格特征的抗审行为 ······ 7

第二章　犯罪嫌疑人的抗审行为特征与破解

第一节　谎言抗审的行为特征与讯问对策 ······ 14
第二节　“沉默”对抗的讯问方法 ······ 47
第三节　人格特质属性的对抗特征与供述行为 ······ 56

第三章　侦查审讯的方法和技巧

第一节　讯问与供述的基本原理 ······ 75
第二节　讯问的科学行为方法 ······ 78
第三节　信念对抗行为的讯问方法与技巧 ······ 92

第四章　生理心理测试技术的问世

第一节　能够测出谎言的生理心理测试技术的产生 …………… 95
第二节　生理心理测试技术的原理和构造 ………………………… 95
第三节　生理心理测试技术的历史发展 …………………………… 100
第四节　生理心理测试技术的法律地位 …………………………… 101
第五节　现代生理心理测试技术的作用 …………………………… 102
第六节　生理心理测试技术的方法和条件 ………………………… 103
第七节　“问题”设置与收录 ………………………………………… 106
第八节　谎言导致的心理应激微反应 ……………………………… 109
第九节　心理应激微反应技术测试谎言在国内外的发展情况 ………………………………………………………… 110
第十节　微表情、微反应研究与测谎的关系 ……………………… 111

第五章　语音测试技术提取谎言

第一节　语音测试技术的产生及发展历程 ………………………… 113
第二节　语音测试技术的基本原理 ………………………………… 114
第三节　语音测试技术的方法 ……………………………………… 114

第六章　眼动状态下的谎言

第一节　眼动测试技术的起源 ……………………………………… 116
第二节　眼动测谎的原理及应用 …………………………………… 116
第三节　思考眼动状态下的谎言摄录 ……………………………… 117

第七章 审测一体化的科学作用

第一节 审测一体化的作用 …………………………………… 119
第二节 审测对“退路心理支点”的封锁………………………… 121
第三节 审测加速对抗“心理支点”的转换……………………… 122
第四节 审测的供述动力产生的心理依据 ……………………… 124

第八章 审测封控谎言设置认知误区

第一节 审测“介入定位”的开场方法（案例 1） …………… 129
第二节 审测“涉案关系”的抽取方法（案例 2） …………… 143
第三节 审测“否定堵退”的控制方法（案例 3） …………… 160
第四节 审测“确认存在”的心理影响（案例 4） …………… 174

第九章 审测转移恶果——认事否认罪

第一节 审测“涉案原因”的退路转换（案例 5） …………… 193
第二节 审测“原因认可”的心理顺应（案例 6） …………… 205
第三节 审测“降低恶性”的缓解恶性（案例 7） …………… 217
第四节 审测“转换恶果”的路径疏通（案例 8） …………… 225

第十章 审测推进涉案情景、确认事实要件

第一节 审测“退路选择”的更换支点（案例 9） …………… 244
第二节 审测“涉案情景”的供述选择（案例 10） ………… 257

第三节 审测“事实要件”的供述层面（案例11） ………… 274
第四节 审测“证据确认”的言词证据提取（案例12） …… 283

第十一章 审测案例实务

1. 2016年“5·17”黑龙江省大庆市杜蒙县伪装交通肇事报复杀人案 ………… 295
2. 2017年“4·25”黑龙江省肇源县亡人疑难案件 ………… 308
3. 2017年“5·26”黑龙江省杜蒙县侯某某、殷某某敲诈勒索案 ………… 319
4. 2018年“2·6”大庆涉黑涉恶案件 ………… 328

第一章　犯罪嫌疑人抗审的心理因素

第一节　利益关系的心理冲突与平衡

一、概述

从利益的概念上来看，利益就是好处，或者说就是某种需要或愿望的满足。由于利益存在于不同领域，利益有物质利益、政治利益、精神利益三种利益之分。在职务犯罪的侦查讯问活动中，职务犯罪嫌疑人的抗审行为，就是围绕着物质利益、政治利益、精神利益这三种利益展开的。犯罪的惩罚性告诉了犯罪嫌疑人在实施犯罪行为之后，将由此带来物质利益、政治利益、精神利益三种利益的损失。这是犯罪嫌疑人抗审的重要心理依据，这种心理依据的来源是“社会交换理论”的人的基本行为规则，即“趋利避害”的本性。人们的认识在于对自己有利的就会有积极的行为，对自己不利的就会表现出对抗行为。在侦查讯问活动中，由于犯罪行为的被惩罚性，犯罪嫌疑人供述自己的犯罪事实，就意味着将会受到惩罚、利益将会受到损失。所以，犯罪嫌疑人认识到这种后果的时候，就会选择对抗。与此相反，如果犯罪嫌疑人意识到自己在实施犯罪行为之后，向司法机关供述，不仅不会受到惩罚，而且还会得到奖励，那么犯罪嫌疑人就不会选择抗审了。犯罪嫌疑人是理性人，在侦查讯问过程中无论任何决定，都是犯罪嫌疑人的一种理性的选择行为。这是人的本性所决定的，任何人都有趋利避害的本能。我们每一个人，在作出某种行为的决定之前，都会在内心考虑并权衡该行为是否能给自己带来利益，若自己的判断为“是”，则会选择去实施该行为；反之则会选择不去实施该行为。犯罪嫌疑人在被讯问的过程中，选择的抗审行为过程有一个理性选择决定自己行为的过程。在侦查讯问起始阶段，有罪的犯罪嫌疑人都会将自己如实供述犯罪事实后，随之而来的各种后果看得比较重，因为该行为将受到刑罚处罚而失去人身自由或生命权利；没收财产而失去自己原有的财产；失去现有的优越的工作机会；失去现有的社会地位和良好的声誉名誉；失去自己的亲情友情；等等。因此，犯罪嫌疑人不会轻易在侦查讯问开始时就供认自己的犯罪事实。

上述情况表明，犯罪嫌疑人是为了维护自己的利益才选择抗审的，可是，在很多的时候，犯罪嫌疑人又总是从开始的“抗审”，经过讯问人员的语言交流，放弃了对抗，选择了供述，这又是什么原因呢？难道犯罪嫌疑人不知道供述以后会给自己带来的影响吗？显然不是！首先是从犯罪嫌疑人抗审的行为表现来看，犯罪嫌疑人首先是选择拒供而保持沉默，经过讯问人员的语言交流，继而进行了假供即以欺骗撒谎来应付审讯人员的提问。其次是经过实质性的对抗，利益关系发生了部分变化，犯罪嫌疑人选择交代了其中的一点或者一部分犯罪事实。最后是利益关系发生了根本的变化，犯罪嫌疑人经过权衡利弊，如实供述了自己全部的犯罪事实。侦查讯问过程中的这一发展过程，是犯罪嫌疑人在侦查讯问中的一种理性的选择，选择作出真实的供述，也是嫌疑人在其内心作出了如实供述对其自己有利的判断后而实施的行为。由此可见，当犯罪嫌疑人认为供述比对抗对自己有利的时候，他就会放弃对抗选择供述。这是犯罪嫌疑人在对抗的利益关系的心理冲突之后，发生的利益关系的变化，继而进行的利益平衡的结果，即讯问活动的最高境界：犯罪嫌疑人明知自己供述以后对自己不利，仍然选择供述。

二、审讯活动中对利益关系的认识和把握

在审讯活动中，犯罪嫌疑人对利益关系的认知，还可分为长远利益与

眼前利益。长远的利益关系是行为的最终结果，犯罪行为的最终结果是刑法的处罚。犯罪嫌疑人刚开始的对抗，就是来源于这种长远利益的丧失，因害怕受到刑罚处罚而产生的对抗行为。审讯活动中犯罪嫌疑人所面对的眼前利益，就是当前被讯问所带来的心理焦虑和心理压力。很多的时候，犯罪嫌疑人为了解脱这种心理焦虑和压力，就会选择顺应行为放弃对抗而获取眼前利益。因此，如果犯罪嫌疑人始终选择维护自己的长远利益，那么他就会选择积极地对抗。如果犯罪嫌疑人为了摆脱眼前的困境，为了当前利益，就可能选择顺应服从，进而作出供述。

关于在侦查讯问活动中犯罪嫌疑人所面临的利益关系，还表现为整体利益与局部利益。犯罪嫌疑人犯罪以后对自己、对家庭、对自己的生活圈所带来的伤害，利益的损失，被称为整体的利益关系的损失。因为自己的犯罪行为给自己的局部利益或者给家庭某个成员带来的伤害，称之为局部利益关系。这两种利益关系经常是发生冲突处于两难状态。犯罪嫌疑人在讯问中的对抗行为通常是为了维护整体利益而产生的，可是，在很多的时候，犯罪嫌疑人为了局部利益会放弃整体利益。例如，某犯罪嫌疑人在被采取强制措施以后，仍然坚持顽固地对抗，拒不交代自己的犯罪事实，当得知自己的女儿再有两个月就要参加高考了，可是因为自己的犯罪，导致女儿无心读书，面临无法参加高考的情况，这对女儿的一生前途将会产生重要的影响。为此，犯罪嫌疑人选择积极配合，创造取保候审的条件，尽快走出看守所，让女儿能够顺利参加高考。这种局部利益使犯罪嫌疑人放弃了整体的对抗。

犯罪嫌疑人所面临的利益关系最重要的区别在于：合法利益与非法利益的关系，犯罪嫌疑人的对抗行为是为了维护非法的利益关系，即掩盖犯罪行为达到对自己非法利益的维护。当犯罪嫌疑人认识到自己的犯罪行为对社会的危害，产生了悔过的思想认识，转而积极主动供述自己的犯罪事实，从根本上来说就是对合法利益的维护，这种认识过程，就是非法利益关系向合法利益关系转化的过程。促成转化就是讯问人员的基本任务。

首先，基于人的趋利避害的利益关系，其行为模式的择优选择功能，是其自身行为选择的依据。一旦犯罪嫌疑人认识到供的后果优于不供的后果时，供述就成为其行动的必然选择。此外，人的“两害相权取其轻”的心理决定其行为选择方向。例如，法律规定在被追诉前主动交代行贿行为的，可以减轻处罚或者免除处罚。这就为在大量的贿赂案件侦查中，先突破行贿人继而瓦解受贿人的心理防线，并最终突破全案提供了法律保障。而行贿人可能在众多的行贿事实中，选择交代已被检察机关发觉查处的一部分，也就成了两害相权取其轻心理的直接表现行为。其次，在共同犯罪案件中，攻守同盟中必然有人会出于自保自私的心理率先背弃盟约，以求得相对较轻的处罚结果。在侦查审讯活动中，客观地存在嫌疑对象有很多“利益”争取的空间。讯问人员注意把握这些“空间”，帮助犯罪嫌疑人选择有利的空间，犯罪嫌疑人就能够产生利益关系的顺应行为：法律对侦查规定的时限性，是犯罪嫌疑人明知的，作为犯罪嫌疑人，是想让侦查员把法律赋予的侦查时限用足，还是尽快了结自己的事？显然后者是他们的利益取向。再次，法律赋予的取保候审的条件，不具备取保候审条件的就应该采取强制措施，满足取保候审条件的就可以解除强制措施，显然后者能够满足犯罪嫌疑人趋利避害的条件选择。从次，在侦查力量的选择上，作为犯罪嫌疑人是想让自己的问题由很多人来查处呢？还是按常规办就可以了呢？显然，没有哪一个犯罪嫌疑人会希望由于自己的不配合而导致一个庞大的群体都投入他的案件侦查讯问工作中来。最后，是趋利避害的选择性，当一个重要的利益失去以后，接着而来的就是尽力去追求一个较轻的损失后果，即争取坦白获得从宽处理，以此获取新的利益关系。

审讯活动中利益关系的把握，是讯问人员依据案情帮助犯罪嫌疑人作出的行为选择。其作用就是能够让犯罪嫌疑人更好、更快、更准确地去把握为自己争取可能“利益”的时机，并作出顺应性的行为抉择。

第二节　对抗条件的满足与得失

一、概述

犯罪嫌疑人一般不会轻易供述自己的犯罪事实，是抗审的对抗条件所决定的。侦查讯问实践中，犯罪嫌疑人很少主动地向侦查讯问人员供述其犯罪事实。美国刑事司法学界和警察科学界最著名的学者之一弗雷德·英博说："人类一般不会主动、自发地供认自己的罪行……期望作案人未经审讯的触动便因良心的折磨而供认罪行的想法是不切实际的。"再有，侦查学鼻祖汉斯·格罗斯也说："希望每个人都能坦白自己的罪行，是残忍的，至少是不人道的。"因为犯罪嫌疑人在具备自我保护的条件下，是不会轻易放弃自己对利益的要求的。犯罪嫌疑人没有经过讯问人员的接触，就不可能知道自己是否存在自我保护的条件，趋利避害的行为本能告诉他，无论是什么样的行为，只要是对自己不利的都要进行对抗，这是犯罪嫌疑人很少主动向侦查讯问人员供述犯罪事实的重要原因。

对抗条件是决定犯罪嫌疑人对抗行为存在、发展的内部原因，同时对抗条件也是制约和影响对抗行为存在、发展的外部因素。有条件对抗，犯罪嫌疑人才会选择对抗，如果没有了对抗的条件，犯罪嫌疑人就会放弃对抗。如同儿童与青少年进行武力对抗，显然儿童没有与青少年进行武力对抗的条件，失去了武力对抗条件只能选择放弃。由此，犯罪嫌疑人选择的抗审，是在有条件对抗的基础上产生的。

二、对抗条件的认识与把握

犯罪嫌疑人的对抗条件，建立在犯罪事实没有暴露的基础上。犯罪证据没有被司法机关掌握的前提下产生的对抗条件，这是犯罪嫌疑人对抗讯问的基础。如犯罪事实已被侦查或司法机关查清，自己即使不如实供述也不影响司法机关对自己的处罚，在无法逃避损失后果的情况下，犯罪嫌疑人的对抗就失去了意义，就会自然地放弃对抗。

“条件”认知的程度决定了犯罪嫌疑人抗审的行为方向。在很多的时候，侦查讯问人员手里并没有掌握犯罪嫌疑人的犯罪证据，讯问犯罪嫌疑人的目的就是要让犯罪嫌疑人自己交出犯罪证据，犯罪嫌疑人也正是在这种情况下供述自己的犯罪事实的。如果犯罪嫌疑人明知侦查讯问人员没有掌握自己的犯罪证据，证明自己犯罪还要依赖自己的供述，才能确定自己犯罪，自己还有条件对抗，那么犯罪嫌疑人能够选择放弃对抗吗？显然是不会的。那是什么原因导致犯罪嫌疑人在有条件对抗的情况下，放弃对抗的呢？这是由犯罪嫌疑人对“条件”认知的程度决定的。在讯问活动中，讯问人员的态势以及所提供的信息，足以使犯罪嫌疑人感觉到讯问人员已经掌握了犯罪证据，或者是犯罪信息，认知的结果是对抗条件的丧失，这实际上是对“条件”认知的错觉造成的，是误以为“条件”的丧失。这正是讯问人员在没有掌握犯罪嫌疑人犯罪证据的情况下，能够使犯罪嫌疑人供述犯罪事实的重要基础。

“对抗条件”的把握程度决定了犯罪嫌疑人的对抗程度。对犯罪事实暴露程度的把握，实际上就是对对抗条件的认知。全部犯罪事实的暴露与局部犯罪事实的暴露，多个犯罪事实的暴露与部分犯罪事实的暴露，是犯罪嫌疑人选择全部供述还是部分供述的重要基础。如果犯罪嫌疑人的认知是全部犯罪事实的暴露，那么就有可能选择全部供述；如果犯罪嫌疑人的认知是部分犯罪事实的暴露，那么他就不可能选择供述全部犯罪事实，而会选择暴露多少就供述多少，这是人的趋利避害的本性所决定的。在讯问活动中讯问人员如何组织“对抗条件”的认知？是全部“对抗条件”的丧失，还是部分“对抗条件”的丧失，是由讯问的目的所决定的。侦查犯罪是全部的犯罪行为，而不是局部的犯罪行为，所以讯问人员在组织对犯罪嫌疑人的信息影响时，是让犯罪嫌疑人产生对全部犯罪事实的认知，避免犯罪嫌疑人对局部犯罪事实的认知。如果让犯罪嫌疑人产生的是对局部犯罪事实的认知，那么犯罪嫌疑人只会供述局部犯罪事实，从而掩盖其他犯罪事实。所以，“对抗条件”的丧失，是整体的还是个体的，对犯罪嫌疑人的对抗行为有着重要的影响。

犯罪行为的记忆是犯罪嫌疑人“对抗条件”产生的基础。第一，侦查讯问是在审讯者预先认为犯罪嫌疑人有罪的前提下进行的，而这个前提的产生则是基于犯罪嫌疑人的犯罪记忆，没有犯罪记忆就不存在对抗，犯罪嫌疑人实施了犯罪行为，因为这种行为是社会否定的行为，是要受到法律惩罚的行为，由此才会引起对抗，如果没有犯罪的行为记忆，就不存在对犯罪行为的隐瞒和对抗了。犯罪嫌疑人的“对抗条件”依赖于犯罪的行为记忆，在犯罪嫌疑人实施犯罪活动的过程中，那些能够证明犯罪行为的因素和犯罪事实暴露的可能性，对犯罪嫌疑人心理的“对抗条件”产生了重要的影响。犯罪行为的记忆是犯罪嫌疑人自我确认的依据，犯罪嫌疑人在被讯问过程中的一系列行为都是从这里开始的，犯罪的记忆是犯罪嫌疑人对抗的前提，没有犯罪记忆就不存在对抗的问题了。在讯问的空间里，对犯罪行为的记忆是模拟产生、再现的，在讯问的空间里，讯问人员对犯罪行为的模拟程度，对嫌疑人的对抗条件的认知有着重要的影响。讯问人员模拟的犯罪事实与犯罪嫌疑人的行为记忆相吻合，犯罪嫌疑人的对抗条件就会自动丧失；反之就会被强化。第二，人的生理和心理的特征反映，犯罪的行为记忆在讯问人员外来的信息刺激下被激活，自然就会通过不同的渠道反映出来（这是形体语言研究的结果），例如，犯罪嫌疑人为了掩盖自己的犯罪事实，对抗侦查讯问的基本方法就是“谎言”，这种“谎言”在外来的信息刺激下，总会通过说谎者的外部形体反映出来，告诉别人自己在说谎。最后，说谎者引发的心理焦虑，促成了自我对抗条件的降低和削弱。由此，犯罪的行为记忆是隐瞒犯罪事实的天敌。

第三节　人格特征的抗审行为

一、概述

讯问实践表明，犯罪嫌疑人的人格特征对抗审行为产生重要的影响。

从人的个体人格形成的基本特征来看，心理学家们认为：个体人格的形成，主要受遗传与环境因素的影响，人格是一个整体，它由三个部分组成，即本我、自我和超我。“本我”是人格结构中最原始的部分，从出生之日起便存在，构成本我的成分是人类的基本需求，也是生之本能。它是促动个体求生活动的内在力量。“自我”是个体在现实环境中由“本我”分化发展而产生的，由“本我”而来的各种需求，如不能在现实中得到满足，他就必须迁就现实的限制，并学会如何在现实中获得需求的满足。这种需求对“本我”的冲动具有缓冲和调节的功能。“超我”是人格结构中的道德部分，处于管制地位，是个体接受社会文化道德规范的教养而逐渐形成的。当“超我”不能对自我起到管制作用时，“本我”和“自我”会因为各种需求而产生内在的动力，从而采取实现需求的行为，这种行为就可能会违反社会文化的道德规范。因此，犯罪嫌疑人个人的个性与经历，直接影响其社会化程度和人格特征。

二、人格特征的认识与把握

“人格基本属性”是人对客观现实反应和付诸行为的基本态度和认识，它的特点在于不同的人的人格差异现象。心理学家对人格测验和评定是从人格差异现象入手的，并不是对人格的高低予以评定。但是，从审讯心理学的角度上来评定犯罪嫌疑人的人格的时候，不仅要评定、找出他们的人格差异，还要确定他们的人格基本特征。有人说犯罪嫌疑人或者犯罪分子，不会有太高的人格。笔者认为这种说法是不客观的，人犯了罪并不证明他的人格就低。例如，有的国家干部因一念之差收受贿赂，构成了犯罪，当司法机关的侦查人员对其进行审讯时，他能很快地承认自己的犯罪事实，不抵赖。而有的犯罪嫌疑人在铁的事实面前还抵赖不认账、耍无赖。这里不仅仅是表现在人格上的差异，同时也表现出了思想觉悟的高低。笔者认识一位比较有名的审讯专家，一次偶然的机会，我们共同对一个犯罪嫌疑人进行审讯。经过几十次的审讯，被审讯人拒不开口，甚至在铁的事实面前仍不认账。此后，这个审讯专家开玩笑说：“这个人的人格基调太低，不是一天能转变过来的。”事后，我特地对这位犯罪嫌疑人的家族进行了调查，发现他的父母、伯父、兄弟姐妹，为人处世“唯利是图”，不讲道理，其父亲和伯父爱说假话，为了评定职称能偷改自己的人事档案，当地的老百姓都认为：这一家人实属无赖。这种类型的人格特点对审讯活动会产生较大的影响，在很多时候，这类人往往因为一丁点儿的利益，能坚持抗审几个月不开口，因此，在审讯过程中，应该针对不同的人格特点采取不同的方法。研究审讯心理学的目的，就是通过犯罪嫌疑人在审讯活动中的心理反应，找出其心理活动规律，对症下药，迫使其认罪服法，完全彻底地交代自己的犯罪事实。因而，仅从人格区别的横向特点来研究犯罪嫌疑人在审讯活动中的心理规律，是不全面的。要清楚地知道犯罪嫌疑人在审讯活动中的心理规律和表现，更重要的还要从纵向对犯罪嫌疑人的本质特点进行研究，这就是“人格基本属性”。犯罪嫌疑人在客观事实面前能够承认客观事实，能够悔过承认，其人格属性表现即为正常的标准的人格表现。如果犯罪嫌疑人在客观事实确凿的情况下，还仍然否认客观事实，就是人格属性差异的表现。人格差异的表现往往是与自己的利益以及利害关系联系在一起的，当犯罪嫌疑人发现对自己的利害发生变化的时候，他会向着对自己有利的方面发展。因此，在审讯这类犯罪嫌疑人时，第一，应该多注意把他们放在利弊对比的关系中，让其做出选择，逐渐把他们引向有利于供述罪行的方面。第二，对这类人，在审讯开始时就应当主动地降低他们的人格差异，满足“超我”是人格结构中的道德规范，维护其正常的人格属性，肯定他们身上闪光的东西，把别人高品质的人格表现转嫁到他的身上，让犯罪嫌疑人自己立起来，帮助犯罪嫌疑人降低人格差异，以满足审讯活动的需要。

人格特征在环境的影响和刺激下发生变化，是由人格基本属性所决定的。孟母三迁的故事流传已久：孟子还很小的时候他的父亲就去世了，他的母亲守节没有改嫁。一开始，他们住在墓地旁边。孟子就和邻居的小孩一起学着大人跪拜、哭号的样子，玩起办理丧事的游戏。孟子的母亲看到了，就皱起眉头：“不行！我不能让我的孩子住在这里了！”孟子的母亲就带着孟子搬到市集，靠近杀猪宰羊的地方去住。到了市集，孟子又和邻居的小孩学起商人做生意和屠宰猪羊的事。孟子的母亲知道了，又皱皱眉头："这个地方也不适合我的孩子居住！"于是，他们又搬家了。这一次，他们搬到了学校附近。每月夏历初一这个时候，官员到文庙，行礼跪拜，互相礼貌相待，孟子见了之后都学习记住。孟子的母亲很满意地点着头说："这才是我儿子应该住的地方呀！"后来，人们就用"孟母三迁"来表示人应该接近好的人、事、物，才能学习到好的习惯。这也说明环境能改变一个人的爱好和习惯、能改变人的人格特征，环境对造就人格有着重要的意义。

审讯空间的环境，对犯罪嫌疑人来说是特殊的甚至是陌生的，面对这种特殊而陌生的环境，犯罪嫌疑人没有现成的经验告诉其如何面对审讯空间的环境，犯罪嫌疑人只能调动以往的人格经验，来应对眼前所面临的环境。所以，犯罪嫌疑人进入审讯空间之后，其相对稳定的人格特征会发生变化，原本是外向型性格的人却表现为沉默寡语，原本是内向型性格的人却表现出口若悬河的积极对抗。再有，随着讯问空间的信息刺激反应，犯罪嫌疑人原本是有较高的品格特征的人，如优秀的公务员、高层领导干部、众人评价品格高尚的人，却在审讯室内表现出无赖、满口谎言、狡辩抵赖等行为的人格特征。所以说，审讯空间能够改变犯罪嫌疑人相对稳定的人格特征，出现人格属性差异。因此，审讯人员必须注意调整犯罪嫌疑人的人格属性差异，使其人格特征达到正常的人格状态，以满足审讯需要。在讯问的空间里，调整犯罪嫌疑人的人格行为特征，是通过对犯罪嫌疑人评价的方法来进行的。通过对犯罪嫌疑人的品格评价，激发其闪光的、优秀品质的人格，建立自我维护的心理行为，帮助其搭建供述认罪的平台。

犯罪嫌疑人的成长过程同时也是一个社会化的过程，在他的社会化过程中，社会行为规则与价值观念都会内化在犯罪嫌疑人的行为模式与思维模式中，即使是在犯罪过程中，犯罪嫌疑人也摆脱不了社会化过程对其的影响。在侦查讯问中，犯罪嫌疑人也摆脱不了正常社会价值观念与行为规则对其的影响。这主要表现为由于犯罪而在嫌疑人心中形成的罪责感与内疚感，也即通常所说的良心受到折磨。让犯罪嫌疑人认为谁都不愿意把自己的钱给别人，在无奈的情况下才不得不给钱，他就不会去拿别人的钱了。例如，某企业公司的经理为了找某领导办事，委托中间人给某领导送去5万元人民币，某领导当即就收下了。可是，在某领导准备拿着钱走的时候，中间人告诉他，那个公司经理在委托送钱的时候说："怎么办呢！不给钱办不成事啊！"听到这句话后，这位领导干部立即将钱退还给了中间人。这一行为说明，犯罪嫌疑人的犯罪行为是在心理平衡的状态下实施的，一旦心理不能平衡就会放弃犯罪行为，上述的某领导干部已经接受了中间人的5万元，但是听到中间人的传话之后，心理出现了不平衡状态，便放弃了拿钱的行为。根据犯罪学家的解释，在犯罪实施过程中，大多犯罪嫌疑人在控制侵害对象时，其内心有一个将对象非人格化或道德评价降低的现象，以求得自己内心的平静或平衡。因而，有些犯罪学家就此提出了一种被害预防的对策，即被侵害对象在面临被侵害而无力反抗的情况下，要放弃无谓的反抗但不要放弃对犯罪人的劝说——让犯罪人将自己看作一个像他一样有人格的人、一个像他家人亲友一样的人，从而激起犯罪人的道德感，产生不平衡的内心冲突，而自动放弃犯罪。因而，在讯问犯罪嫌疑人的活动中，讯问人员就要设法改变犯罪嫌疑人平衡的心理状态，使之出现不平衡的心理愧疚，出现社会规范的道德感，从而放弃对抗积极供述罪行。

正常的人格特征是犯罪嫌疑人供述认罪的前提。这是因为犯罪嫌疑人是一个经历社会化过程、接受并内化了正常社会价值观念的人。经过长期社会化过程，犯罪嫌疑人的思想观念中已形成了包括法律观念、道德观等在内的价值观念，因此，犯罪嫌疑人在犯罪后会产生罪责感，在撒谎时会产生内心焦虑。这种罪责感与内心焦虑是驱使犯罪嫌疑人如实供述的内驱力。但是，根据美国侦查学者布赖恩·杰恩提出来的内心焦虑理论，嫌疑人在侦查讯问中之所以拒供或假供，是为了逃避如实供述所带来的损失后果，包括有形的损失，如财产的减少、自由乃至生命被剥夺、工作机会的丧失，以及无形的损失，如个人的道德评价降低、自尊心的受伤、个人社会地位降低、亲朋好友的离去或减少等。在侦查讯问中，嫌疑人会在自己心中对如实供述所带来的损失性后果进行评估，越是后果严重越有可能拒供或假供。这是犯罪后果给犯罪嫌疑人带来的内心焦虑。可是，当这种内心焦虑的方向发生变化的时候，从自我的行为后果转向给他人给社会所带来的后果的时候，这便是社会的道德观所形成的内心焦虑，这种内心焦虑就能够产生如实供述的内驱力。因此，在侦查讯问活动中，讯问人员就要帮助犯罪嫌疑人从自我的行为后果产生的内心焦虑，转向给他人给社会带来的后果而产生的内心焦虑，促成如实供述的内驱力产生。

内心焦虑行为能够促成犯罪嫌疑人如实供述的内驱力产生，这是因为心理的不协调状态导致的。犯罪人在犯罪后认识到自己的犯罪行为是不对的，从而在心理、情绪上陷入一种不协调的心理状态，这种状态使犯罪人感受到痛苦和心理压力。为了摆脱这种“不协调”的心理状态，释放心理压力，在侦查讯问中他就会选择向审讯者供述。西方社会里有许多人在干了坏事后到教堂找神父忏悔，这主要表现在犯罪嫌疑人的罪责感与内疚感上。有些犯罪人在犯罪后，特别是在被羁押期间会做噩梦。美国的约翰·道格拉斯也认为，有些系列暴力犯罪人会在被其杀死的被害人的周年纪念日那天在被害人墓地出现，这也正是其罪责感与内疚感在其身上的体现。在司法实践中，还有不少犯罪人在犯罪后向警察或司法机关自首的，都验证了这种理论。由此，许多侦查讯问研究学者提倡对犯罪嫌疑人进行法律政策教育和人生观教育，也正是基于其身上有社会化的烙印、已内化了正常的社会价值观与社会规则这一基础的。可是，这一规律对于信仰或者信念犯罪者的效果不佳，其原因是产生这种信仰或者信念的社会价值观不同，也正是由于信仰犯自发地排斥社会正常的价值观念与行为准则，从而犯罪事实对其产生的罪责感与内疚感较少或完全没有。人格正常特征所产生的罪责感与内疚感，来自犯罪嫌疑人已经接受了正常的社会价值观念和行为准则，对于自己理想中的形象与自己形象受犯罪行为的损害之间形成了落差，也即杰恩所说的：“理想的目标与客观实际差距越大，认识就越不一致，焦虑也随之增加。焦虑的增加，是嫌疑人之所以在审讯中供认的部分原因。虽然嫌疑人希望逃避真实供述的后果，但他并不希望以增加与欺骗相连的内心焦虑为代价换取这样的结果。”

在侦查讯问活动中，审讯者能够影响和控制嫌疑人的心理活动，包括嫌疑人内心对于供述与否的判断，嫌疑人供述与否，主要取决于他对犯罪后果的担心与由犯罪所引起罪责感两者的理性选择（即判断）——前者源于法律对其的影响，后者则源于其成长过程中的社会化影响。如果犯罪嫌疑人对各种损失后果的担心甚于罪责感，则他会选择拒供或假供；如果嫌疑人的罪责感甚于其对后果的担心，则他会选择如实供述。当然，除此之外，还有一种情况应当引起审讯者的注意：在无法逃避损失后果的情况下，有的犯罪嫌疑人并不害怕法律的惩罚给其带来的损失，却很在乎其犯罪事实公开后所带来的形象或名誉受到损害，甚至宁愿死也不愿供述自己的犯罪事实，（诸多的自杀现象表明）这种情况在老年犯罪嫌疑人或女性犯罪嫌疑人身上出现得较多。审讯人员就要设法改变犯罪嫌疑人的这种心理认识，用其他的行为关系来置换这种心理状态。例如，一位犯罪嫌疑人因为受贿在其接受调查期间就想到了自杀，讯问人员及时发现并且对其进行了开导：“你本来是一名优秀的干部，也不是一个贪财的人，只是儿子出国需要钱，你也是为了你的儿子，不然你也不会去拿别人的钱!”讯问人员的一席话使犯罪嫌疑人转变了心理状态，放弃了自杀。

第二章　犯罪嫌疑人的抗审行为特征与破解

第一节　谎言抗审的行为特征与讯问对策

一、概述

在侦查讯问活动中，犯罪嫌疑人总是用谎言来对抗审讯，掩盖自己的犯罪事实，这是犯罪嫌疑人抗审行为的基本特征。心理学家认为：人们的行为规则，是通过“社会的交换理论”表现出来的。“社会的交换理论”阐述了人们的行为规则，就是趋利避害。利益关系是人们的行为关系，无论是社会的自然人还是犯罪后的犯罪嫌疑人，都会遵循趋利避害的行为规则。犯罪嫌疑人在实施犯罪行为之后，为了逃避法律的惩罚，总会千方百计地实施掩盖行为，其特征反映出了人的趋利避害的本能。一个人一生中很难不说谎，为了利益关系人们就需要说谎，谎言和趋利避害的行为是一对孪生兄弟，趋利避害的行为离不开谎言，这也是人在犯罪后的行为特征，犯罪嫌疑人在接受讯问的时候总是用谎言来掩盖自己的犯罪事实，这已经成为犯罪嫌疑人对抗审讯的行为规律。

谎言显然能够给犯罪嫌疑人带来利益。犯罪嫌疑人的对抗行为，正是模仿这种谎言的规律产生的，审讯的空间就是谎言与揭露谎言的对抗，是犯罪嫌疑人掩盖犯罪事实的谎言与审讯人员揭露犯罪事实的对抗。在审讯室里，如果犯罪嫌疑人都能够实话实说，那么审讯室内的对抗行为也就消失了。因此，审讯人员的讯问目的，就是要改变犯罪嫌疑人的谎言，使其说真话。

犯罪嫌疑人在抗审过程中的基本行为表现是谎言，谎言的基本特征是语用行为的矛盾表现，谎言的暴露表现就是矛盾的语用行为的存在。由于说谎而引起内心的焦虑，焦虑是一种不明确的忧虑的不安状态，通常不与特定的起因相联系，产生矛盾的不平衡的心理状态，这种不平衡的心理状态在短时间内不能被修复，由此自我心理强制的压力就会增加，嫌疑人会因承受不住这种不平衡的心理焦虑的压力，继而产生释放的动机，选择如实供述。心理焦虑压力是嫌疑人供认的部分原因，虽然嫌疑人希望逃避真实供述的后果，但他并不希望以增加与欺骗相连的内心焦虑为代价换取这样的结果。焦虑的力量是供认的动机。审讯活动中由于犯罪嫌疑人供述矛盾的出现，其心理语用行为得不到发展，矛盾的语言不能自圆其说，心理焦虑急剧激化，导致了心理不协调状态的出现，由于生理现象的协调本能，积极地寻找能够平衡心理行为的条件，联想是重要的帮手，但是联想不是在任何时候都能够起作用的，一旦联想找不到平衡的理由和条件，其心理活动就会被强制在不协调的情景范围内，达到一定的程度，当联想的潜意识不能帮助其解脱困境的时候，便会产生强大的心理压力，犯罪嫌疑人为了摆脱这种心理压力，会产生减轻压力的心理需要的动机，实话实说便能够释放这种因为谎言造成的内在压力，供述动机便因此而生。

二、谎言抗审的行为特征

犯罪嫌疑人运用谎言抗审的基本方法有“三个方面的选择”，即直接否定、嫁祸他人、沉默否定。这三大选择涵盖了犯罪嫌疑人对抗的基本行为特征。直接否定即直接否定自己的犯罪，自己实施了犯罪行为而谎称不是自己干的，自己没有犯罪；嫁祸他人即自己实施的犯罪行为而谎称是别人干的；沉默否定即以沉默否定犯罪事实，运用沉默的方法，面对客观存在的犯罪事实，进行沉默否定。这种谎言抗审的行为，来源于犯罪嫌疑人的“情景选择”。“情景选择”是犯罪嫌疑人为了掩盖自己的犯罪事实，逃避法律的惩罚，采取某种特定的方法来对抗审讯。何谓情景选择？犯罪嫌疑人在自己的犯罪事实和犯罪行为中找出某一有利于自己的情景，来掩盖自己的犯罪事实和行为。我们把这种行为称为“情景选择”。

犯罪嫌疑人在实施犯罪以后，在没有积极地投案自首的心理存在的时候，消极心理便占主导作用，由于利益关系的本性，面对将要受到的惩罚而产生畏罪心理、侥幸心理、戒备心理、优势心理以及对抗心理。由于这种心理状态在审讯的过程中有相对的稳定性，又被称为“定式心理”，这种定式心理是建立在一定的心理基础之上的。犯罪嫌疑人在实施犯罪以后，犯罪时的情景总是不断地在大脑中出现，处于思维循环状态。他们从这些循环的状态中找出有利于自己的某一情景作为对抗讯问的根据，这些被选择好的情景，便成了犯罪嫌疑人罪轻、无罪的理由，这就是抗审的“情景选择”。

犯罪嫌疑人对“情景选择”的普遍特点：一是直接抗审，二是嫁祸他人，三是沉默否定。直接抗审是犯罪嫌疑人根据自己的犯罪情节而选择的情景。通常在以下两种情况下，犯罪嫌疑人会采用直接抗审：第一，犯罪嫌疑人认为自己作案的手段比较高明，别人发现不了。第二，犯罪嫌疑人将自己犯罪情景拉回到自己追忆的情景中进行循环思维，能找出某一有利的细节、理由作为自己不构成犯罪的抗审根据。例如，有的贪污犯罪嫌疑人通过重复报销发票进行贪污的时候，以某次领款没有自己的签字为由，来否认自己两次领款的事实。在这里，犯罪嫌疑人的“情景选择”是自己没有在第二次领款的单据上签字，所以自己没有两次领款贪污，以此来直接抗审。另一种“情景选择”是在自己无法直接抗审的时候，采取转嫁他人的方法来抗审。常用的方法有：钱被客观地证明在自己手里无法否认，就声称这笔钱已作为“回扣”或“好处费”付给了别人，用这种方法转嫁他人，进行抗审。这两种抗审方法的“情景选择”有其自身的内在特点和规律，掌握了这种特点和规律，便能找出“情景选择”矛盾点，一旦这种矛盾点出现，犯罪嫌疑人的抗审大门便被打开了。在讯问的过程中，发现“情景选择”矛盾点的方法主要是依靠讯问人员用心去“听”，“听”细节，通过一系列事件发展的细节来发现。

直接抗审的“情景选择”的特点是：在某一情景无直接证据证明与自己有关系的时候，通常采取的“情景选择”是否定与自己的联系，如：“这事我不知道”；当某一情景有部分证据与自己有部分联系时，其抗审的方法均以没有证据证明的那部分情景来作为“情景选择”，以此来推翻有部分证据证明的那一部分。例如，犯罪嫌疑人实施了开具假发票的手段（有证据证明），但是用假发票去骗取公款的情节却没有证据证明，故此犯罪嫌疑人便以自己没有用假发票去提取公款，作为“情景选择”，推翻用假发票骗取公款的犯罪事实：我虽然开了假发票，但我没有取钱呀！这种“情景选择”便选择了“无证证明”的客观情况，用对自己有利的情景推翻对自己不利的情景，达到抗审的目的。当客观情况能直接证明其实施的行为时，比如在某一发票、合同上签字，对方无法否认，这种情况最能使其承认发票、合同内容。讯问的目的是对发票和合同的内容得以发展和延伸追出结果。如果犯罪嫌疑人面对直接的证据采取“进”的方法，就顺应了讯问的意图。而采取“守”的方法，便能暂时保住不被暴露的危险，如：“时间长了，我不记得了，想不起来了”等等。这种直接抗审的“情景选择”，在犯罪嫌疑人的抗审活动中虽然能起到一定的作用，有时还能在很大程度上取得抗审的成功，但是这些抗审情景毕竟不是客观存在的事实，因此不符合客观存在的逻辑性，必然会在不同程度上出现矛盾。审讯实践中，只要多注意“听”“情景选择”的每一个细节，便会发现矛盾，听出逻辑错误。

转嫁他人的抗审方法，最突出的特点是用虚假的事实来掩盖真实的行为，用编造的谎言把自己应该承担的犯罪责任转嫁到别人身上。当客观的犯罪情节的焦点落在其身上的时候，这种犯罪的焦点又把全部的情节与行为人客观地联系在一起，失去了直接抗审的可能性，则通常采用此法。比如自己在领款处签了字，若否认自己领款的意义就不大了，从常理上站不住脚了。又如，自己在犯罪现场留下了脚印，却否认自己曾经到过现场，也就失去了抗审的意义，因为最终还是让证据说话。在讯问的实践中，犯罪嫌疑人在无法进行直接抗审的“情景选择”时，大都采取转嫁他人的方法。在贪污、贿赂犯罪的案件中，有很多案件是贪污与受贿联系在一起的。犯罪嫌疑人经手收取了一笔公款没有上交，自己侵吞了。在案发以后，检察机关对其进行讯问，若采用直接抗审的方法否认自己拿了钱，显然是不可能的，事实已证明该款的最终“落脚点”是在自己的身上，要摆脱自己，必须嫁祸他人。当时的犯罪情景不时地在犯罪嫌疑人的大脑中进行思维循环的时候，谁与这笔款子有较为符合逻辑的联系，便自动渗入这种“情景选择”的思维循环，最后被确定成嫁祸对象，成了抗审中的“情景选择”。审讯时常见的“一对一”的现象，即一方说钱给了对方而对方说没有收到钱，出现了真假难辨的局面，就是这个原因。

转嫁他人的抗审方法在审讯时的常用语如：“这事是他们搞的，与我无关”；“这事是经过他们同意的”；“钱给对方拿去了”；“不给钱对方不会提供帮助的”；等等。审讯时多在犯罪嫌疑人与转嫁对象的关系上入手，深追每个情节中的细节。因为编造的情节与客观事实之间存在着一定差距，必然会经过细节暴露出来，一步步地扩大细节范围，一次次地重复每一细节，因为是编造的谎言，不可能每次细节都记得那么准确，这就使得谎言在这些细节里无法生根，最后只得暴露自己陈述的客观事实的矛盾。实际上，犯罪嫌疑人采取这种转嫁的情景选择，并不是最佳的状态，他首先要组织好情节和细节，其次还要对付被转嫁方的否定信息，作出第二轮的“情景选择”。这时，他的思维焦点是：对方不承认怎么办？“情景选择”——对方不承认我也没有办法，但我把钱已给了对方，对方不承认是他的事，这又变成了直接抗审的情景，这两种情景的选择是根据讯问阶段的变化而变化的。

无论是直接抗审，还是转嫁他人，都应该抓住“情景选择”不放，展开被利用的情景进行深化、细化、无限地扩展下去，直到矛盾全部暴露为止，而这些矛盾的暴露主要是通过审讯人员的耳朵从犯罪嫌疑人供述的细节中听出来的，听的对象就是犯罪嫌疑人在抗审中利用的情景和细节——“情景选择”。

三、谎言抗审的识别

犯罪嫌疑人隐瞒犯罪事实的抗审方法就是"谎言"，用"谎言"来掩盖犯罪事实是犯罪嫌疑人对抗审讯的基本行为，由此，审讯中识别犯罪嫌疑人的谎言已经成为审讯活动的重要内容和任务，确定犯罪嫌疑人是否实施了犯罪行为，首先就要识别审讯对象供述语言的真实性，例如贪污、贿赂犯罪，即一方说钱给了对方，对方称没有收到钱。那么到底钱是否给了对方？由此而引出谁在说谎的问题。只有确定了谁说谎才能确定谁是真正的犯罪嫌疑人，以此确定审讯的主攻方向，找出真正的犯罪人。另外，犯罪嫌疑人实施了犯罪，在接受审讯的过程中总是用谎言否定自己的犯罪行为，为了确定被审讯人是否有犯罪行为，就必须要识别其是否在说谎，进而找出事实真相。

审讯活动中识别谎言是一件极其困难的事，国内外的一些学者试图通过身体的某一部分来进行谎言的识别，这种单凭身体某一部分来确定是否存在谎言，存在很大的局限性和风险性。比如从眼睛、鼻子、嘴巴、手的动作来判断是否说谎，这种"典型说谎行为"是根据不同人的特点、不同的环境和不同的心理状态发生变化的。这种变化和特征告诉我们，在说谎者与非说谎者之间的差别往往很细微，目前也没有发现所谓的"典型说谎行为"，更重要的是非说谎者也会产生"奥赛罗错误"的心理变化。奥赛罗是莎翁作品中的人物，他的情人 Desdemona 因为被诬有不贞行为，由于她没有办法证明自己清白而出现情绪波动，这种情绪波动的表现又正好和被言中的人表现一致，于是被看作是真有不贞行为。关于谎言的典型行为的结论，不是一概而论、一成不变的，有些研究谎言的专家们试图通过说谎人的面部表情，找出说谎人的典型行为表现特征，很多人都单纯把飘忽离散的眼神理解成典型的说谎标记，这种判定就会出现误差，因为飘忽离散的眼神很多的时候与人的心理活动有很大的关系，例如，当讯问犯罪嫌疑人是否在说谎的时候，犯罪嫌疑人此时忽然联想到别的情景，那么他的行为表现就会出现另外的反应，与说谎与否的主题根本就不相干。所以我们说典型的说谎行为应当要考虑与眼神相关联的其他心理行为特征。再如，如果某人在思考疑难问题时眼睛走神，这是人的心理认识过程的特征反应，并不意味着就是撒谎。这种单一的面部表情说，可能会导致对谎言判定的误差。因为人脸的 43 块肌肉可以组合出 1 万多种表情，其中喜怒哀乐的情绪表现就有数千种。因此，准确地找出谎言的典型行为表现特征是非常困难的。同时犯罪嫌疑人在抗审中的谎言行为，本身就是一种积极的掩盖行为，因此更为注意自己说谎时的行为表现，他也会像掩盖犯罪事实一样地掩盖自己的谎言行为。因此，我们在识别谎言时，应该对犯罪嫌疑人的谎言进行全面的分析、比对，不能单凭身体或面部某一部分来判断是否撒谎。

在审讯实践中，首先，审讯人员面对的是不同的犯罪嫌疑人，同样的犯罪行为，发生在不同人身上，得到的行为表现就不同。在这个人身上会被视为诚实的表现，但在另一个人身上时，就会得到另外的一种表现。这种现象不会告诉你哪个是真哪个是假。解决办法就是要对比，找出个体的特征反应。其次，谎言的典型行为反应是细微的动作反应。这种细微的动作瞬间即逝，很难被发现捕捉，尤其是犯罪嫌疑人对谎言特别敏感，为了防止谎言行为暴露，当觉察到细微的脸部表情可能暴露谎言的时候，就会做出积极的防备。再次，说谎人的声音、眼神，传统的识别谎言的方法大多是听声音的变化和观察眼神的接触频率来判定谎言。但是人的声音的变化和眼神最容易受人的思维控制，尤其当对方在对抗心理极强的情况下，眼神接触就会减少许多，想通过眼神来检测谎言就困难多了。还有就是靠直觉来感知谎言。人们靠直觉可能感知出谎言。在很多的时候我们凭借感知能够猜测出谎言，也有的时候我们还会在无意识的情况下推理出谎言，在犯罪嫌疑人谎言情境出现的瞬间，通过有意识的回忆感觉到了谎言，这种在无意识的情况下感知到的谎言情境，比有意识有目的的效果更好。所以，在通常情况下都是有意识有目的地感知谎言的，但也不能放弃对在无意识的情况下感知到的谎言情境的回忆捕捉。最后，根据谎言对人的心理产生的焦虑和压力，因为说谎对人来说并非是一件容易的事情，它对人的心理素质的要求非常高，因为说谎者需要面对心理焦虑压力的打击，不同的人所承受压力的能力不同，就出现了在说谎时受到巨大沉重的焦虑压力打击时，如果说谎人没有足够的承受能力，谎言的典型行为便表现出来，谎言就会很容易被识破。因此我们说识别谎言是一套讲求细致灵活的工作，要求敏锐的判断力和观察力。

谎言是伴随着人的基本情绪而产生的，人类有七种基本情绪，分别是悲伤、恐惧、高兴、愤怒、厌恶、吃惊和蔑视。犯罪嫌疑人在接受审讯的时候，就会导致这些基本情绪产生。实践表明，这些伴随谎言出现的欺骗行为，也会通过人的表情、声音、说话的方式和肢体行为暴露出来。

首先是从面部表情本身的特点来观察。面部表现情绪的方式是生物进化的结果，当情绪发生时，生理上所发生的某些变化是自然而然地反映出来的，而且来得极快，自己无法加以控制，只能被动地加以感受，所以，随着情绪而来的表情是难以通过自制力加以隐瞒的，旁观者才可以明显地看出来。例如，在产生恐惧时眉毛会不自觉地抬起，而在伪装愤怒时都必须将眉毛往下压。当人在悲伤、忧愁、焦虑产生负罪感的时候，最引人注意的活动部位是额头；当人在害怕、着急、担忧之时，眉毛会奇特地扬起，伤心时嘴角下撇，欢快时嘴角提升，委屈时嘴巴微噘，惊讶时嘴巴张开，情绪激动时，瞳孔会扩大，这些都是说谎者无法控制的。人的面部表情的变化是由自主神经系统造成的，是难以人为控制或掩饰的。当我们对犯罪嫌疑人进行信息刺激时，其自主神经系统便会直接指挥面部表情发生变化。讯问人员通常使用“假定”的信息来作为刺激语。这种“假定”的信息刺激语，就是直截了当地假定某件事情的存在来进行刺激验证。当这种刺激语向对方施放以后，在对方没有任何心理准备的情况下，如果对方与犯罪有关，在接受信息刺激以后的面颊的颜色最明显的是变红或变白，而这种表情的停顿时间也比较长；反之，正常、自然的表情，停顿时间不会拖得那么长，如果对方与犯罪事实无关，在接受信息刺激以后，便会出现较大的反差，表现为惊讶的表情。而这种表情发生得快，消失得也快。

在社会实践中，人们对谎言的研究发现，通过面部表情反应能够判断出谎言，当外来信息反应刺激出谎言的时候，其面部表情两边不对称的时候，是指两边脸的动作相同，但其中一边的动作强过另一边。科学家们发现，右脑似乎专司情绪处理，因此推想有一边脸可能更为情绪化。由于右脑控制左脸的许多肌肉，而左脑控制右脸，所以一些科学家认为，情绪在左脸上表现得应该比较强烈。我们在实际生活中就不难发现，说谎人扭曲的表情能够很快被感知，就是因为说谎人的一边脸的动作比另一边来得大时，显示情感可能并不是真实的，即不对称可以视为一种说谎线索。审讯活动中，犯罪嫌疑人与审讯人员不仅仅是语言的交流，更重要的是眼神交流，这种交流的时间长短能够反映出交流人之间的心理活动情况。当人们对交流的内容感兴趣的时候，交流的时间与眼神对接时间就长，相反就短，眼神与说话的时间有一个平均值，正常情况下的平均值为60%，眼神交流的平均值低于60%多半是对交流的内容不感兴趣。犯罪嫌疑人在用谎言抗审的时候，当谎言说出的瞬间，眼神会迅速地避开审讯人员，避开与对方的眼神交流，表明不愿被审讯人员看穿自己的心理活动，不敢正视审讯人员，心虚。可是在很多的时候，当谎言的瞬间反应过后，犯罪嫌疑人的眼神又回到了与审讯人员的眼神交流状态，这个过程反应是犯罪嫌疑人需要观察审讯人员是否察觉到自己在说谎所作出的视线转移特征。谎言的面部表情是很复杂的，这是心理活动反应的特征：人在笑的时候有真笑和假笑，识别真假重要的不是笑的次数多少，而是笑的质量。假笑是皮笑肉不笑，而发自内心喜悦的笑不仅需要嘴唇的运动，而且需要眼睛周围肌肉的配合，假笑时眼角是没有皱纹的。假笑的目的是掩盖恐惧、愤怒、悲伤或厌恶情绪，在审讯活动中，这种情况也会出现在犯罪嫌疑人身上。当审讯人员提供的信息对犯罪嫌疑人产生刺激的时候，对嫌疑人为了掩盖某些情绪而出现的假笑，审讯人员应当及时作出判断，确定犯罪嫌疑人的真实情绪。另外，假笑的笑容是不对称的，发自内心的微笑应该是均匀的，也就是说，脸部两边应该是对称的，并且在鼻子、嘴角和眼睛周围都会产生笑纹，而且真正的笑来得快，但消失得慢。伪装的笑容会有些轻微的不均匀，眼部的肌肉没有被充分调动，因而不会产生笑纹，假笑来得相对也会较慢；人的情感表现是以面部为重要表现基础的，眉毛的变化可以告诉我们喜怒哀乐，眉毛上挑并挤在一起表示恐惧，明知故问的时候眉毛会微微上扬，眉毛上扬、下颚张开表示惊讶；在对外来信息表现为惊讶的时候，真正的吃惊表情转瞬即逝，超过一秒钟便是假装的，而假的惊讶表情会停留很长时间，很多的时候当审讯人员直接涉及谎言的主题的时候，犯罪嫌疑人会通过惊讶的表情表现出来，但是这种惊讶大多是假装出来的；当人陷入悲伤的时候，额头、眼角都应该有纹路产生，而假悲伤却没有，这也是判断犯罪嫌疑人是真悲伤还是假悲伤的一个依据；眼睛在很多的时候表现出生理反应，人们在害怕、愤怒时瞳孔会放大，由于注意力太集中，他们的眼球开始变得干涩，这会让他们频繁地眨眼。另外，在识别谎言的时候一直盯着说谎者的眼睛，看他眼球的运动方向。通常，当一个人编造谎言时，眼球会向右上方转动。当他们真的在回忆某事时，眼球则会向左上方转动。有的犯罪嫌疑人视线闪烁不定，左顾右盼，有的眼睛不住地向下看，寻找内心的稳定，以降低紧张程度，减轻心理压力。这种“眼动”是一种反射动作，是假装不来的；真实的情感是通过面部表情对称地表现出来的，当面部表情两边不对称的时候，极有可能他们的表情是装出来的，是假情感；说话时嘴部的动作是为了表达需要而表现出来的，多余的嘴部动作便是内部心理活动的表现，实践中通过人们的观察，抿嘴表示对自己的话没有信心；犯罪嫌疑人在供述谎言的时候，会产生心理焦虑，这种焦虑会引发面部器官的特殊反应，有人说谎会脸红，这是因为多余的血液流到面部。鼻子其实也一样，因为鼻子里有海绵组织，当一个人说谎时，鼻子会因为海绵组织充血膨胀出现瘙痒，此时说谎者就会下意识地摸鼻子，这是谎言的生理反应；在审讯的实践中我们不难发现，当审讯人员针对犯罪嫌疑人的某个行为进行质问的时候，如果犯罪嫌疑人对质问显露出不屑一顾的表情，说明问题触到了对方的痛处，没有引起对方的积极反应；谎言是一种虚假的行为，这种虚假的行为表情能够通过表情停留的时间长短来予以判断。涉及面部表情的持续时间，以及出现的快慢和消退快慢，这种时间因素都能提供说谎线索。一般来说，长时段的表情——有的长达十秒左右或更长，通常约五秒，差不多都是假的。真正发自内心的表情也只是瞬间的几秒钟，除非情绪达到了极点，如欣喜若狂、怒气冲天或悲哀至极等，此时真正的情绪表情在脸上顶多停留几秒钟。即使在极端的情况下，面部表情也很少能持续那么久，如果这种表情持续的时间过长，就是假装出来的。另外，表情与动作的配合有相对顺序过程，虚假的表情与动作的配合会出现相对顺序的不协调。相对顺序即表情相对于言辞的语用行为、声音的变化及身体行为的协调定位。假设有人心里不愉快，说了一句“你真是非常讨厌”，生气的表情若是在讲话过后才出现，大致可断定表情是装出来的。但若在讲话同时，甚至话还没讲之前，表情就已经出现了，那么表情与语用行为是统一的。面部表情与肢体动作之间的相对顺序，回旋的余地更小，如当人在非常愤怒的情况下，表现出重重捶打桌子和愤怒的肢体行为，如果愤怒的表情是在捶打桌子之后才出现，同样可以断定是装出来的。事实上，任何与肢体动作不同步的面部表情都很可能是说谎线索。

其次是谎言所表现出来的声音和说话方式差别。在生活常态情况下，声音和说话方式的表现为语速较快声音响亮，而在说谎时却表现出说话缓慢轻柔，这就表明这个人的内心极度悲伤和焦虑，是在说谎。在正常情况下，人说话的声调是平稳的，而回答问题时声调忽然升高都是说谎的表现。正常的语言交流很少需要词语重复，说谎时就表现出语词重复的情况。例如：“你拿了她的钱吗?”“不，我没有拿她的钱。”对问题的生硬重复是典型的说谎。在侦查讯问中，犯罪嫌疑人已经准备好了谎言，于是当审讯人员问其关键的犯罪行为的情况时，犯罪嫌疑人能够很迅速地予以回答，谎言会脱口而出，在谎言突然说出时，很多人以为撒谎要花更多时间来反应，但如果谎言已提前准备好，就会迫不及待地说出来。从语言反应的时间上来看，回答与提问之间的时间差被称为反应潜伏期，反应潜伏期越长，说明回答者对真相越有所隐瞒。

更为重要的是，犯罪嫌疑人在说谎时，由于受到内部焦虑的干扰，在谎言输出的过程中，内部焦虑会破坏正常的语言表述的声音和说话的方式。犯罪嫌疑人在正常的表述过程中，对那些关键性的问题所发出的声音和说话方式的反应，表现出超正常的状态，这是对关键问题所涉及的情景有所隐瞒的表现，需要讯问人员的耳朵来识别。犯罪嫌疑人说谎的声音和说话的方式，讯问人员要用“耳朵”仔细地听来辨别。“听”是人们在日常生活中获取信息的重要方法之一，也是获取信息的重要手段，它不仅在人们日常生活交往中起到很重要的作用，而且在与犯罪分子的斗争中也有着重要的作用。“听”是从犯罪嫌疑人处获取信息的重要途径，因而，在讯问犯罪嫌疑人时的“听”，与日常生活中人们交往中的“听”有着重要的区别，有更深层次的要求，这种“听”，要听出犯罪嫌疑人内心深处不愿向司法机关供述的犯罪信息，要听出犯罪嫌疑人在接受审讯时的不同时期的心理状态，要听出犯罪嫌疑人下意识暴露的信息，要听出犯罪嫌疑人在抗审阶段的谎言，不仅要听出话中话，还要听出话外话。

1. 仔细地听。第一，就是要取其精华，去其糟粕，抓住对方说话的要点。在审讯过程中，由于犯罪嫌疑人的特殊心理状态，在接受审讯时总是拐弯抹角、模棱两可、支支吾吾、藏头露尾，有话不直说，因此，审讯人员必须加以梳理过滤，去掉水分留下干货。那么，怎样才能去“水”留“货”呢？这就需要审讯人员掌握听的方法，这种方法就是仔细地听。听的信息来源是被讯问对象的供述，这种供述过程是通过犯罪嫌疑人说话的声音，经过一定空间的传递，被审讯人员接受，这一信息接受的全过程只有在不受任何障碍的情况下，大脑在接受听的信息循环的时候，才能完整地接受对方发出的信息。如果大脑在接受别的环节思维的时候，没有处在接受信息的状态，便产生了接受信息的“盲区”，即便你是在听，也是听不到东西的。要完整地取得外部信息，必须控制自己的大脑，始终保持在接受信息的状态下，排除其他环节思维的干扰，排除外界空间的客观干扰，也就是通常所说的“静静听”，才能获取完整的信息。静静听的目的，就是要主观上始终保持吸取的状态，别让其他思维环节加入，这种吸取状态，也包括随时吸入、随时进行加工处理的功能。第二，还要防止客观空间障碍或其他信息的侵入，使信息的来源渠道畅通。另外，还要时刻注意发送源的障碍侵入，一旦发现障碍信息侵入信息发送源时，应及时排除，予以调整。要让对方完整地把信息传递完毕，不要中途打断对方的说话，要耐心地听完对方的全部意思表达。

2. 努力地记。一名合格的审讯人员首先应该能将犯罪嫌疑人交代的全部信息记下来，放到整个案件中去分析、研究，确定犯罪嫌疑人在抗审中供述的矛盾点、谎话，心理活动的特点，语言的特征，气质和性格。只有努力地记住犯罪嫌疑人的每句话，每句话的音调、节奏、强弱、间隔等，才能获取到全部的真实的信息，才能去其糟粕，取其精华，进行分析研究采取对策。要努力地记住犯罪嫌疑人的声音特点，语言连续性中的断句，供述的内容，忽然转变的话题，语调中的强弱调，语句中的半句话、刺激语。以此来评估犯罪嫌疑人说谎的语用行为，找准促使犯罪嫌疑人供述的方法和对策。

3. 细心地分析。分析犯罪嫌疑人谎言的声音和方式的语用行为，找出谎言的核心问题，才能为审讯所用。分析的过程也就是对犯罪嫌疑人发出的信息加工、整理、去伪存真的过程。犯罪嫌疑人供述的每句话，都有其原因和目的，在抗审中的嫌疑人总是要千方百计地掩盖自己的犯罪事实，因而在接受审讯时所表现出来的语言特点、表达方式、心理的反应也不相同。例如：有的人在接受讯问时忽然火冒三丈，有的忽然转变话题，有的说“半句话”，有的在一句连续性的话中多次出现断句，有的说话的语调时强、时弱，这就需要我们细心地分析，找其原因，发现“有用”的东西。同时对那些经过信息刺激的反应和细微的语言变化，都要认真地分析研究，多问几个为什么，在这些“为什么”中找原因、找结果。

再次是谎言的肢体行为表现。在审讯室这样的特殊空间里，讯问人员能够直接观察到犯罪嫌疑人的肢体动作。比如犯罪嫌疑人说谎所表现出来的手势与姿势 。手势是指用手和手臂表示出的各种动作姿势，姿势是指以躯干为主体的身体的各部位做出的各种姿势以及呈现出的不同状态。手势和姿势根据内心活动的体验，能够表现出自我体验的行为特征。犯罪嫌疑人在回答一般问题的时候手势动作表现得比较多，但随着讯问的深入，直到涉及案件的核心问题的时候，犯罪嫌疑人的手部动作如果减少了，就说明他可能已经在说谎了。因为当犯罪嫌疑人把注意力集中在自己回答问题的内容上，身体动作变得不再是自发而出而是刻意做出的时候，这些身体动作就会明显减少。身体动作的减少可能因为犯罪嫌疑人正在说谎，正在把注意力放在监督谎言的语言内容上，挥动双手会把自己的秘密泄露出去，于是在说谎时就很可能不自觉地把手的动作控制起来，于是手部的动作就减少了。

手部的动作是根据人体的不同反应而发生的，人体的哪个部位瘙痒了，手便会自然伸向哪个部位。有科学家发现，人在撒谎的时候身体会产生一种叫茶酚胺的物质，这种物质会通过鼻腔内软组织引起鼻子痒的感觉，于是人会不自主地摸鼻子。有的犯罪嫌疑人为了掩盖这种动作，在谎言说完的时候会用手在鼻子下沿部位很快地摩擦几下，又或者是非常轻微地触碰一下，这个细微的动作通常都表明这个人在对自己的谎话进行掩饰。无论犯罪嫌疑人采取什么样的谎言表达方式，最终还是担心被审讯人员识别出来，因此犯罪嫌疑人在说谎话的时候会下意识地用手遮掩嘴巴部位，这表明说谎者想要抑制自己说出谎话。遮掩的方式也有多种，有的人会假借咳嗽来遮掩，有的人则会用拳头或者是手指来遮掩嘴巴，但是意图都是一样的。犯罪嫌疑人在说谎时因为内心的矛盾体验，还会用手指去抓挠自己耳垂下方脖子的那块区域，做出这个挠脖子的动作，尤其是当说话的内容和手势不一致的时候，这种矛盾的感觉会很明显。除了上面说的说谎时鼻子会痒之外，脖子部位的神经也会产生刺痒的感觉，于是在说谎的时候便会去挠抓，来消除这种感觉。这也就是为什么说谎的人会挠脖子，同时他们在担心自己的谎言会被识破的时候，也喜欢经常拉拽自己的衣领。说谎需要绞尽脑汁编造事实，心理的不协调状态也会表现出手指指向一边，眼睛却朝向另一边看，出现肢体动作矛盾的状态。犯罪嫌疑人在说谎时，为了避免直接注视到审讯人员的脸部，会稍为用力地揉眼睛、拉拉耳垂、揉揉耳背或将整只耳朵压向前以掩住耳孔，这是一种掩饰动作。如果犯罪嫌疑人在接受讯问时是坐在椅子上的，通常在心理平衡的状态下双手是放在大腿部的，当他在说谎的瞬间，他的手会紧握椅子扶手，这种动作表明他对自己的表述是不认可的，不是客观事实。

说谎的脚部行为变化。犯罪嫌疑人处于心理平静的状态时，其脚部和腿部是处于伸展的放松状态，当谎言出现以后，其脚部和腿部会出现收蜷状态。在审讯犯罪嫌疑人的时候，讯问人员很少注意对方的脚部动作，脚部的动作变化也能够“说出”很多内容，通过观察对方移动脚的方式，可以一窥此人的内心世界。当对方说谎出现焦虑感觉的时候，会增加脚步移动来表达这种情绪。而女性则相反，如果她们感觉紧张，就会保持双脚不动。观察双脚，还能判断一个人是否在撒谎。如果一个人的双脚完全静止，安分得有点过分，那他正在说谎。不少人认为，一个人说谎时会因为紧张而增加动作，但事实上，说谎者往往发出完全相反的信号。每个人都关注眼睛和脸部，但人们善于控制那些部位的动作，因此，是否说谎的可靠迹象是脚部动作，根据我们自己的内心体验，如果我们说谎，我们确实会压抑自己正在做的动作，包括脚部动作。脚部的行为特征在很大程度上表露出说话人的性格特征，对谈话对象的看法、情绪和心理状态。脚部行为能够表现出真实情感，其原因可能是因为它们是反馈最少的身体部位，我们在判断别人说话时的情绪时，大部分是依据面部表情来判断的，对方是真笑还是假笑，被掩饰的眼神能够让我们感知对方情感，就是自己在说谎时有时也会注意到自己的手的特殊表现。但是我们很少注意到我们脚的特殊变化，除非你是在刻意观察，尽管你是要刻意观察，也很难感知自己的脚会发生什么样的变化。

四、抗审中谎言行为的捕捉

审讯实践可以清楚地证明，犯罪嫌疑人说真话与说假话时的面部情绪状态是不同的。人在说谎话时常常会发生身体内部的一系列生理上的变化，如呼吸与心跳节律加快、血压上升、消化液分泌减少、汗液分泌增加等。传说在我国古代，官府为判别某个嫌疑犯是否说谎，会要他嚼一把米粉。如果吐出的米粉仍是干的，则说明他说的是谎话。因为，当他说真话时，他的情绪稳定，唾液分泌正常，嚼过的米粉就会是湿的或呈团状的。而当他说谎话时，他的情绪一定紧张，唾液分泌因此受到抑制，所以嚼过的米粉仍是干的。同时，还表现出说谎人的嘴唇是干燥的，不时地用舌头舔嘴唇，嘴唇上下接触的频率也不断地增加，谎言大多能够从反常的行为中表现出来。

20 世纪，世界上就有很多国家为了解决识别谎言的问题，研究出了很多测谎办法，最有代表性的就是“测谎仪”，即心理测试仪的问世，它象征着犯罪心理测试技术的发展。这种犯罪心理测试技术主要是用于犯罪调查和辅助侦讯，是运用现代心理学和实验技术成果以及神经生理学、电子生理学等学科研究成果，同时、同步记录人的多项心理生物反应指标，进而评判心理痕迹对应相关的技术。多年来，人们把这项技术称为测谎技术，将这种技术的测试仪称为测谎仪。它通过对人的皮电、血压、呼吸、肌肉等指标的变异，把作案人、知情人或无辜人准确地分离开来。从犯罪心理测试的原理来分析，并非测试被测人是否在说谎，而是测评被测人有无违法犯罪事实的特殊事件的记忆痕迹。心理科学为此提供了依据：人的大脑对外界刺激都会留下一定的印迹，其主要表现为心理痕迹的记忆，实际上也是外界刺激的记录和储存，这种记忆从时间的层次来看，有瞬间的、短时的和长时的；按记忆的来源又可分为视觉的、听觉的、嗅觉的、感觉的、动作的等，其深刻程度取决于对个体生活刺激的强度。

对作案人或知情人来说，因为犯罪是一种反社会行为，是被明令禁止的，在人们的脑海里都有不可磨灭的印迹。一旦出现了反社会的行为，便会留下深刻的记忆，这种记忆是相当清晰的、持久的，有些甚至是终生难忘的。因为在犯罪以后，在受到外部信息刺激时，总会再现犯罪时的情景和某些行为的细节，出于畏罪的心理，作案人对于案件事实极端敏感，会极力回避“当时的犯罪情景”。一旦犯罪心理测试技术设计的相关问题被提起，作案人或知情人对作案事实的记忆痕迹立即就会在大脑的记忆区域恢复起来。复现并唤起被测试人相关的情绪记忆、动作记忆、视觉记忆等，这种大脑记忆区的复活兴奋性变化，必然会引发邻近的情绪中枢的心理生物反应，一般难以受人的意识调控。因此，被测试人皮电、血压、呼吸、肌肉等指标的变异，人的情绪中枢的心理生物反应，即便是保持沉默，始终不回答问题，但在相同的语言测试题下，作案人或知情人心理生物指标的差异反应，比起无辜者也会非常显著地表现出来，被实时同步地显现在电脑屏幕上。目前，我国公安部门使用的测试方法为“准绳问题测试法”“区域比较测试法”“知情、参与测试法”“犯罪情景测试法”“气象信息测试法”，等等。人在受到刺激的情绪反应下可以引起心率、血压、血容量、皮肤电位、肌电、脑电波和呼吸、体温、唾液、瞳孔、胃蠕动的变化。犯罪嫌疑人在作案的时候，心理处于异常紧张的状态，对一些细节问题都会留下深刻的印象。在审讯时，实际上是把犯罪人的记忆带入犯罪的特定情景中去，相应地便会引起一系列的心理活动，受到刺激后的中枢神经系统的控制中心丘脑，又发出信息到自主神经系统，使机体做好应付心理和生理的刺激，导致适应性防御机制的变化。植物性神经系统所控制的人们的机体、活动不是随意的，欲掩饰恐惧情绪的心理活动会在能记录放大生理信号的多道生理记录仪——测谎仪上显示出来，而且有时还能通过人的外部形体反映出来。在没有条件使用测谎仪的情况下（目前检察机关还没有普遍使用），我们可以通过观察法来辨别犯罪嫌疑人是否说谎，并通过这一手段来确认谁是真正的犯罪人，让真正的犯罪人如实地供述自己的犯罪事实。

测谎设备所显现出来的生理指标变化，依赖于能够引起犯罪行为人心理和生理变化的“信息刺激语”。什么语言才是“信息刺激语”？首先，这种刺激语能使犯罪嫌疑人产生心理和生理等的反常变化。多年的实践证明，将“仅罪犯才知道的问题”作为信息刺激语，才能使真正的罪犯产生反常的生理和心理变化。例如，某人是贪污犯罪嫌疑人，将公款侵吞之后，谎称这笔钱给了某业务单位负责人。测试谎言时，只要让犯罪嫌疑人将如何把钱送给别人的细节描述出来。犯罪嫌疑人必然要用谎言来编造送钱的一系列细节，因为他根本就没有把钱送给别人，而是自己贪污了，因而让其交代送钱的细节，那他只能用编造的谎言来陈述所谓的“送钱细节”，而这一“细节”时常又是促使犯罪嫌疑人交代的突破口，因而这种“细节”越客观、全面，越能暴露谎言的特征。

在审讯实践中，讯问人员常常采取编制细节、捕捉供述矛盾的方法来捉谎。犯罪嫌疑人在用谎言编造某些情节的时候，最担心的是涉及情景的细节，正如“一根链条的强度取决于它最弱的那一环”。细节即是谎言链条上强度最弱的一环，对捉谎者来说，是最容易对付的地方，而于说谎者来说，恰好就是可以利用的地方。要使对方暴露谎言，盯住细节不放，是最好的捉谎方法。抓细节的同时利用细节再设置谎言，引发犯罪嫌疑人继续说谎，来扩大谎言的范围，达到充分暴露谎言的目的。

贪污、贿赂犯罪的谎言经常表现为：自己将公款贪污了，而谎称公款已行贿给了别人，审讯时只要让犯罪嫌疑人反复叙述送钱时的细节经过，并且另外再设置虚假的情节混入细节中去，犯罪嫌疑人必然要用谎言来编造送钱的一系列细节，并且把审讯人员为其设置的虚假情节也编造进去。例如，某单位财务人员将公款私存，将所得利息贪污了，案发后，他谎称该款已作为某项工程的预付款，给了某施工单位的领导，而该施工单位的领导根本就没有收到这笔钱。在讯问时审讯人员从送款的细节入手，问：“送款的时间、地点、方法、票面？”答：“2010 年 5 月 1 日放假，直接送到对方的家里，票面是 100 元一张，用报纸包着送去的。”问：“2010 年 5 月 1 日正是五一劳动节，正好是该领导家的儿子结婚，你是怎么送的？（设置假情节）”答：“那天他家里人很多，都是来贺喜的，我是把他叫出来单独给他的。”其实 5 月 1 日那天根本就没有儿子结婚的事，这一假情节的设置使得说谎者的谎言暴露得淋漓尽致。

五、谎言抗审的讯问对策

（一）揭谎的逻辑环节

审讯人员通过寻找犯罪嫌疑人的供述矛盾，通过揭露谎言，满足犯罪嫌疑人自我心理强制的形成，产生供述动机以达到使犯罪嫌疑人交代的目的。这种揭露矛盾的方法，不仅在国内被普遍使用，在国外尤其是在美国的司法部门，还仍然采用逻辑的方法进行审讯，矛盾的揭露在审讯中有着重要的作用。利用逻辑推理找出矛盾予以揭露，其目的是促进犯罪嫌疑人自我心理强制的形成，达到供述的目的。审讯中，从矛盾的来源来看，应该将矛盾分成两大类：一类是与犯罪嫌疑人有直接联系的矛盾；另一类是审讯人员为其设定的矛盾。在刑事案件中，犯罪行为人都是为了达到某种目的，满足某一需要，伸出了犯罪的手。首先是由于道德品质上的自私、贪婪、忌妒、多疑，在相互关系上的地位不同、利益不同、作用不同决定了犯罪主体之间的矛盾结果。其次就是犯罪嫌疑人主观方面的心理矛盾，犯罪嫌疑人在接受正面审讯时，处于被指控的地位，由于法律规定使得审讯人与犯罪嫌疑人形成了特殊的语言对立关系，心理受到的影响极大，由于心理行为的结果，使其自发地被动地与犯罪事实联系到一起，当审讯涉及犯罪事实的时候，便产生了两种对立的矛盾心理状态，即拒供还是供述，两种意念的此起彼伏，反映出反复动摇的矛盾心理。最后是犯罪嫌疑人的主观心理状态与客观存在的矛盾。犯罪嫌疑人实施了犯罪行为以后，犯罪时的情景总是不断在大脑的思维中迂回，被记忆的行为过程自发地储存了起来，形成心理事实。由于案发后的畏罪心理的行为结果，反映在审讯中犯罪嫌疑人大多采用谎言、假话来抗审，这些假话、谎言与客观事实的存在，必然会产生矛盾，如供词与供词之间的矛盾、情节发展的内在联系的矛盾、证据之间的矛盾、行为人与某行为情节的矛盾等。其次是审讯人员为了促进犯罪嫌疑人的供述而设置的矛盾，并且将其假设在某一犯罪情节中，让犯罪嫌疑人继续深化、发展这一矛盾，达到证实谎言、暴露谎言的目的。犯罪嫌疑人在供述犯罪事实时，总会涉及行为的前因后果，而在前因后果发生矛盾的时候，必然在因果关系的环节中表现出来，为了通过对供述矛盾的揭露，满足犯罪嫌疑人自我心理强制的条件，提取犯罪嫌疑人在供述中的矛盾环节，组成完整的、揭露矛盾的联合体系，我们将那些能够证明供述矛盾存在的环节称为“逻辑环节”。

运用“逻辑环节”，一般开始时不涉及案件主题，而是寻找与主题相关的细节，根据逻辑推理，在犯罪嫌疑人谎言的语用行为过程中寻找逻辑矛盾。这里的语用行为就是语言的运用行为。一些有经验的审讯人员在审讯语言的习惯上，大多采取迂回的语用行为方法来寻找案件陈述中的逻辑矛盾。语用行为表现是：首先从涉及讯问主题的外围步步深入，以情节找主干，从小到大，从案件发展的每个情节到细节，有间歇性地让犯罪嫌疑人重复、追问，从案件情节的不同角度、不同顺序进行深化细追，在整个情节中把关键性的细节抽出来，混杂在次要的问题中让其陈述，然后进行推理、比较来发现语用行为中的逻辑矛盾。犯罪嫌疑人在谎供中的矛盾，就是通过某一供述环节反映出来的，表现为违反了客观存在的规律性。例如，某副市长忽然违反国家对走私汽车入户的管理规定，批条指示该市车管所给予走私车入户上牌，如果不是“有利可图”，这位副市长能愿意干这种既承担责任又违法的蠢事吗？审讯中为了证明“有利可图”的目的，首先必须证明矛盾的存在。矛盾的出现必然会引起矛盾的情节，而这一情节又隐蔽在事件发展的环节中，通过提取这些隐蔽的情节来达到证明矛盾的目的。也就是说，能够提取足以证明矛盾存在的环节，进行逻辑分析、推理来证明矛盾、揭露矛盾，这就是逻辑环节。

运用逻辑的方法设置逻辑环节的语用行为，应当选择有理、有据、有礼、有节的客观存在的事件和环节，能够直接推出存在的矛盾。例如，某银行行长违反信贷管理规定，对贷款的企业不考核，不按银行信贷规则遵循贷款要“贷前三查，贷后监督”的程序，由信贷员对贷款的单位或个人进行信贷调查，然后将结果上报信贷部门领导，最后一道程序才是由行长签字批贷。这位行长不是不明白，而是很清楚这里有利可图。他一次性贷款200万元给一个仅有10万元固定资产的某公司。对此案提取逻辑环节，应先从违反信贷规定明知故犯环节中提取。这里的语用行为表述：

问：“你们的银行贷款有哪些规定？”

答：“贷前三查，贷后监督。”

问：“贷款需要有一定的资产担保吗？”

答:“按规定需要。”

问:“你贷款的某公司是什么性质的公司?”

答:“不十分清楚。”

问:“你贷给某公司200万元是做什么用的?”

答:“可能是做生意。”

问:“你贷给某公司的这笔款子是用什么来担保的?”

答:“没有担保。”

问:“那它如果亏损了怎么办呢?”

答:“估计不会亏的。”

问:“如果亏了还不上这笔款子怎么办呢?”

答:“没想过。”

问:“根据贷款的日期,这笔款子已经到期了,为什么还没有还呢?”

答:“我问过他们,款子占用在货上还没有回笼。”

问:“如果该款回不了笼呢?”

答:“不可能全部回不来,多少要回来一些。”

问:“这笔款子到期后你催讨过吗?”

答:“催过。”

问:“向法院起诉过吗?”

答:“没有。”

问:“为什么没有。”

答:“(不语)……”

问:“你敢吗?”

答:“(不语)……”

(在上述的语用行为的合作过程中,对逻辑环节的提取已足够证实矛盾存在的原因了。)

问:“你身为行长,违反规定对贷款的企业不验资、不检查、不监督、不调查、无担保,款子到期无回笼,无任何保全措施,后果出现不采取补救办法,不向法院起诉,你能说通吗?这又说明什么?(提供满足对方产生自我心理强制的条件）原因你不用说谁都清楚！但这件事还要你自己说！讲……讲……”

答：（沉默）“……他们在贷款时给了我5万元的‘好处费’。”

问：“对方拿5万元就换走了你200万元，你是银行行长，这笔账你是怎么算的。”

答：“谁知他们到现在还不还呢？”

前面设置的语用行为已经充分证明了该行长违章贷款、收受贿赂的目的。这里运用了逻辑的语用行为提取了犯罪嫌疑人无法抵赖的特定事实和环节，进行客观的联系和组合，使之能系统化地揭露供述矛盾，证明犯罪结果。

（二）揭谎的情景环节

谎言是犯罪嫌疑人抗审的基本方法，揭露犯罪嫌疑人的谎言就能够破坏对抗的心理结构。但是，发现谎言、证明谎言，却不是一件容易的事情。在很多时候，犯罪嫌疑人的谎言是笼统的、不明显的，有时掺杂在许多真实的情景中间，经常是难以证实和鉴别的。为了能够使犯罪嫌疑人的谎言自然地呈现出来，在审讯实践中专门针对谎言，设立了特定的环节情景来证明谎言，即谎言的供述语境。例如，犯罪嫌疑人实施了犯罪以后，为了证明自己没有作案时间，就采取编造谎言的方法，告诉审讯人员在某天、某时、某地见过某人，而实际上犯罪嫌疑人在那个时间正在实施犯罪，不可能见到某人，审讯人员为了揭露谎言故意设立虚假的情景，让犯罪嫌疑人充分地编造谎言：“不错，在那天之前，某人出了一场车祸，头被撞伤，是用纱布包着的，你见到他时一定看到他头上有纱布。”这时犯罪嫌疑人会接着审讯人员的话继续编造谎言：“我看见他时确实他的头上有纱布包裹着。”这样犯罪嫌疑人就上了审讯人员的当，钻进了审讯人员设置的圈套。因此谎言的出现有两种情况：一种是主观的，另一种是客观的。犯罪嫌疑人为了逃避法律的惩罚，总是以谎言来进行对抗，这是主观的。另一种是审讯人员为了进一步证明谎言、揭露谎言，创建了一种假设情景和环节，使犯罪嫌疑人在编造谎言的过程中，为了把假话说得比真话还要真，扩大了谎言的情景和环节范围，同时，审讯人员创建的假设情景和环节，也被纳入了谎言的情景和环节范围，进行“填补”和“繁殖”，形成了新的谎言情景与谎言环节。这个被共同创建的谎言统一体，自然也就包含着证明的环节和情景，这里只要审讯人员点破了证明的环节和情景，谎言无须揭露便会自然地暴露出来。

根据犯罪嫌疑人说假话的语用行为特点来看：首先是语用行为的表述简练，语言背景含义单一，同时，语言背景含义与语言前景表义一致。例如“是”或者“不是”“有”或者“没有”“不是我干的”。其次是对情节的语用行为表述笼统不敢深入细节。这样对于讯问人员揭露谎言就增加了难度，有的时候明知道犯罪嫌疑人在说谎，但就是无法予以揭露，根本原因就在于犯罪嫌疑人谎言的单一性和情节表达的笼统性。例如，审讯人员讯问犯罪嫌疑人是否去过杀人现场？犯罪嫌疑人回答“没有”。这里审讯人员明知犯罪嫌疑人在说谎，却无法揭露他的谎言，原因就是没有证明谎言的依据，所以明知是假话也只有眼睁睁看着他说而无奈。因此，运用假设的情景环节，证明犯罪嫌疑人的谎言，在审讯实践中有着非常重要的意义。“证谎”在审讯实践中的语用行为方法有“存在设立”“情景设立”“气象设立”“环境设立”“测谎（心理测试）的配合”等方法。

存在设立的语用行为特征，是审讯人员把与案件有特殊联系的人和物提取出来，假设它的存在或者不存在，并且将其放进案件的情节中去，让犯罪嫌疑人去自由发挥，因为犯罪嫌疑人本身就是在说谎，他对审讯人员为其设置的人或者物是否存在根本就不清楚，犯罪嫌疑人为了证明自己清楚，只有去编造谎言，审讯人员为其设置的人或者物的存在与否，正好符合犯罪嫌疑人说谎的心理需要，所以犯罪嫌疑人会在审讯人员为其设置的人或者物上再做“文章”继续说谎，这样就扩大了谎言的范围，便于审讯人员的揭露。例如，犯罪嫌疑人在某一时间内，根本就没有见到某人或者某物，但谎称自己见到某人或者某物，为了让犯罪嫌疑人的谎言暴露，审讯人员可以为其设立根本就不存在的某人或者某物。语用行为方法：

“你到过某人的单位去看过某人的出差报销单吗？在你说的时间范围内某人根本就不在本地，这些我们已经调查过了，你是如何见到某人的？”如果这时犯罪嫌疑人表示默认，审讯人员就可以直接来揭露犯罪嫌疑人的谎言；如果犯罪嫌疑人要狡辩，审讯人员应当立即阻止，并且直接告知犯罪嫌疑人不要再说谎了，以此来进一步证明犯罪嫌疑人被揭露的谎言，强化犯罪嫌疑人的心理认识。

情景设立的语用行为特征，是审讯人员用假设的情景，放进案件的情节中让犯罪嫌疑人用谎言去发挥，待其谎言全部暴露之后再予以揭露。例如，犯罪嫌疑人在某一特定的时间没有去过某宾馆见过某人，而他谎称自己在某一特定的时间去过某宾馆见到过某人。情景设立的语用行为方法：例如贪污犯罪行为人把公款贪污了却谎称钱送给了别人，在接受讯问时，犯罪嫌疑人一再坚持钱是送到对方家里的。设立证明谎言的语用行为：

问：“你送钱时收钱人在干什么？”

答：“在看电视。”

问：“哪天？”

答：“12 月 25 日晚上。”

问：“正好那天晚上停电，怎么能看电视？”（设立的特定情景，实际根本就没有停电）

答：“开始是停电点蜡烛的，后来有电了才看电视的。”

因为送钱的经过就是假的，这样他的谎言就能够被证明出来了。

气象设立的语用行为特征，是根据天气情况来为犯罪嫌疑人设立的证明方法。犯罪嫌疑人在实施犯罪以后，为了逃避法律的惩罚总是要进行情景的选择，有的选择自己没有去过现场，有的选择自己没有作案的时间等。那么犯罪嫌疑人在作案的时间范围内，在什么地方？在干什么？犯罪嫌疑人通常的语用行为表述：“当时我在 × × 地方，在干 × ×。”因为犯罪嫌疑人当时在犯罪现场，不可能在其他的地方，因此，犯罪嫌疑人对他自己编造的地方的当时情况根本就不了解，为了证明自己在某地，只有编造谎言，这时审讯人员把气象情况加进犯罪嫌疑人的谎言里，让犯罪嫌疑人去充分地发挥，然后一举揭露。例如，审讯人员告诉犯罪嫌疑人某地在某时下了一阵小雨，并且问犯罪嫌疑人在下雨的时候在干什么？因为当时犯罪嫌疑人根本就不在某地，所以对某地是否下雨根本就不清楚，因此犯罪嫌疑人就会采取默认的语用行为方法，审讯人员继续问："在下雨的时候你打的是什么样的雨伞？"以此来逼着犯罪嫌疑人说谎，以达到揭露谎言的目的。

环境设立的语用行为特征，是犯罪嫌疑人为了掩盖犯罪事实，经常用谎言来描述某地的情况，以示自己曾经到过某地或者是从某地而来，环境设立是为犯罪嫌疑人设立某地的环境，以此证明犯罪嫌疑人对某地环境的说谎。案例：1955 年冒充蒋介石秘密特使案。当时的审讯人员为了弄清对方到底是不是蒋介石秘密特使，采取环境设立的方法来试探对方是真特使还是假特使，审讯人员的语用行为表述："中央日报是台湾政府的报纸，它的社址在哪里？台湾的'国防机关'地址在什么地方？"结果这位假特使回答得驴唇不对马嘴，暴露了自己是冒牌货的实情。再如有的贪污贿赂案件，犯罪嫌疑人将公款自己贪污了却谎称送给了别人，由于是"一对一"的案件，一个人说给了，而另外一个人说没有拿，当审讯人员问及犯罪嫌疑人款子是怎么送的，犯罪嫌疑人称是送到对方的家里的。根据了解，犯罪嫌疑人根本就不认识对方的家，审讯人员便采用了环境设立的方法来进行证明，语用行为表述："你既然到对方家里送钱，就应该知道他们家放置在客厅里的沙发是皮质的还是人造革的？"犯罪嫌疑人说："是皮质的，当时我就是坐在客厅的沙发上的。"而实际上，这家客厅里根本就没有沙发，只有几把椅子。

总之，证明谎言的语用行为技巧，可以从不同的角度，借助一切可以借助的条件，放开来让犯罪嫌疑人充分说谎，并且有意识地帮助犯罪嫌疑人扩大说谎的范围，达到充分揭露谎言的目的。这里应当注意的是，在设立情景和环节时，语用行为的涉入应当与犯罪嫌疑人的语言情境统一，应当在顺应犯罪嫌疑人的语言情境的条件下，涉入证明的情景与环节，才能够被犯罪嫌疑人确认和借用，才能够被融入发挥。否则，如果对犯罪嫌疑人说谎的语用行为进行阻拦，或者，审讯人员的自我形态的表露，不能顺应犯罪嫌疑人说谎的语言情境，当犯罪嫌疑人认为他的谎言已经被怀疑或者已经被识破，那么审讯人员所设置的证明环节和情景就不能起作用。

（三）揭谎的定向环节

坚定的信念和态度，会对犯罪嫌疑人的心理产生重要影响，坚定的语用行为能够强化坚定的信念和态度。犯罪嫌疑人对审讯人员的行为态度的坚定程度的评价，是从审讯人员的语用行为中获取的。犯罪嫌疑人在接受讯问的时候，为了摸清审讯人员的底，判断审讯人员到底掌握了哪些犯罪事实，总是会千方百计地从审讯人员的语用行为中获取信息。审讯人员的语用行为所反映出来的坚定程度，是犯罪嫌疑人分析判断的基础。如果审讯人员对某一事件的语用行为的表述不坚定，那么犯罪嫌疑人就会分析判断不坚定的原因。显然，语用行为的表述不坚定就是对某一事件不能充分地肯定！也就是对犯罪行为是否存在的不肯定，获取了这样的信息，就会强化犯罪嫌疑人的对抗心理。与此相反，如果审讯人员对某一事件的语用行为表述是坚定的，那么犯罪嫌疑人就会认为这种坚定的语用行为是对犯罪行为暴露的肯定。犯罪嫌疑人的侥幸心理的支点就会被拆除。在审讯实践中，审讯人员的语用行为越坚定，犯罪嫌疑人的对抗程度就越弱，与此相反就会导致讯问活动的失败。

审讯人员语用行为的坚定程度，不是依靠讯问人员语言声音的高低表现出来的，而是依靠定向的语用行为反映出来的。定向的语用行为反映出审讯人员对某一事实全力以赴的行为态势，是对语用行为目标的坚定态度和确认。语用行为目标是讯问活动的着力点，是对抗双方的重心，在双方的力量发生偏移的时候，重心就会发生偏移。例如，有一起贪污案件的财务人员，贪污了巨额公款后销毁了全部账目和财务凭证，被传讯后谎称财务账目被盗，自己不知账目的下落。讯问人员开门见山地反驳：

问：“你保管的财务账目必须要交出来！”（表现出了坚定的语用行为）

答：“我不知道账哪里去了！可能是被小偷盗走了。”（这里回答的语

用行为也是坚定的）

问："小偷要你的账干什么！你不要再编了！账哪里去了？"（进一步强化坚定的态度）

答："（不语）……"（这里否定的坚定程度开始减弱）

问："我现在就是要问你账哪里去了！"

答："（不语）……"

问："你必须把账交出来！在这里你没有任何退路！"

答："（不语）……"

问："因为单位的财务账目不是你的私有财产，所以你必须要交出来！没有其他的余地！"

答："账被我撕毁了。"

问："那就请你把它恢复起来！"

答："（不语）……"

问："账是怎么撕毁的？"

答："因为是小金库的账，钱被用了，就把账撕毁了。"

问："撕毁的账在什么地方？"

答："在我家的废纸桶里面。"

问："账上的钱谁用了？"

答："我用了。"

问："用了多少？"

答："可能有一二十万吧！"

问："做什么用了？"

答："平时用了一些，另外的存银行了。"

问："存折在哪里？"

答："在我家卫生间顶棚的夹层里！"

办案人员提取了被撕毁的账目和存折，成功地将该案交付了审判。这起贪污案件的审讯成功，表现出了审讯人员的准确判断和坚定的目的性，从而使犯罪嫌疑人不得不交出犯罪证据，起关键作用的是审讯人员全力以赴的定向语用行为。审讯活动中的语用行为的定向性，就是对审讯目标的确定性，围绕审讯目标的定向语言活动，语用行为特征是审讯人员的坚定决心，即不把犯罪事实弄清楚绝不罢休的决心，以此动摇犯罪嫌疑人的侥幸心理。例如，在审讯一起犯罪嫌疑人翻供的案件中，审讯人员为了查明翻供的原因和真实的犯罪事实，围绕犯罪嫌疑人"为什么翻供"展开了追讯："你为什么翻供?"答："(不语)……"问："为了证明你的认识态度和行为表现，我们必须要弄清楚你翻供的原因，这同时也是你的认识问题，所以你必须讲清楚，不讲清楚这件事情是不会结束的!"审讯人员的决心，使犯罪嫌疑人的心理受到了强制，不说明原因是过不了关的，说了原因就等于交代了犯罪事实，左右为难，因为眼前的难关，犯罪嫌疑人只得选择交代放弃对抗。语用行为的定向作用能够有效地对犯罪嫌疑人的谎言实施心理干预进行定向震慑，完成犯罪嫌疑人自我心理强制的认知过程。

（四）揭谎的"特情"环节

犯罪是一种行为关系，是一系列情景相互联系的行为关系，犯罪是一系列情景关系的行为结果，这种相互联系的情景行为关系，能够有效地证明犯罪行为。通常犯罪嫌疑人为了否定自己的犯罪行为，总是要在这一系列的犯罪情景相互联系的行为关系中，找出特定的情景关系进行歪曲、说谎，以此作为否定犯罪的理由。犯罪嫌疑人选择的特定的情景关系就是"特情"关系，审讯人员对犯罪嫌疑人"特情"关系的语用行为干预，就是为了矫正被否定、歪曲的行为情景关系。"特情"关系的语用行为干预的作用在于通过提取某相互联系的个体情节和细节存在与否的关系，予以证明另外一行为关系的存在与否。反过来，犯罪行为的存在与无必然联系的某些事件、物品、行为、语言的特定情景存在着关联性，这种关联性足以证明犯罪行为的存在，通过这种证明的过程来满足对犯罪嫌疑人的自我心理强制干预。这种干预或者证明的过程必须是充分的，如果不够充分，犯罪嫌疑人就可能找出否定的理由，这个理由就能够帮助犯罪嫌疑人解脱自我心理强制。

用来干预或者证明犯罪行为存在的某些事件、物品、行为、语言的特定情景必须真实可靠，才能揭露谎言，成为犯罪嫌疑人不可否定的理由。例如，北京市公安局的预审官汲潮在审讯外国派遣间谍李克时，就采用证明法取得了审讯的成功。李克是以合法身份，通过合法手续进入我国进行间谍活动的，合法的身份是他的护身符，为了剥掉李克的合法外衣，汲潮针对李克自称是来自中国某大学专门进修先秦文学，是研究管子的专家，巧引了先秦文学的历史典故，通过证明法，诱其深入。他对这位自诩“管子专家”的李克发问道：“老马识途”，这总该知道吧？李克只顾翻白眼，回答不出来。汲潮代之作答：这个典故出自《韩非子·说林》。齐桓公曾带兵攻打孤竹国，孤竹国国君派手下的黄花元帅向齐军诈降，将齐军诱入迷谷。只见四周山崖陡峭，狂风怒号，飞沙走石，寒气逼人。齐桓公见状忙叫人去找黄花元帅，岂料黄花元帅早已不见踪影。齐军大乱，左冲右突，自相践踏。齐桓公忙叫管仲献计。管仲说，老马能记住它所走过的路，我们可以利用马的这种灵性渡过难关。齐桓公叫人挑选了几匹从孤竹国的军队中俘获的老马，解开缰绳，让它们随意行走，各军的大队人马跟着这些识途老马，终于走出了可怕的迷谷，最后击退了孤竹国的军队，平定了边境的祸患。汲潮运用有关管子的典故，使李克瞠目、心慌、汗颜，汲潮乘势进击，直指要害：“你这管子专家，对‘老马识途’却茫然无知，这不是很奇怪吗？看来你对管子的学问很不在行啊。”汲潮进而又一针见血地揭露道：“你的功夫也没有使到学术研究上。你始终另有使命，你始终在从事一项见不得人的勾当。”汲潮接着又乘势造势，猛烈攻心，对其施加心理压力，终于迫使李克这个巧于伪装的异国间谍承认自己的间谍身份，并且交代了收集我国情报的罪行。

“特情”关系的语用行为干预有时间、地点、人物、常识、关系、情节、细节、环境、天气等，例如，时间的干预条件，审讯人员讯问犯罪嫌疑人在案发时间的行动和活动情况，以此来证明犯罪嫌疑人有犯罪的条件。例如，交通肇事逃逸案件，犯罪嫌疑人开车撞人后逃跑，经过目击者辨认，犯罪嫌疑人否认自己有肇事逃逸的行为，车辆上也没有明显的肇事痕迹，这里有当时的一段讯问笔录：

问：“星期六下午四时你在什么地方？”

答：“我在一家超市的门口。”

问：“你是怎么知道当时的时间就是四点钟的？”

答：“我问超市门口的一个修理自行车的老板，他告诉我是四点钟。”

问：“那天下午在那条路上发生了交通事故你知道吗？”

答：“我知道。”

问：“你是怎么知道的？”

答：“我听别人跟我说的。”

问：“谁跟你说的？”

答：“我们家的邻居跟我说的。”

问：“在什么地方说的？怎么说的？”

答：“在我晚上回家的时候，在门口遇到他，他告诉我下午十字路口那边出了一起车祸。”

问：“你在问超市门口修理自行车的老板时间的时候，是在车祸发生之前还是在车祸发生之后？”（“特情”涉入了）

答：“是在车祸发生以后。”

问：“车祸是什么时间发生的？”

答：“我不知道。”

问：“你既然不知道车祸的发生时间，怎么知道你问修理自行车的老板时间的时候，是在车祸发生以后呢？”（语用行为的干预开始）

答：“（不语）……”

问：“你根本就不是听别人说的发生了交通事故，你就是直接的交通肇事者！你不但知道交通事故发生的时间，而且你在车祸发生以后，迅速地逃离了现场，此后你又空手步行来到了超市门口，问修理自行车的老板‘现在几点钟了？’让修理自行车的老板证明你不在案发现场。”

讯问人员的这段语用行为的干预，把犯罪嫌疑人推进了“自我心理强

制”的领域，使其不得不供述交通肇事逃逸的经过。这里应当注意，在运用“特情”语用行为干预的过程中，语用行为的节奏、语气和声调应当顺应选择的“特情”的语境条件，如果当时的语境条件不能顺应“特情”的语用行为，应当暂时放弃，待条件成熟再予以实施。因为如果“语境”条件不成熟，犯罪嫌疑人在没有退路的情况下容易形成激情状态出现僵局，导致语用行为的不合作状态。例如前面的交通肇事逃逸案件，讯问人员开始组织运用“特情”语用行为干预：

问：“星期六的下午四时你在什么地方？”

答：“我记不清了。”（不合作的语境，条件通道受到阻碍）如果强行运用“特情”语用行为干预，便会出现下列情况：

问：（跨过前面的“特情”）“我再问你，那天下午在那条路上发生了交通事故，你知道吗？”

答：“我不知道。”（语境条件再次受到限制）

问：（自我组织“特情”）“那天下午在那条路上发生了交通事故你知道！因为你就是直接的交通肇事者！你不但是交通肇事者，而且你还是交通肇事后的逃逸者！”

答：“绝对不可能！”

问：“怎么不可能？”

答：“不是我干的！”（出现了激情状态）

问：“就是你干的！”

答：“你们说是我干的，那就是我干的，随你们的便！”（这里出现了僵局，审讯人员只有再重新组织语用行为才能够使审讯活动继续发展下去）

“特情”关系的语用行为干预的语境条件，应当是讯问人员自己创建的，自己能够控制的。仍然是前面的交通肇事逃逸案件，审讯人员为了创建适应语用行为干预的语境条件，首先是运用了无声语言的神态影响，产生情感的沟通。其次是使犯罪嫌疑人产生语言情境的对应反应，使之满足语用行为的语境条件：（和蔼的态度、手势告知犯罪嫌疑人）“你请坐！”

问：“你是做什么工作的？”

答:“没有具体的工作。”

问:“正常的生活来源靠什么?”

答:“家里有房屋出租,有时也做些小生意。”

问:“最近做了什么生意?”

答:“最近没做什么生意。”

问:“不做生意那你干什么呢?”

答:“跟朋友在一起玩。”

问:“平时都跟哪些朋友在一起?”

答:“比较要好的几个朋友。”

问:“星期六你跟哪些朋友在一起?”

答:“你说的是星期六的上午还是下午?”

问:“星期六的下午四时你在什么地方?”

答:“我没有跟朋友在一起,我在一家超市的门口。”(以下的语境使犯罪嫌疑人无法进入激情状态)

问:“你是怎么知道当时的时间就是四点钟的?”

答: “我是问超市门口的一个修理自行车的老板,他告诉我是四点钟。”

问:“那天下午在那条路上发生了交通事故,你知道吗?”

答:“我知道。”

问:“你是怎么知道的?”

答:“我是听别人说的。”

问:“谁跟你说的?”

答:“我们家的邻居跟我说的。”

问:“在什么地方说的?怎么说的?”

答:“在我晚上回家的时候,我在门口遇到他,他告诉我下午十字路口那边出了一起车祸。”

问:“你在问超市门口修理自行车的老板时间的时候,是在车祸发生之前还是在车祸发生之后?”(“特情”涉入了)

答："是在车祸发生以后。"

问："车祸是什么时间发生的？"

答："我不知道。"

问："你既然不知道车祸的发生时间，怎么知道你问修理自行车的老板时间的时候，是在车祸发生以后呢？"（语用行为的干预开始）

答："（不语）……"

问："你根本就不是听别人说的发生了交通事故，你就是直接的交通肇事者！你不但知道交通事故发生的时间，而且你在车祸发生以后，迅速地逃离了现场，此后你又空手步行来到了超市门口，问修理自行车的老板'现在几点钟了？'让修理自行车的老板证明你不在案发现场。"（这种变换过的语用行为的干预，同样能够把犯罪嫌疑人推进"自我心理强制"的领域）

同样，在上述交通肇事案件的"特情"语用行为的干预中出现的僵局，显然是语用行为的失败环节。如果当时的语境条件不能顺应"特情"的语用行为，就应当暂时放弃，经过语言情境的调整后，待条件成熟再实施。因为语境条件不成熟，说明没有语用行为合作的情态，也就是说丧失了运用"特情"的语用行为的条件。通过前面的僵局过程可以看出：如果当时审讯人员感觉到语境条件出现了问题，就应该立即停止"特情"语用行为的干预，更换语用行为，就能够避免僵局的出现。通常更换语用行为的方法是在犯罪嫌疑人不知不觉中巧妙地把话题岔开，即便是已经进入了或者已经组织实施了"特情"语用行为的干预，也要立即把它拉出来，避免发展下去的僵局后果。

"拉出"或者"岔开"语用行为目标的方法具体包括：

1. 接话而岔。就是接过对方的话题，岔开已经设立的语用行为目标。如前面的答话："我不知道。"接话："你知道什么？"岔开："你的姓名知道吗？"为了尽快地进入更换的目标："你家有几口人？"这样的话题犯罪嫌疑人无法做出否定性的回答，更不可能说自己不知道，这里虽然从一个目标转向了另外一个目标，但是，原来设立的语用行为目标的中心没有变，仅仅是语用行为范围扩大了，无论语用行为的范围扩大到什么程度，都要随时准备重新进入原来设立的目标，继续完成“特情”的语用行为干预。如：“你父母亲是做什么工作的？”答：“工人。”问：“你有兄弟姐妹吗？”答：“有！他们都在上学。”问：“他们上学你在做什么？”答：“我有时跟朋友做点生意，其他没有什么事。”问：“星期六你干什么去了？”（进入了原先的目标范围）

2. 眼前情景。把眼前的情景作为岔开话题的跳板。如前面的交通肇事逃逸案件，问：“你手上的伤是怎么回事？”（如果是旧伤，可以把它与过去骑摩托车联系在一起，逐渐把话题引向星期六的肇事的主题。如果是新伤，那么经过推理，正好能够与星期六的肇事联系在一起。）

3. 跨越结果。从对方回答的结果，进行反向顺应。如前面的回答：“我不知道！”跨越结果的方法岔开：“我知道你要说这样的话！”继续岔开：“你知道是什么原因吗？”再继续：“你可能还要说不知道！”继续深入：“因为你是怎么想的我知道！”这样虽然拉开了范围，但是只要有条件出现，就能够向中心迂回。

4. 及时阻止。当对方不利的语义出现，尚未来得及展开的时候，就要及时地阻止对方把话题展开。再如，前面的回答：“我不知道！”及时阻止：“你别说了，我只想告诉你一件事……”阻止完了以后，至于把话题岔向何处，那就是自己掌握了。

第二节　“沉默”对抗的讯问方法

侦查讯问活动中的沉默是指在讯问过程中，接受讯问（持有话轮者）的犯罪嫌疑人使用无言语的沉默行为，是侦查讯问过程中的一种消极对抗的语用行为，即无言语的交流行为。关于犯罪嫌疑人享有保持沉默的权利，我国立法虽然没有明确犯罪嫌疑人享有保持沉默的权利，但是也没有限制沉默行为的规定，这就是说犯罪嫌疑人可以保持沉默，有不说话的自由。刑事诉讼法修改后加进了不被强迫自证其罪，实际上就是保障了犯罪嫌疑人说话自愿性的权利。在我国当前的司法实践中，侦查讯问人员主要是通过讯问犯罪嫌疑人来获取犯罪证据的，而犯罪嫌疑人为了隐瞒犯罪证据，很多的时候采取沉默的方法来对抗侦查讯问，这无疑给侦查讯问活动带来了一定的难度。

一、“沉默”的心理行为基础

“沉默”的内涵，从词汇意义层面看，等同于动词否定形式“不说”，但是如果从言语交际角度看，“沉默”与“不说”二者之间有着很大的区别。尽管“沉默”以说话为前提，但没有说话并非都是沉默，沉默是一种表达方式，即“沉默”具有实施言语行为的能力。而“不说”不仅失去这种预设，而且可以意味没有言语能力或不掌握某种具体语言。“沉默”是被人控制的言语动作，是一种有意识的自我控制行为，蕴含着说话人或者听话人一时难以表达或不愿意表达、不方便表达或无法表达的多种思想、情感和复杂的心态。在需要话语的交际活动中，“沉默”通常表达的是违反规范的行为。在侦查讯问的背景条件下，犯罪嫌疑人回答讯问人员提问的沉默行为，首先，表现为参与的沉默行为和不参与的沉默行为。参与的“沉默”分别表达肯定或者否定意义，有时甚至带有评价意义；不参与的沉默是消极的沉默，是指逃避、不悦、拒绝、挑衅、放弃等非言语行为的对抗特征。其次，表现为无意的沉默和有意的沉默。无意的沉默，嫌疑人由于恐惧、犹豫、遗忘等心理原因，对讯问人员的提问一时没有做出回答，或者不知道如何回答或无言以对，因而沉默。此类沉默中，嫌疑人并非有意违反合作原则沉默不回答。在这种情况下讯问人员可通过安慰、开导、降低罪责感等手段帮助嫌疑人放弃沉默。有意的沉默，即嫌疑人有意违反语言的合作原则，对讯问人员的提问不予回答。在法律的特定语境中，对于这种沉默，讯问人员可以帮助嫌疑人建立语言交流的合作平台，提供交流的条件，使其放弃沉默。最后，情感意义与心理禁锢的沉默行为。嫌疑人在被审讯的空间里的心理状态不相同，有时心理状态还不是单一的对抗，而是多种心理相交织状态下的沉默。如 12 小时的讯问时限，沉默为了拖延时间，对讯问人的提问进行回避，因为反感而不愿意理睬，有沉默的权利而拒绝回答，这些都属于情感意义上的沉默。另外的一种情况就是暂时没有语言的表述，处于思考、回忆、犹豫、担心、动摇不定的心理禁锢状态的沉默。

二、“沉默”的心理行为表现

“沉默”的心理行为特点从反应显示的层面看，首先表现出犯罪嫌疑人的对抗行为的模糊性。犯罪嫌疑人的沉默不言语，给审讯人员捕捉其对抗的心理状态增加了识别的难度。其次是沉默行为的表现，可分为整个讯问语言交流的不合作的沉默和持有话轮后的话语间的沉默。再次是被讯问人沉默的心理状态各不相同，有时心理状态还不是单一的，而是多种心理相交织的。其沉默的心理行为表现：

1. 抗拒心理行为的沉默。此时的沉默有意违反合作原则，想以此拖延时间，回避问题，或激怒审讯人员使讯问无法继续，或者认为享有沉默权时对讯问人的提问一律拒绝回答。

2. 思考状态下沉默的心理行为，这里有对犯罪情景回忆，有思考如何措辞，犹豫反复权衡自己应该怎么办，思考分析猜测行为人员用意，思考可能导致的后果等。

3. 话语条件下沉默的心理行为，嫌疑人在接受讯问的话轮中，没有准备好回答的方案，不知道怎么回答，没有回答的话语条件，无法决定接着该说什么。

4. 激情状态下沉默的心理行为，强烈、短促的情绪状态，“我无话可说”，“我不想说”。

5. 惊讶、恐惧、悲伤心理状态下的沉默，被讯问人受强烈感情影响说不出话来。

6. 隐瞒心理状态下的沉默，为了有所隐藏不能说。

7. 对讯问人的不满的冷淡心理行为，沉默不愿理睬。

8. 语塞的沉默，在讯问人的层层追问下终于露出马脚，因无言以对而沉默。

最后是捕捉沉默的原因，“沉默”往往伴随着其他非语言行为同时使用，例如面部表情、眼神、体态动作等，均可成为嫌疑人所传达的信息做出沉默行为判断的依据。因此，对讯问中“沉默”行为的解读，要根据嫌疑人的面部表情、说话态度、语气、语调等进行推断。这些非语言因素在侦查讯问中的作用越来越凸显出来，成为解读“沉默”言语意义不可或缺的条件。

三、“沉默”对抗行为的讯问方法

讯问活动中的犯罪嫌疑人的沉默，许多是受目的——意图牵引的，讯问目的总是以查明案件事实获取犯罪证据为目标，这个目标是一个整体，是沉默选择的基本对象，沉默注意的目标是这个总目标的整体所带来的伤害，而不是组成这个整体的“分子”，这个目标的“分子”对嫌疑人的危险信息的影响是比较小的，防卫的意志能力比较弱，容易开启语言交流合作平台。

1. 动机模拟顺应法。这种讯问方法主要是根据犯罪嫌疑人的行为动机而展开的，犯罪行为以内在动机为动力条件，是犯罪行为实施的直接原因。在犯罪行为实施以后或者在接受侦查讯问的情景下，犯罪的动机将转换为对抗侦查讯问的心理支点，或者支持对抗的理由。通常，激情状态下的犯罪动机行为，就会导致激情状态的对抗行为，表现为激情的沉默对抗行为。解决这种激情状态的沉默行为，是要在完全解释犯罪的行为动机的基础上，使犯罪嫌疑人的激情状态得以释放，返回到正常的人格心理状态，在正常人格的平台上经过讯问人员的心理引导，供述动机就会产生。在审讯实践中，审讯人员面临的难题是怎样寻找和发现犯罪行为人的行为动机？侦查人员在发现犯罪嫌疑人之后，对嫌疑人实施的犯罪行为进行综合评估和收集大量的与犯罪行为人个体的关联信息，结合逻辑推理、评价和分析，找出犯罪行为的因果关系，提炼出该因果关系的动机行为。讯问人员运用模拟的方法将该行为的因果关系情景再现给犯罪嫌疑人，经过对客观的模拟情景的确认而产生的“共鸣”，使嫌疑人的情感出现了顺应感知，获得了情感援助，产生情感依赖，供述行为就会在这种“报答”的心理状态下产生。

例如，在一起敲诈犯罪案件的侦查讯问中，犯罪嫌疑人敲诈了某国有公司负责人5万元，在其去银行取款机取款时被抓获。该犯罪嫌疑人在接受讯问时一直保持沉默，审讯进行得非常艰难。为了进一步获得更多的犯罪嫌疑人的关联信息，办案人员了解了该犯罪嫌疑人的家庭情况，发现该犯罪嫌疑人的妻子曾是被敲诈对象公司的职员，一年前他的妻子被该公司解聘下岗，其妻下岗后情绪受到了很大的刺激，一病不起，经过进一步了解，嫌疑人与妻子感情非常深，是青梅竹马的夫妻。嫌疑人性格温和本分，对妻子百依百顺，显然这起敲诈案件与妻子有关，有报复敲诈的特征，报复就是敲诈的行为动机。讯问人员掌握了这些情况后对犯罪嫌疑人展开了审讯：

问：“我知道你很绝望，什么都不想说，今天领导要求我来跟你谈谈，我很茫然，在征求你妻子的同意后，我去看望过她，也不知道该不该告诉你，她现在身体很不好，她跟我说了很多关于你的话，一边说一边哭，一直在哭，起初我不太明白她要表达的意思，可最终我明白了，就是她非常理解你为什么会这样做。你妻子跟我说，无论你自己怎么受委屈都能忍受，因为你是个性格软弱的人，可是你绝不容许你的妻子受到委屈，你的妻子虽然身体不好，但是工作非常认真努力，我看到了很多她以前获得的奖状，很了不起，我认为全社会的人都应该像她那样敬业。她工作的那个公司一年前因工伤保险的事情解雇了她，她回到家委屈地哭了整整两天。从道德角度上讲，我谴责她工作的那个公司不人道的做法。我也想象得出来，因为这件事，你当时被激怒成什么样子，因为你实在太爱自己的妻子，可是你惩罚他们公司的办法太极端了。我跟你妻子一样，都十分地为你惋惜。她现在每天都在想，如果你没有那么做，哪怕是正想要那么做，那该多好，她会拼命地去阻拦你。你忘了一点，你这样冒险的结果，肯定会让你的妻子受更大的委屈，这是她的原话。现在你拒绝开口，我知道你是为了妻子，因为她还在病床上，你保持沉默，你总是在告诫自己，绝不开口绝不开口，不能承认，是这样吗？可是你错了，其实你犯的罪并不太重（降低罪责感），你应该认罪，应该争取早日获得被探视的权利，因为你的妻子想见你都想疯了（建立需要的平台），她说就算你判刑，她也要去探望你，那样在时间上总有个盼头。而现在，说还是不说是你的自由，可是你应该懂得，你的妻子想见到你的心情，你不要再让她受更大的委屈了（强化需要）。顺便说一句，你妻子关于医药费的官司，下个月就要开庭了，他们公司逃脱不了应负的法律责任，但是你也不可能逃避……（明示对抗条件已经丧失）还是顺从法律吧，它也在保护你的妻子和家人，你还是应该尊重你们俩从幼儿园就开始的感情吧，选择早日与妻子会见。”

答：（哭……）“我说………我说………”

问：（出示嫌疑人与妻子的合影）“这个照片你留着吧，我想你以后的生活会更需要它。”

答：“我说……”

（嫌疑人最终交代了自己的犯罪事实）

2.“分解”法。审问人将这一个总目标化成许多局部的意向，分配在一次一次小的话轮之中，把讯问的目标集中在一个个被分解后的“分子”目标上，进行各个击破，最后集中总结出完整的犯罪证据的总目标。财产犯罪可分解为房子、车子、儿子、票子、位子等。这种分解法的运用，在侦查讯问实践中，对于解决嫌疑人的沉默问题产生了良好的效果。例如，因受贿而导致的国家巨额财产损失的渎职犯罪案件，犯罪嫌疑人面对自己的渎职行为，始终保持沉默的对抗态势，防守的目标就是渎职行为。讯问人员对渎职行为进行了分解：经常的住处在哪里？（确定有住处）不经常的住处在哪里？（确定有多处住房）房子是自己买的吗？（确定产权）房子购买的价格？（确定购房金额）全家每年的工资收入？（确定合法拥有的财产）购房款是哪里来的？（家庭财产的超额来源）超额部分的合理解释与不合理的来源；受贿的行为确定（为什么别人给钱?）；最后集中指向渎职犯罪。

问："平时在哪里住?"

答："上海。"

问："上海的房价很高?"

答："是的。"

问："你的全家经济收入一年有多少钱?"

答："10 万元左右。"

问："你的房子当时花了多少钱?"

答："200 多万元。"

问："购买房子的钱是哪来的?"

答："借的（说谎）。"

问："没有钱才会借钱，你借了钱怎么还?"

答："（沉默）"

问："是不想还了吗?"

答："不是。"

问："那是什么?"

答："没有借，不是借的。"

问："那就是人给的?"

答："是……是的。"

3. "曲线"渐进法。通过绕弯子达到总的目标。侦查讯问的空间导致犯罪嫌疑人的沉默，是因为嫌疑人有沉默的条件和语境，能够满足非合作性的需要，如果讯问人员不给嫌疑人沉默的条件，那么嫌疑人就很难沉默。例如，讯问人员选择一个嫌疑人很感兴趣的问题，那么嫌疑人就会很乐意回答。如果嫌疑人对国学问题有很深的造诣，那么他就可能滔滔不绝说出其中的奥妙所在，因为国学是他语言的兴奋点，这样就自然失去了沉默的条件。此后，通过这些兴奋点的不断转移，最终达到侦查讯问的目标。在侦查讯问实践中，讯问人员通常选择"拉家常"，先从询问一些生活琐事入手，逐渐使犯罪嫌疑人戒备心理放松，在其能正常答话后，再渐进问清其有关的基本情况，然后趁势递进，切入审讯的目标。当嫌疑人感觉到危险的信息以后，意识到自己既然已经回答了前面的提问，如再回避主题问题，是于情于理都站不住脚的，从而只好做出答话选择。

4. “填补”法。讯问人员给出少于需要的信息或沉默，有意让嫌疑人去补足。这是一个吸引嫌疑人进入同一思考圈的心理方法。因为讯问人员提供给嫌疑人的信息量不足，而被迫动用想象、推测来补足少给的信息部分。嫌疑人处于沉默的行为过程中，其意识状态并非是完全封闭的，在很多时候需要外来的信息补充和支持，如果行为人员给出的信息量少于需要的信息或沉默，就会感觉到心理不适，导致心理压力出现，这种压力达到一定程度，语言行为就会出现。例如，嫌疑人在沉默的过程中，需要获取讯问人员的信息反应，可是审讯人员并没有作出应有的惊讶反应，而是轻描淡写地说：“我早就知道你会这样的……”这时嫌疑人产生的信息需要就是：讯问人员怎么早就知道自己会这样？于是，疑问、猜疑、反思导致心理压力出现。再有，沉默的过程中做出虚假回答后，若讯问人沉默不语，犯罪嫌疑人通常会感到很大的心理压力，担心自己被识破，不知接下去如何应对，这时往往会自乱阵脚，从而暴露事实真相。

5. “刺激”情绪法。即使用刺激性的语言，使其情绪激动，使其按捺不住冲动的情绪而开口说话。刺激情绪有通过激活逆反心理来实现话语条件的作用。例如，“你连话都不敢说，还能够当领导吗?”有通过正话反说来达到对情绪刺激的。例如，“你今天千万别说话，如果你说了话就证明你没有问题”。有的通过离间的方法来激活语言。例如，“你不说话正好，这正说明跟你一起干那件事的人，他们说的话是可信的，你不说别人不说吗？他们可都希望你别说话”。有的通过冤枉的设题，故意讯问一些使犯罪嫌疑人感到冤枉的问题，激发犯罪嫌疑人气愤或委屈，引发表白或辩解。审讯人员如果能够顺势导入讯问主题，置犯罪嫌疑人于两难之境，让他既然感到冤枉就应该做出辩解和说明情况，这样的话，如果嫌疑人再保持沉默岂不是自己默认了？因此，只得做出辩解和语言的合作。

6. “声东击西”法。犯罪嫌疑人在审讯活动中防守最严密的环节，就是犯罪事实的目标，也是其沉默行为的重点。讯问人员只要涉及犯罪目标，对抗的沉默行为就会重复开始。因此，讯问人员把与犯罪行为有牵连的线索，或者与犯罪行为根本不相干的问题，作为讯问的主题，使其在放松警惕的情况下，进入积极的话语平台，待主题目标成熟时，迅速切换到讯问的主题。这是一种调动式讯问方法，首先是要调动嫌疑人的语用行为，进行讯问的话轮参与；其次是转移嫌疑人的“防御”目标，在其放松警惕的情况下，转向嫌疑人的犯罪主题（使用这种方法应当在讯问前做好充分的准备）；最后是被利用的“声东”有时是与讯问的主题风马牛不相及的，但是经过语轮的发展和牵连，最终达到“击西”的目的。

7. “忽然”提问法。提问的特点是有问有答，沉默也是一种语用行为，针对提问做出的是“沉默”的回答，是一轮无声音的回答。犯罪嫌疑人的沉默是内在的强烈的心理活动，仅仅是话语的不参与。如果讯问人员此刻也保持着无话语的默许，那么嫌疑人就会感觉到交流受阻产生不适，同时讯问人员的沉默，在嫌疑人看来是一种等待，等待着嫌疑人的回答，经过沉默一段时间后，讯问人员突然提问，嫌疑人就会在措手不及的情况下回答问题，这种策略常常能够收到较好的效果。

8. 逻辑矛盾展示法。通过罗列犯罪嫌疑人沉默的行为，运用逻辑关系对其行为的诸多矛盾点进行评价，沉默就是默认，沉默就是无话可说，使其意识到自己选择的沉默并非高明之举。讯问活动中，通常罗列和揭示逻辑矛盾关系的方法有：一是犯罪嫌疑人平日生活中健谈善交流和现在接受讯问时沉默寡言的反差矛盾；二是客观事实的存在，沉默就是默认，沉默就是无话可说，因为客观存在，所以无须辩解；三是已明确告知我国刑事诉讼法明确规定犯罪嫌疑人应当如实回答，而故意沉默不语的行为与之矛盾；四是既然能够回答其他问题，而对讯问主题却持沉默态度是什么原因？使犯罪嫌疑人认识到沉默不答违反了语用行为的逻辑关系，是自己的行为错误，是自己的行为出现了矛盾，为掩饰矛盾，只好选择开口说话。

9. 笔录敦促法。通过直接告知嫌疑人“根据你目前的态度和行为，我们要记录在案了”，即以记录的方式反映犯罪嫌疑人沉默拒答的恶劣表现，阐明不利的后果，使犯罪嫌疑人滋生害怕被认定有罪并被重惩的恐慌心理，只好作出说话的妥协选择。从另一个角度还告知嫌疑人，现在沉默不愿意供述，我们给你记录下来，是你自己选择默认不说话的，到时候可别说是讯问人员不让你说的，到那时你后悔都来不及了，以此调动其趋利避害的行为方向。

在审讯实践中应当综合运用上述方法，结合犯罪嫌疑人的心理变化因势利导，帮助嫌疑人改变沉默行为，把握住审讯活动的走向，才能达到讯问的目的和效果。

第三节　人格特质属性的对抗特征与供述行为

犯罪嫌疑人在接受司法调查活动中，总是千方百计进行隐瞒对抗，其原因首先是利益关系，犯罪行为是要受到刑罚处罚的行为，刑罚处罚的结果导致利益丧失，为了维护自我利益只能选择对抗。当犯罪嫌疑人发现自我的对抗已经不能保存利益的时候，就会设法通过妥协的方法从侦查讯问人员那里获取利益。这一行为是人们的基本行为特征，在整个利益空间，人们维护行为的方法只有两种：一种是对抗，另一种就是妥协。其次是犯罪嫌疑人为了维护自己的利益而进行的对抗，这是建立在一定条件的基础上的，有条件对抗才可以对抗，如果没有条件对抗，那只能放弃对抗，这是人的生活经验的总结，更是趋利避害的人格本性所决定的。最后是对抗行为的心理基础，这种心理基础来源于人的意识经验，对抗力度的强弱来源于意识经验的信息反应。这种信息反应包括：客观的对抗信息反应、主观的意识经验和所处的讯问空间的信息来源的整合。这些形成了相对稳定的对抗的心理支点。上述行为表述反映了人在侦查讯问活动中的人格特征，即对抗行为的来源。这里所谓的人格，是指一个人在社会化过程中形成和发展的思想、情感及行为的特有统合模式，这个模式包括了个体独具的、有别于他人的、稳定而统一的各种特质或特点的总体，也反映了人的思想意识、行为特征、喜怒哀乐的相对稳定的性格特征，是犯罪嫌疑人抗审行为的重要根据。

再有，犯罪嫌疑人在接受司法调查活动中，总是千方百计进行隐瞒对抗，其根本的原因是犯罪嫌疑人实施了犯罪，有犯罪的行为记忆，如果没有犯罪记忆，那么犯罪嫌疑人就不存在隐瞒对抗的行为了。犯罪嫌疑人留在大脑里的犯罪行为记忆，就是犯罪的心理事实，就是犯罪嫌疑人选择对抗行为的记忆来源。但是这种犯罪记忆的心理事实，并不像犯罪嫌疑人维护自我的利益那样忠心，它会在外来信息的刺激下活跃起来，不时地告知犯罪嫌疑人自己的存在，甚至自发地通过潜意识、肢体语言表现出来，不愿意隐瞒自己的存在。因此，只要犯罪嫌疑人大脑里有犯罪行为记忆，它就会背叛犯罪嫌疑人而暴露出来，尽管嘴巴不说，其形体也会不自觉地表现出来。

由此，人格本性和记忆属性满足了犯罪嫌疑人供述的基本规律。

一、人格特质属性的对抗行为

犯罪嫌疑人在侦查讯问中的对抗行为，来源于自我的心理动力的支持，这种心理动力在人格属性的指挥下产生，一切的内在动力来源于人格属性，也就是说，犯罪嫌疑人的抗审行为的根本原因是人格属性。所谓人格，是指一个人在社会化过程中形成和发展的思想、情感及行为的特有统合模式，这个模式包括了个体独具的、有别于他人的、稳定而统一的各种特质或特点的总体。

根据弗洛伊德的心理学理论，人格是一个整体，包括三个部分，分别是本我、自我、超我。这三个部分彼此交互影响，在不同的时间内，对个体行为产生不同的内动支配作用。人从出生之日起就有了自己的人格，婴儿是人格中最原始的部分，这就是弗洛伊德人格理论中的本我。构成本我的成分是人格的基本需求，如饥、渴、性、生理上的平衡等。本我中的基本需求成为生之本能。生之本能促动个体求生活动的内在力量，本我需求除了由基本需求形成的生之本能之外，也包括自我的生理平衡。此种平衡的个体要求支配本我的是唯乐原则。稍有不适就会哭闹，从不考虑外界的情景和其他什么后果。随着婴儿不断成长，到了成年以后，他所经历的生活、学习、环境、社会活动，充实了他需求的生之本能，形成了相对稳定的区别于他人的个体的我，即弗洛伊德人格理论中的自我。自我是个体出生后，在现实环境中由本我分化产生的。由本我而来的各种需求在现实环境中得不到满足，它就必须迁就于现实的限制，并学习到如何在现实中获得需求的满足。因此，从支配人性的原则看，支配自我的是现实原则，从需求的本性来看，是满足趋利避害的原则。自我介于本我与超我之间，对本我的冲动与超我的管制具有缓冲与调节的功能。人生活在社会的大环境中，不能仅仅满足自我的个体行为，还要有一个统一的社会行为来满足社会人的需要，这就是人格的社会结构，每一个个体必须统一在这个社会的整体结构中，这种统一的个体就是弗洛伊德人格理论中的超我。超我是人格结构中居于管制地位的最高部分，是由于个体在生活中，接受社会文化道德规范的教养而逐渐形成的。超我中有两个重要部分：（1）自我管理，是要求自己的行为符合自己理想的标准；（2）良心，是规定自己的行为免于犯错的限制。如个体所作所为符合他的行为理想时，就会感到骄傲；反之，如所作所为违反了他的良心时，就会感到愧疚，因此超我是人格中的道德部分。

从人的本我、自我、超我的特征来看，无疑是把人分为三张脸，根据人格结构又分为两个意识境界。居上层者为意识境界，其中包括自我与超我；居下层者为潜意识境界，本我即在其中。本我、自我、超我三者，彼此交互调节，和谐运作，根据环境情景的空间需要发生变化。人格结构的两个意识境界会在不同的环境情景的空间里出现，在完全属于个体的空间里，表现出掺夹着本我的自我的人格特征；在社会情景的空间里，就会表现出掺夹着自我的超我的人格特征。这就是人在什么场合说什么话的原因。同时，人格又表现出它的统合性。人格是由多种成分构成的一个有机整体，具有内在统一的一致性，受自我意识的调控。人的本性是对需要的满足，需要满足以后新的需要又产生了，这种需要的发展循环是在超我意识的控制下进行的，以此来保障自我的需要行为满足于社会的统一行为，同时也满足了人们的趋利避害的统一规则。利益是个体行为与社会行为的焦点，个体利益行为与社会利益行为的一致性，是人们的行为规则，如果个体利益行为违反了整体的社会利益行为，就违反了人们的行为规则，就出现了犯罪现象。这种现象既表现为个体的差异，也表现为人格的两重性，一是人格所具有的“外壳”，就像舞台上根据角色的要求而戴的面具，反映出一个人的外在表现。二是指一个人由于某种原因不愿展现的人格成分，即面具后的真实自我，这是人格的内在特征。这种为了利益而犯罪的行为，常常是隐蔽在面具后的真实自我的人格，这种人格特征导致的犯罪，产生于无法获得合理满足需求的途径。

既然犯罪现象是违反社会利益的行为，违反社会行为规则对他的惩罚性，这种惩罚性表现为个体利益为代价的特征。因此就有人因为利益需要，违反了社会的统一行为，就要受到社会行为规则对他的惩罚，失去利益。为了维护自我的利益，就会出现个体的对抗行为，这是人格的自我的基本的行为特征反应。这就是个体的人在犯罪以后的对抗行为特征的反应。这种对抗的行为特征反映的是人格需要的利益属性，对抗是为了利益。根据人们对利益的认识特征来看，利益有小利益、大利益、一般利益、重要利益、眼前利益、长远利益等。当个体的人为了维护自我的利益进行对抗的时候，发现顺应行为能够获得比对抗更大的利益，趋利避害的人格本性驱使着个体的人放弃对抗，转而顺应行为。这就是在侦查讯问活动中，犯罪嫌疑人对抗与供述的基本人格行为特征。因为需要有了利益目标，产生了趋利避害的行为规则，即个体行为与社会行为的本质。

二、“超我”人格的供述心理行为倾向

在侦查讯问活动中，犯罪嫌疑人的行为特征表现为两重性，即谎言的积极对抗和沉默的消极对抗。这种对抗的行为特征无疑来源于犯罪嫌疑人的人格特质属性，人格结构的两个意识境界会在不同的环境情景的空间里出现。侦查行为的空间是一个特殊的空间，犯罪嫌疑人违反社会规则的行为将要在这样的空间里受到惩罚，因为它背叛了上一个层面意识境界的言行，于此出现在侦查讯问空间里的人格行为便是：下个层面为潜意识境界，本我即在其中的自我的人格行为表现。这就是审讯室的空间对犯罪嫌

疑人的人格结构属性产生了重要的影响，于此无论是什么样的人格特质，在这样特殊的空间里均会发生变化。无论在常态的情况下是外向型还是内向型的都会因此而发生变化，外向型人格特质的人进了审讯室，就有可能表现为沉默不语；内向型人格特质的人，为了辩解、隐瞒犯罪事实，就可能表现出能言善辩的外向型的人格行为。

犯罪嫌疑人在讯问室内的人格特质的变化，是因其内在的需要而产生的，通常犯罪嫌疑人在接受讯问时，人格结构中的表现选择是下个层面潜意识境界，这就出现了审讯活动中犯罪嫌疑人所表现出来的格格不入的对抗形态。这种本我的意识境界通常是只为自己，而不讲道理，人格意识境界低下，属于下层人格，这种行为显然不能满足犯罪嫌疑人悔罪认罪的需要。只有帮助犯罪嫌疑人转向上个层面的意识境界，建立正常的交流平台，那种统一的道德形态才会出现，才会有实话实说的语用行为的配合。怎样帮助犯罪嫌疑人转向上个层面的意识境界呢？既然环境能够对人格结构产生重要的影响，实质上这也是外来信息对人格结构的影响。例如，你想要某个小孩勤快起来，那么你就直接赞美他勤快，他就会立即维护你赞美他的形象，表现出勤快的行为来。获取别人的赞美是高层次意识境界的情感需要，无论是大人还是孩子，都需要听赞美的语言，当你标定对方的人格境界的时候，对方就会自发地来维护被你标定的形象。同时，当你去贬低一个人的形象的时候，也会引发对方的反感和不快，多次贬低，对方也会不自觉产生低人格的自我体验，甚至还会表现出低层次的人格意识境界。因此，在审讯活动中改变犯罪嫌疑人的意识境界层次是讯问人员的首要任务，因为审讯的目的需要相适宜的人格意识境界，只有高层次的人格境界才能满足讯问犯罪嫌疑人的需要。

我们说在客观事实面前承认客观事实的程度，这就是讯问行为对犯罪嫌疑人的“人格”属性的要求。用“人格”意识境界来衡量比照，“人格”意识境界层次越高，在客观事实面前承认客观事实的程度就越高。在很多时候，只要把犯罪事实放在犯罪嫌疑人面前，犯罪嫌疑人就会承认犯罪事实，但是也有的犯罪嫌疑人在客观事实面前不承认犯罪，这就是“人格”意识境界的差异。这种差异需要审讯人员来对其进行调整，调整的目标就是满足在客观事实面前供述认罪的需要。犯罪嫌疑人承认客观事实，实际上是对客观事实确认的认识过程。客观事实经过心理记忆的确认，表现出确认的行为反应，在审讯活动中就是供述认罪。

在审讯活动中所表述的客观犯罪事实，虽然是客观存在，但是它有两个特点，一个特点是：已经暴露了客观存在，表现出审讯人员已经掌握客观的犯罪证据，拿给犯罪嫌疑人他就可能供述认罪。因为这是客观的犯罪事实，能够有效证明犯罪嫌疑人的犯罪行为。另一个特点是：没有暴露的犯罪事实，审讯人员没有掌握犯罪嫌疑人的犯罪证据的犯罪事实。这种犯罪事实是被假设的存在，是审讯人员在审讯的空间设立的模拟的客观犯罪事实。用这种模拟的客观事实让犯罪嫌疑人进行心理事实（犯罪的记忆）的确认，当犯罪嫌疑人完成这一确认的过程，进行确认行为反应的时候，犯罪嫌疑人供述认罪的目标也就达到了。

审讯活动是各方面心理有机配合的产物。首先是要调整犯罪嫌疑人的“人格”意识境界，使之满足在客观事实面前供述认罪的需要。其次是犯罪嫌疑人要有犯罪的行为记忆，这是供述认罪的基本，讯问人员通过模拟的客观犯罪事实，来获取犯罪嫌疑人的心理事实（犯罪的记忆）的确认，达到供述认罪的目的。最后是挖掘人格特质的趋利避害的本性，完成供述比对抗对自己更为有利的心理动力趋向，调动人格的趋利避害的本性，使之满足供述（实话实说）比隐瞒对抗更能够获取利益。

三、“需要”的供述心理行为倾向

“需要”是有机体缺乏某种东西时的一种主观缺失状态，常以一种不满足感或对某种对象的必要感被体验着，是客观需求在人脑中的反应。它是个体积极性的源泉，一经产生 ，就会引起有机体的内部紧张状态，以此推动人去积极行动。当其具有明确的指向目标，并具备达到目标的条件时，就转化为动机，并导致活动的行为。人的需要包括生理的、心理的和情感的，人们时刻都在为这些需要而行动。人们为了满足于需要就会实施需要的行为，有的犯罪，也有的实施自己不愿意实施的行为。例如，外国某些审讯活动中的刑讯逼供，被审讯的人并不想交代自己所谓的“犯罪事实”，或者不愿意交代自己真正的犯罪事实，但是在大刑“伺候”下，自己为了免除皮肉之苦，满足生理上的需要，就只得勉为其难交代自己的犯罪事实。生理上的需要是如此，心理上的需要也是如此。犯罪嫌疑人对抗审讯，拒不交代自己的犯罪事实，是因为自己安全的需要、自己“幸福生活”的需要，因为这些需要的作用，才导致了对抗行为的产生。可是，当另外的一种需要超过犯罪嫌疑人因为对抗所依赖的需要的时候，犯罪嫌疑人就会进行利弊的权衡放弃对抗，去满足另外的更大的需要，以放弃自己认为小的需要来获取大的需要。在审讯活动中这一行为的最终表现，就是供述认罪。例如，有一起女性受贿犯罪的案件，犯罪嫌疑人拒不交代自己巨额财产的来源。当审讯人员问：“你家里有这么多的钱，不是你受贿的，就是你儿子受贿的，你交代不出来源，可能不是你收的……”犯罪嫌疑人听到这话后，为了不使儿子受到牵连，只得实话实说：“这些钱与我儿子无任何关系，都是我受贿来的，我交代钱的具体来源。”因为保护儿子的需要，超过了保护自己的需要，所以她才选择放弃对抗，交代自己受贿的犯罪事实，亲情的需要激活了顺应行为。需要总是与趋利避害的行为本性联系在一起的，需要也是以趋利避害为原则的，隐瞒犯罪事实是自我利益实现的需要，对抗的行为就是趋利避害的选择，因为利益有大有小、有轻有重，当利益发生冲突的时候择其大弃其小、择其重弃其轻，这是人格本性的行为特征。因此，当隐瞒犯罪事实的对抗空间发生冲突的时候，自我本人的其他利益要高出隐瞒对抗的利益的时候，处于不能两全其美的无奈中，只能放弃一方来保全另一方利益。审讯活动中，讯问人员帮助被讯问对象建立一个利益取舍的平台，进行利益需要的属性交换，满足其权衡利弊的行为需要，就能达到完成审讯的目的。

四、认知“误区”的供述心理行为倾向

认知一般是指认识活动或认知过程，认知过程在很大程度上与大脑信

息加工过程密切相关，如感觉、知觉、注意、记忆等与认知的接受过程密切相关，智慧、思维、情感和性格等与认知的应对、处理和结果预测等过程相关，因此认知也包括了多种心理活动。人类认识世界是从感觉和知觉开始的，感觉是人脑对直接作用于感觉器官的当前客观事物的个别属性的反映。知觉是人脑对直接作用于感觉器官的当前客观事物的整体属性的反映。在审讯空间里，审讯人员的态势、犯罪行为的相关信息以及整个审讯空间所反映出来的犯罪事实存在的信息特征，对犯罪嫌疑人造成信息影响，这时，接受审讯的犯罪嫌疑人会自然联系到自己的犯罪行为，他会在这极短的时间内，完成一次复杂的生理与心理活动：首先是犯罪嫌疑人的视觉器官（眼睛）接受到审讯空间的态势，也就是视觉感受器收到了信息；然后这些信息经由视神经纤维传导到大脑，并经大脑的认知活动（依据已有的经验和知识分析传来的信息的含义）判定为自己犯罪行为的暴露；最后大脑下达命令，立即采取相对应的行动。犯罪嫌疑人的这种行为反应极大地依赖于一个人过去的知识和经验，对感觉所获得的资料作出主观解释和判定，这种判定的知觉经验是因审讯环境中的刺激信息引起的，而知觉经验中对客观性刺激物所做的主观性解释，就真实性的标准反应来看，审讯人员并没有确实掌握犯罪嫌疑人的犯罪证据，仅仅是作出有犯罪证据存在的假设信息反应，于此犯罪嫌疑人产生了犯罪行为暴露认知，这显然与客观事实存在着很大的距离，因为审讯人员并没有掌握其犯罪事实和证据，仅仅是犯罪嫌疑而已。因此，犯罪嫌疑人单凭知觉经验所作的解释显然是失真的，甚至可以说是错误的。此种完全不符合刺激本身特征的失真的或扭曲事实的知觉经验，称为错觉。错觉不是观念问题，而是知觉问题，是错误的认识，这种错觉引发的行为空间称为“误区”。错误的认识带来的错误行为反应，就是认知误区的属性。

犯罪嫌疑人对审讯空间的认识产生的错觉行为，是认知误区的属性特征，这种认知误区的属性直接传递给犯罪嫌疑人的信息是：隐瞒犯罪事实已经失去意义，因为犯罪事实已经暴露，对抗的内在力量被减弱，顺应的力量被强化，因此，犯罪事实暴露的认知误区便成为犯罪嫌疑人供述认罪的内在动力。犯罪嫌疑人在审讯活动中的对抗特点是：只要有条件对抗的，就不能放弃，因为放弃了对抗就意味着有危害的结果，要承担法律责任。所以，不到无路可退的境地就不会自动放弃对抗。放弃了对抗，供述自己的犯罪就等于把自己的一切交给了司法机关，就意味着等待自己的是惩罚。因此只要有条件对抗的，犯罪嫌疑人都会坚持对抗。犯罪嫌疑人坚持对抗的“条件”，就是建立在犯罪行为是否暴露的基础上的，也就是说自己犯罪的证据是否被侦查讯问人员掌握。这里对抗的“条件”在于犯罪嫌疑人自己的犯罪行为还没有暴露或者还没有全部暴露，还有对抗的余地。如果犯罪嫌疑人通过自己认识的感知，意识到自己的犯罪行为已经暴露，已经被司法机关掌握，就会自发进行自我行为意义的评定：坚持对抗已经失去了意义，对抗的结果与放弃对抗的结果是同样的，每当犯罪嫌疑人处于这种情景状态的时候，他们的注意力会从原来的如何进行对抗，不断分析外来的信息，判断“事态”发展对自己的危害程度，迅速转移到这种行为可能给自己带来的惩罚结果是什么上，他们会从不同的角度来分析自己将要承担的法律后果，以及测定法律后果以后自己所面临的处境和其他相关的情形。这时他们会从降低自己的损失方面来考虑自己当前的行动趋向：根据当前的情况看，对抗显然已经不能降低损失，全盘托出也不是最好的办法，这虽然符合审讯人员的意图，但是如果审讯人员不能给自己从轻或者减少损失的机会，那么自己是一点退路都没有了，如果交代一点再留一点，自己不但保留了退路，也能根据情况随机应变，以审讯人员的信息反馈来作决定。这里，犯罪嫌疑人如果希望从审讯人员那里得到好处的话，这种希望和需要越强烈，其动机也就越强烈，供述交代的行为实现得就越快。反之，如果犯罪嫌疑人的希望不是从审讯人员那里得到好处，而是从自己的身上挖掘得到好处的方法，那么这种供述的动机是不会强烈的，甚至没有供述动机。这种情况下犯罪嫌疑人是不可能交代犯罪事实的。

犯罪嫌疑人对犯罪事实是否暴露的认识，来源于自己的认知判断。这种判断依据对外部情况反映的认识和自我心理的客观记忆的认识。这种认识有两个方面：（1）正确的认识，即犯罪事实已经暴露，审讯人员已经掌握了确定的犯罪证据；（2）错误的认识，即犯罪事实暴露的认知误区，也就是误认为犯罪事实已经暴露，审讯人员已经掌握了确定的犯罪证据。在大量的侦查实践中，审讯人员是在没有掌握犯罪证据的情况下，对犯罪嫌疑人进行的讯问，目的就是从犯罪嫌疑人那里获取犯罪证据。因为侦查讯问活动的特殊性和审讯人员话语的隐蔽性、技巧性，把犯罪嫌疑人带入了犯罪事实已经暴露的认知误区，逼出犯罪嫌疑人的供述动机。如果审讯人员提供给犯罪嫌疑人的信息是：审讯人员还没有掌握犯罪嫌疑人的犯罪证据，审讯的目的就是要犯罪嫌疑人自己提供自己犯罪的证据，那么犯罪嫌疑人就不可能有供述犯罪事实的动机产生。在很多时候，犯罪嫌疑人对自己的处境的认识是正确的，表现为审讯活动中的积极对抗。但是随着审讯活动的不断深入，在审讯人员信息的不断影响下，犯罪嫌疑人的认识发生了变化，出现了根本的转变即感知错觉。这就是犯罪嫌疑人在审讯活动的开始进行对抗，经过审讯后才交代犯罪事实的根本原因。

犯罪嫌疑人认知错觉产生的根源：首先，来源于审讯人员的态势，审讯人员强大的攻击态势是犯罪嫌疑人认知错觉产生的直接根源。在犯罪嫌疑人的认知过程中，审讯人员积极的攻击态势，说明审讯人员掌握犯罪证据的程度比较高；如果审讯人员消极地进行审讯或者没有积极的攻击状态，说明审讯人员掌握犯罪证据的程度比较低。因为对审讯人员来说，对没有犯罪行为的人（因为没有证据）就没有积极攻击的必要，这同时也给犯罪嫌疑人提供了认识根据。审讯人员积极地攻击就证明有攻击的必要，因为有了已知的案件情况，才会有目的性、才有攻击的意义。这是犯罪嫌疑人认知错觉产生的根源。其次，审讯人员行为的隐蔽性，是犯罪嫌疑人认知错觉产生的基础。犯罪嫌疑人认知错觉的产生，来源于自我意识与客观信息的有机结合，在犯罪嫌疑人这里，审讯人员行为的表现，就是客观信息，客观信息的重要特点就是司法机关拥有的犯罪事实的“量”，对犯罪嫌疑人来说就是犯罪事实暴露的程度。审讯人员行为的隐蔽性，就是控制着拥有的犯罪事实的“量”。犯罪嫌疑人在实施犯罪行为以后，犯罪行为就变成了客观存在，犯罪嫌疑人对犯罪的记忆就成为其“心理存在”，只要审讯人员发出的某一点信息，与犯罪嫌疑人的心理存在相确认，犯罪嫌疑人就会认识到客观的犯罪事实已经暴露，产生了认知错觉，进入心理认识的误区。最后，是犯罪嫌疑人自我意识的知觉经验：一方被否定了，那么另一方就被肯定了，这种肯定的情形就是犯罪事实，这是犯罪嫌疑人认知错觉产生的内在根源。犯罪嫌疑人记忆中的犯罪情景与外来的情景信息相确认，是产生认知误区的条件。人们的行为特点是不做“无用功”，这是犯罪嫌疑人放弃对抗的本质原因，对利益的追求是犯罪嫌疑人供述认罪的基本特点。

五、心理“困境”冲突的供述心理行为倾向

我们在回答别人提出的问题时总会有思考、分析问题的过程，在这样思考、分析、判断、作出信息反应的过程中，总会自然地选择可供继续推进的线索和方向，使思维正常地发展和循环下去，以保持正常的思维循环状态。可是，当人们遇到思考问题的障碍，无法满足外来信息的回复的时候，也就是当思维过程暂时没有发现明显的可供继续推进的线索和方向，并且作出合理的反应时，便会陷入一种一筹莫展的困顿状态，一时间不知道应该如何是好，出现了思维的障碍和困境状态。这种状态在没有外界信息的控制，处于自然的状态下，只要选择放弃，便能够自然得以解脱。这是在自然状态下的自主思维，可是在特殊的空间状态下，遇到障碍和信息控制，其思维过程暂时没有发现明显的可供继续推进的线索和方向时，加之外来的信息要求必须在短时间内作出方向性的选择的时候，也就是说，这种思维的困境是不能选择放弃的，必须作出方向性的选择，这种困境被限制时就产生了不能解脱的心理压力，这种压力达到一定极限，选择解脱的方向就迫在眉睫。因为没有自我的可供继续推进的线索和方向，而外来的可供继续推进的线索和方向就摆在眼前，选择这种外来的线索和方向就能够帮助解脱困境。因为我们认为人的心理意识有两个层次：一个是有意识的，符合理性的即理性认识；另一个是潜意识的，不符合理性的即非理

性的意识。实质上都是大脑内部分工的范畴。意识一般是指外在的通过五官感受来理性分析的心理活动，而潜意识就是我们不知不觉，没有意识到的心理活动。心理学大师弗洛伊德把潜意识比喻成“海下冰山”。人所看到的冰山，只不过是露在海面上的一小部分而已，更庞大的部分还深深地埋藏在海下。意识就是露在海面的巍峨冰山，而潜意识则是埋藏在海下的无比庞大的部分。潜意识是人的记忆仓库，人类过去所得到的所有最好的生存情报和经验，都蕴藏在潜意识里。

意识和潜意识都可以对人的行为造成影响，而且通常在互相作用影响着人的行为。而潜意识服从于意识，当人的行为需要受到一定条件的约束时，意识便会找潜意识提供帮助，从而使我们的行为向着符合自我要求的方向发展。潜意识蕴藏着我们一生有意无意、感知认知的信息，又能自动地排列组合分类，并产生一些新意念。所以，我们可以给它指令，把我们需要和所碰到的难题化成清晰的指令经由意识转到潜意识中，然后等待它的答案。比如我们在说谎，可是当别人对我们说谎的内容产生怀疑，提出质疑时，我们该如何回答别人提出的质疑呢？这时潜意识就会向你提供回答谎言的辩解方法。可是，有的时候潜意识在短时间内不能提供隐瞒谎言的辩解方法或者答案，导致了意识思维的连续性和方向性受阻，这时不仅受阻的显意识的压力增大，而潜意识因为暂时找不出意识需要的隐瞒谎言的方案，便会拿出其他的方案，甚至是放弃隐瞒的方案提供给显意识。由于潜意识的特点是“是非不分”，积极消极、好的坏的统统吸收储存，需要时自然流放，当人的行为反应一旦需要这些储存的信息时，便会不加控制地输出，常常跳过意识而直接支配人的行为，或直接形成人的各种心态。所以潜意识有着积极性和可能导致失败的消极性。

例如，在交流活动中自己的谎言被揭露，可自己又无法对谎言进行自圆其说，思维过程暂时没有发现可供反应和继续推进的线索和方向，而处于困境状态，此时外来信息又逼着自己说明谎言的原因，思维的继续的定向选择受到了限制，思维的方向受到阻碍的瞬间形成心理压力，意识的继续行为便激发寻找解脱的线索和方向，此刻潜意识的“库存”也没有积极对策提供，消极方法便会悠然而出，提供顺应了外来信息提供的线索和方向的方法，直接说实话就能得以解脱这种困境。这就是通常所见到的在谎言被揭露以后可能出现的实话实说的情景。当然，潜意识还会提供其他的方法：运用激情状态或者耍无赖，也能够得以解脱。

在审讯的空间里犯罪嫌疑人由于供述矛盾的暴露，对谎言不能自圆其说，审讯人员的审讯目的就是要犯罪嫌疑人说实话，所以是一定要知道犯罪嫌疑人说谎的原因，这样就从本质上限制了犯罪嫌疑人的思维、意识的行为方向，被堵进了死角——“必须说出说谎的原因”。因此，犯罪嫌疑人的心理活动的意识行为被限制在一定的范围内，主观、客观方面都受到强制，这种强制更重要的是对犯罪嫌疑人意识的强制，当潜意识的积极行为不能帮助其解围的时候，潜意识的消极行为便因此产生，提供了实话实说的方法，供述动机由此而生。

人们的潜意识储存的消极因素也是多种多样的，例如，在谎言被揭露，潜意识的积极行为不能帮助其解围的时候，潜意识的消极行为便因此产生，提供了实话实说的方法，同时也会提供其他的方法“运用激情状态或者耍无赖”。在人们的心理活动中，心理压力是导致激情状态的重要原因。激情状态是不计后果的单一的心理冲动，这种心理冲动是来源于潜意识的消极行为，通常会出现：“这件事情是我干的！又能怎样！”其目的就是缓解意识的定向阻力。意识行为的困境即心理强制的作用是对犯罪嫌疑人的调节控制系统进行限制，意识与潜意识是相互联系、相互影响、相互调节、相互作用与反作用的，这是意识行为的结构特征。审讯活动中审讯人员必须要控制意识结构的相互联系和相互支持，破坏调节因素，激发潜意识的消极作用，控制可能出现的激情状态，强化犯罪嫌疑人的供述动机。从某种程度上来说是逼出犯罪事实，犯罪嫌疑人在审讯活动中的对抗特点就是谎言或者否定，谎言容易出现逻辑矛盾，当审讯人员揭露逻辑矛盾，使犯罪嫌疑人不能自圆其说的时候，就会在犯罪嫌疑人的心理上产生强大的压力，犯罪嫌疑人为了摆脱这种压力，就会寻找开脱的理由，在短时间内找不到解围的方法的时候，这种压力就会不断强化，得到潜意识消极力量的支持，导致了认识的发展和变化，出现了供述认罪的动机，实现犯罪嫌疑人的供述认罪行为。

六、趋利避害的供述心理行为倾向

心理学家们根据人的行为科学的研究，成功总结出了“社会交换理论”，阐明了人的行为是以交换为基础的，交换的特点就是“趋利避害”。“趋利避害”是人们行为的行为规则和基本属性，人们的一切活动都是以“趋利避害”为原则的，这种“趋利避害”的交换以满足自己的需要为前提，满足于利益的获得，排除危害的存在。当自己的安全受到威胁的时候，这时的自我需要就是自己的安全，那么他就会以自己的行为来换取自己的安全；当自己需要食物来满足生存的需要时，那么他的行为就会为摄取食物来进行交换，以满足自己生存的需要；当自己的利益受到侵害的时候，他的行为就会为避免受到侵害来进行交换，当这种侵害是不可避免的时候，那么他的行为就会为减少或者降低侵害来进行交换；当自己的人身自由受到限制的时候，那么他的行为就会为获取自由进行行为交换。由此可见，犯罪嫌疑人因为自己实施了犯罪，将要受到法律的惩罚，将要受到人身自由的限制，那么在接受审讯的时候，就会选择积极的对抗行为，来降低将要受到的惩罚的损失。如果犯罪嫌疑人选择积极的对抗行为，不能避免将要受到的惩罚，甚至更加重了惩罚，那么他就会改变“交换”的行为，寻找可能不受惩罚或者减轻惩罚的行为，前面采取的对抗行为不能满足免除惩罚或者减轻惩罚的需要，就会自然地放弃对抗行为。放弃了对抗行为，留给自己的交换条件就只有顺从，以供述认罪来交换减轻惩罚或者免除惩罚的心理需要。这是许多犯罪嫌疑人通过审讯之后才交代犯罪事实的原因。

趋利避害是人性的本能，这种本能是生物与生俱来的，也是生物不断向高级进化的保证。人从出生开始就有了趋利避害的本能，随着个体的成长，会有大量的信息及情景让人产生“利害”的判断并作出一定程度的趋避反应，使得对“利害”的感知不断得到强化，逐步融入人的价值观中，形成完整的价值观体系，并在人的每一个行为细节里得以体现。趋利避害是一种刺激的反应，而不是解决问题的能力，解决利害关系的问题还要依据意识经验水平，当这种意识经验接受了趋利避害的刺激反应，才会外化趋利避害的行为，才会有解决问题的能力。趋利避害行为及行为的结果让个体感知到更多的“利害”及其程度，并不断地扩展、丰富对“利害”的认识及积累更多的趋避方式和形式。

“趋利避害作为人之本性，是导致犯罪的起因”，贝卡利亚认为，“人之所以犯罪，是趋利避害本能作用的结果：在利与害的面前，人在‘利’的诱惑下去犯罪，在‘害’的刑罚处罚的威慑下不去犯罪，都是自由意志的结果”。在很多的时候，犯罪人往往既要趋利，即实施犯罪行为，又要避害，即实施反侦查行为。能否既获取犯罪行为的“利”，又避免刑罚惩罚的“害”，这是摆在犯罪人面前的永恒矛盾。由于趋利避害的人格本性的存在，决定了犯罪人必然进行自我保护和防御侦查。因此我们说，犯罪人的趋利避害心理是反侦查行为的人格本性根源，这一根源的存在意味着反侦查行为的出现不可避免。同时，在其反侦查的行为中也呈现趋利避害的行为定式。反侦查行为中的抗审行为，其实质目的是犯罪嫌疑人要躲避刑罚处罚之“害”。关于对刑罚处罚之“害”的意识行为，有两种形式：一种是客观存在的“害”，另一种是主观意识的“害”。前者是犯罪嫌疑人的本身犯罪行为依据刑罚处罚的情景得出的结论，后者是犯罪嫌疑人主观上认为其犯罪行为应当受到刑罚处罚。因此，根据犯罪嫌疑人的认知经验，为了逃避刑罚处罚的“害”，而表现出来的对抗行为即抗审。在此之前，刑事审判还没有作出判决的结果，犯罪嫌疑人所获得的“害”的认识是空间的意识行为，只能自我判断将会遭受的刑罚处罚的主观认识。犯罪嫌疑人的抗审行为的依据，就是这种自我主观的认识。如果审讯人员把即将受到处罚的轻重情景直接摆在犯罪嫌疑人的面前让其权衡，设置可以使犯罪嫌疑人感知到的两“害”进行两难选择，犯罪嫌疑人就会产生两难冲突，进而自觉进行两“害”价值的比较，就可能选择轻“害”加以保留，而放弃重“害”选择轻的情景而供述认罪。因为两难冲突对犯罪嫌疑人来说无疑都是“害”，区别只是轻重而已，作为个人只能接受其轻才能避其重，在权衡时必然会受到两难冲突的心理困扰，最后不得不择其一。例如，作案人案发后遭到通缉，侦查讯问人员限令其在一定期限内投案自首，若拒不归案有朝一日被捕后则势必受严惩，此可视为重“害”，若投案自首则虽仍免不了身陷囹圄但可减轻刑罚，此可视为轻“害”。两“害”必取其一，就轻避重，有些作案人会选择后者，从而放弃对抗侦查、主动投案，以求从轻发落。

由此可见，设置双害冲突，其成败关键在于对轻“害”的设置。设置的轻“害”应当符合两项条件：一是轻重“害”冲突都是不可避免的，只能且必须择一。如某人因多起受贿犯罪，他要么是交代全部的犯罪事实，要么是交代部分的犯罪事实，这是犯罪嫌疑人在接受审讯时所面临趋利避害的选择，交代全部的犯罪事实与选择交代部分的犯罪事实，对自己来说都是“害”，但是选择交代部分的“害”要轻于交代全部的“害”。这是犯罪嫌疑人在抗审活动中普遍存在的行为反应，必须要作出选择，这种选择是犯罪嫌疑人自我评价的结果。还有在审讯活动中审讯人员帮助犯罪嫌疑人设置的“害”，是犯罪案件情景所特定的，是在法律许可的范围内设置的重“害”与轻“害”，当设置的轻“害”确实符合趋利避害的人格本性的行为条件时，犯罪嫌疑人便会进行理性的抉择，最终选择承担轻“害”规避重“害”，从而放弃对抗行为。例如，“囚徒困境”博弈是博弈论中的著名案例。警察局抓住了两个共同犯罪的嫌疑犯，但获得的证据并不十分充分，对于两者的量刑就可能取决于两者对于犯罪事实的供认。警察局将这两名嫌疑犯分别关押以防他们串供。两名犯罪嫌疑人明白，如果他们都交代犯罪事实，则可能会各自被判刑五年；如果他们都不交代，则有可能只会以其他罪名被各判一年；如果一人交代，另一人不交代，交代者有可能会被立即释放，不交代者则将可能被重判八年。

对两名犯罪嫌疑人而言，他们设想的最好的策略可能是都不交代。但任何一个犯罪嫌疑人在选择不交代的策略时，都要冒很大的风险，一旦自己不交代而另一犯罪嫌疑人交代了，自己就将可能处于非常不利的境地。

对犯罪嫌疑人A而言，不管犯罪嫌疑人B采取何种策略，他的最佳策略都是交代。对犯罪嫌疑人B而言也是如此。最后两人都会选择交代。“囚徒困境”反映了趋利避害与理性行为之间的矛盾、冲突。

设置双害冲突从根本上讲，就是侦查讯问人员在合法的范围内提供给犯罪嫌疑人的两“害”选择，最大限度地控制犯罪嫌疑人实施抗审行为的可见利益，加大其可见害处，等到犯罪嫌疑人发现对抗已经失去意义，为自己选择最大利益的时候，抗审的行为自然就消失了。

七、记忆经验的行为反应与供述保障

犯罪嫌疑人供述自己的犯罪事实是因为自己实施了犯罪行为，有犯罪事实存在，有的犯罪事实虽然已经过去数年，仍然能够记忆犹新地陈述出当时的犯罪情景，这就是记忆经验的作用。记忆是人脑的基本功能，是人们进行生活行为的基本条件，记忆是过去经验在头脑中的反应。所谓过去的经验是指过去对事物的感知，对问题的思考，对某个时间引起的情绪体验，以及进行过的动作操作。这些经验都可以以影像的形式存储在大脑中，在一定条件下，这种影像又可以从大脑中提取出来，这个过程就是记忆，是对过去经验的反应。记忆能够根据自己的需要，从记忆中迅速而准确地提取所需要的信息，这是记忆备用性功能。人们进行活动的目的是储备知识，并使之备而有用、备而能用。记忆如果没有备用性，它就失去了存在的价值。反过来记忆的备用性又是为意识行为服务，来满足意识行为的需要。人类的大脑所具有的这种保存、再认、回忆以及在感知的情况下发生的心理过程都可以在脑中形成记忆。记忆包含着两个方面的内容，一个是记，一个是忆。记是指对感知过程的体验和保存，忆是指对感知过程的再认和回忆。从记到忆是一个完整的记忆活动过程，它由三个环节构成。对记忆对象发生感知是第一个环节，只有首先对记忆对象发生了感知，才谈得上对其产生记忆，只有意识到了事物，才能记忆事物。没有对其发生感知的事物，是我们没有意识到的事物，也就是我们没有注意或不知道的事物，这样的事物我们是不可能对其形成记忆的。例如，审讯活动中的刑讯逼供导致嫌疑人不得不进行谎供和假供，本来自己没有实施犯罪行为，就没有犯罪的记忆，审讯人员非要逼其供述所谓的犯罪事实，无奈只有编造虚假的犯罪事实。对记忆对象发生感知是形成记忆的前提，没有记忆就不可能有真实的供述。保存是第二个环节，是将发生的感知保存下来，以便提取。对感知的保存有两种：一种是保持，另一种是储存。保持是指对感知到的事物，在事物作用结束时，在脑中留下作用痕迹的情形，如受贿犯罪行为的当时收取钱财的情景在视觉中消失以后，视觉影像作用能够以痕迹的形式继续维持在脑中，使脑中仍然清晰反映财物的数额特征，这就是对事物作用的一种保持；储存是指感知过的事物事后没有重现于脑中，而是储存在脑中，以备后用。再认或回忆是第三个环节，是提取或重现保存在脑中的记忆对象的过程。记忆主要体现在再认或回忆中。保持实际上也是一种重现或回忆。在反侦查讯问活动中的犯罪嫌疑人大脑里保存着犯罪的记忆，这也是犯罪嫌疑人得以在放弃对抗时供述认罪的基础，没有犯罪的记忆就不存在供述与认罪的问题了。

在审讯活动中，犯罪行为的存在是记忆存储的结果，供述认罪是重现的过程。在这样的过程中，当外来的信息涉及该犯罪情景的时候，犯罪嫌疑人根本不需要再次对自己犯罪的现场进行核实，便会清楚地记得该犯罪现场的情景，这种犯罪的情景便会通过记忆的“备用性”活动，表现出对该“现场”的记忆经验和认识。“备用性”行为提供给意识的认知经验，无须再次进行核实，便会直接跨过意识来反馈这一意识经验。在审讯活动中，审讯人员常常利用犯罪嫌疑人的意识经验的“反馈”现象，达到暴露犯罪的目的。意识经验表现的方面比较多，如有语言的“口误”，不希望说出来的话，通过意识经验流露了出来，还有对说谎的意识行为的经验反应，说谎话的信息刺激反应比较慢。人的这种意识规律为审讯犯罪嫌疑人提供了可靠的利用条件，是审讯人员借助犯罪嫌疑人心理活动规律进行审讯的重要根据。

经验来源于行为实践的记忆，有了行为的记忆才有认识经验，没有行为实践就不可能有人的认识经验。人们的记忆经验大量储存在人的潜意识里，一旦外来的信息刺激到了该领域，意识经验就会做出积极的反应。例如，犯罪嫌疑人在接受审讯的时候总是能够记得当时的犯罪情景，这就是记忆经验的原因所致。因为犯罪行为是社会的否定行为，是要受到惩罚的行为，自我个体实施了这种社会否定行为，客观事件与主观认识产生了比较强烈的记忆经验，这种记忆经验来源于他人的影响和社会环境的信息传播。一旦与此相关的信息出现的时候，这种特定的记忆经验就会积极迅速再现这种特定的情景，引发出恐惧和本能的自卫反应，即对抗的行为反应。

在审讯活动中，犯罪嫌疑人的记忆经验是犯罪的“情景”“情节”“现场”“涉案人”等。这种记忆经验在审讯活动中随时都会传递给审讯人员。例如，公安机关在一荒郊的草坪里发现一具无名女尸。这是一起杀人碎尸案，死者是一名年轻的女性，经过调查得知该女性是外地来本地打工的单身女性，与其他两名外地女性同租在一间出租屋内。据出租屋内的其他两名女青年证实：在该女子失踪的前两天其丈夫来过本地，听该女子介绍她的丈夫在另外一个城市打工，因为出租屋住的是三个人，她的丈夫来了以后就出去找了旅馆住，从那天她丈夫来起，该女子就再没有回来，当时她们还以为该女子是跟丈夫一同回老家了，就没有多想，谁也不会想到她会被杀害。那么该女子到底是被谁杀害的，侦查的目标首先集中到该女子的丈夫身上。公安机关找到了该女子的丈夫李某，在询问该女子的一些情况时，李某既不感觉到惊讶也不感觉到突然，更不问妻子的下落，明显表现出对妻子下落的知情，有知情的记忆特征反应。如果李某对自己的妻子被杀不知情，那么他就会急着向公安人员询问妻子的下落，因为公安人员专门来询问自己妻子的情况，无论是什么原因，他也要知道妻子的情况，但是李某的表现极为平静和消极，超出了常规。李某的这种明显知情的记忆行为反应引起了办案人员的注意，经过审讯，李某承认是自己杀害了妻子，并且交代了杀害妻子的原因是妻子对自己的冷淡，怀疑妻子又喜欢上了别人，在争吵的过程中，将妻子掐死，将尸体分解后抛尸的全部犯罪事实。

第三章　侦查审讯的方法和技巧

第一节　讯问与供述的基本原理

讯问与供述的基本原理

讯问与供述的行为特点是揭露与隐瞒的冲突关系，犯罪的行为后果所产生的危害性是隐瞒的心理动力基础，讯问的根本目的是再现犯罪事实，讯问的方法主要集中在侦查讯问人员所采取的揭露行为。隐瞒与揭露产生的必然冲突，是因为隐瞒的被动性使得行为人自然就形成了冲突的心理压力，同时对行为后果的认知所产生的利益冲突压力，整合成为心理压力场。场是能量的混合，心理场是心理与客观存在之间形成的场，具有有机化合性、辐射性、变化性、惯性、敏感性和困压性。客观因素是影响心理场的重要因素。心理场对人的感知，是自我心理压力的感知。压力场的产生能够促进释放压力的动机，以满足心理平衡的需要。人们遇到困难就会产生解决困难的心理动力。（人们遇到问题、难题、危险所产生的心理压力场，是解决问题的行为动力）压力场产生的不平衡的因素有两个，一个是行为后果的恶性，另一个是外来的揭露行为。侦查讯问人员提出的条件能够满足降低恶性后果的需要，嫌疑人的隐瞒动力就会被降低，同时外来的揭露行为能够满足嫌疑人当前的心理需要，那么侦查讯问人员所需要的供述行为就能够得到实现。

讯问犯罪嫌疑人的最终目的是让犯罪嫌疑人放弃对犯罪行为的隐瞒，供述犯罪事实。解决犯罪嫌疑人的隐瞒行为，首要的问题是要清楚嫌疑人隐瞒犯罪事实的原因和心理动机。嫌疑人隐瞒犯罪事实的心理动机来源于对犯罪行为后果的感知，犯罪后果的恶性决定了犯罪嫌疑人的隐瞒动机，后果的恶性越严重，隐瞒的动机就越强，这是自我防卫的本能产生的心理认知，在通常情况下这种自我感知的心理压力不大，因为有隐瞒能力的自我平衡，心理预判犯罪行为不会暴露，后果就不会发生，这是心理平衡能力的作用，使得嫌疑人在实施了犯罪行为之后，能够心安理得地处于平静状态。当某一种信息或者感知自我的犯罪行为有暴露的可能和危险，这种心理平衡就会被打破，产生对后果的恐惧压力，这种压力是自我感知出现，是后果的危害事实与自我如果暴露的预想的心理矛盾冲突，产生焦虑的心理感知，是属于内在的自我意识的交换和循环产生的，心理动机的能量也是微弱的，随着其他信息的干扰，这种焦虑便会散去，有时自我的心理平衡也会削弱心理焦虑的压力，不足以产生明显的行为动机。如果这种焦虑达到一定的程度，压力不断地增大，隐瞒的动机行为就能够出现。例如受贿的人感知到焦虑的压力，就会去找行贿人解决隐瞒的问题。而外来的危险信息是直接揭露便能够让自己承担后果发生的信息感知，这种感知的内心冲突便会产生心理冲突的压力场，压力是心理不平衡产生的，不平衡产生动机，由动机产生行为，只有实现了招供，这种心理冲突的压力场才会消失。

嫌疑人的隐瞒行为与审讯人员的揭露行为，产生的心理冲突，瞬间便产生心理的压力场。这种心理的“冲突压力场”包含着“恐惧”“焦虑”“危险”“无助”“期盼”等心理的感知因素。“心理冲突压力场”的大小与心理的隐瞒能力成反比，与揭露能力成正比。心理的隐瞒能力强，“冲突的压力场”就小，反之就大。揭露能力强，心理冲突的压力场也就越强。“心理冲突的压力场”达到一定的程度就会产生释放的动机，顺应揭露行为是动机的行为方向，以坦白为代价就能够达到“压力场”的释放。我将此种行为称为“讯问冲突论”。

嫌疑人抗审行为的强化，是因为心理的隐瞒能力强，心理的“压力场”变小，有迂回的空间，不能产生释放的动机。抗审的隐瞒能力来源于两个方面：一方面，来自客观的审讯人员的揭露行为能力；另一方面，来自主观的心理平衡能力，心理的平衡能力强，迂回的空间大，形成的心理“压力场”就小，不能产生释放的动机，招供的动机就不能实现。

审讯的重要任务是降低嫌疑人心理的隐瞒能力，嫌疑人的隐瞒能力来源于心理的平衡与条件，其表现是谎言和沉默，谎言的来源依据是条件，沉默的来源依据是平衡。

嫌疑人的隐瞒动机来源于犯罪行为导致的后果，降低后果的恶性，能够有效地削弱隐瞒动机。

审讯过程中的首要任务，是抗审心理冲突的化解，从化解的方法来看：提供无需隐瞒的利益条件，心理冲突便会消失，即审讯的“认知论”；提供揭露能力，直接增强“冲突压力场”，“压力场”被释放后，心理冲突便会消失，即“强制论”。根据目前的理论观点，讯问冲突论涵盖了认知论和强制论。

理论核心：“冲突论”等于“认知论”加“强制论”。

“认知论”的核心：“错觉”“需要”“趋利”与“人格”。

“强制论”的核心：“催化”“心理强制”“人格”。

嫌疑人的心理冲突的压力场是由两方面组成的，一方面，是嫌疑人自我心理平衡能力；另一方面，是审讯人员的揭露能力，审讯人员除了强化自己的揭露能力之外，更重要的是削弱嫌疑人的自我平衡能力。嫌疑人的平衡能力主要是对对抗条件的认识，对抗条件认识包含两个方面：一个是犯罪行为暴露的程度，另一个是隐瞒否定犯罪事实的退路。嫌疑人对犯罪行为暴露的程度取决于两个方面，一方面是自我对犯罪行为暴露程度的认知，另一方面来源于审讯人员提供的信息。隐瞒否定的退路来源于嫌疑人的心理认知，带有基本的人格属性。诸如此形成的隐瞒能力，是审讯人员首要解决的问题。

自我的平衡能力强，就会降低心理冲突的压力，导致整个的心理压力场变小直到等于零。审讯人员保持常态的揭露能力的情况下，降低嫌疑人的平衡能力，应当从增强冲突力入手。降低平衡能力的方法：（1）犯罪事实暴露的错觉；（2）降低后果恶性的感知；（3）无法避免后果产生的趋利认知；（4）后果与派生后果的取舍认知；（5）根据本身心理压力场的释放（当前处境）需要，针对天然压力、社会隔离压力、亲情关系压力，给出条件使其失去抗审的信心；（6）更换嫌疑人选择的主流对抗方法；（7）自我感知的退路已经封闭；（8）缩小“害”的行为量，促成趋利避害的选择；（9）犯罪的原因分析转化；（10）提高嫌疑人欺骗的内心冲突压力场；（11）催化嫌疑人对侦查讯问人员的心理依赖；（12）帮助维护嫌疑人的自尊。

第二节　讯问的科学行为方法

讯问犯罪嫌疑人的目的是能够让犯罪嫌疑人自证其罪，但是根据人的行为规则的特点来看，任何一个正常的人在没有外来信息干扰的情况下，独自实现对自我犯罪行为的如实供述和自证，其原因取决于自然人的行为规则，趋利避害是人们自然形成的行为规则，每一个精神正常的人都非常清楚，如实供述自己的犯罪事实是会受到法律的惩罚，对自己不利，所以人在没有受到外来信息干扰的情况下，是不可能主动供述自己的犯罪事实的。然而我们的侦查工作在许多的时候又必须要嫌疑人自己将犯罪的证据交出来，犯罪嫌疑人又不愿意主动地交罪，这就出现了必然的矛盾，解决这对矛盾的方法就是通过审讯人员与嫌疑人的交流，使得嫌疑人能够主动地交代犯罪事实，这个交流的过程实际上就是我们的讯问过程，审讯人员在这个过程中必须有效地帮助嫌疑人放弃对抗，才能够取得嫌疑人自证其罪的结果。

审讯人员与嫌疑人的交流过程实际上就是帮助嫌疑人进行心理转变的过程，既然是心理的转变过程，那么审讯人员就必须要弄清楚嫌疑人：为什么？想什么？要什么？用什么？才能够有效地完成嫌疑人从对抗向自愿供述的转变。例如，一起贿赂犯罪案件的受贿人承认行贿人给了自己一套房子，讯问行贿人而行贿人不承认，审讯出现了对抗的僵局。根据四个为什么来分析：嫌疑人为什么否定，是因为交代的行贿问题对自己不利；他想什么呢？给了别人的东西，又把别人供出来，不道德，自己的名声会受到影响；此刻他要什么呢？要的既能够保住名声，又能够解脱自己；此案的审讯方法用什么？审讯人员向行贿人抛出了一个降低条件“根据掌握的情况，不是你没有给，而是受贿人已经将房子退给你了（实际没有退，正在使用），不知道他退了没有?”，嫌疑人听到这样的一个条件，完全能够满足自己的需要，迅速作出回答，“哦我忘记了，他确实把房子退给我了”。有退必然有给啊！审讯需要的给房子的行为自然就解决了。因此，审讯的方法就涵盖在“四个什么”里面。

首先是“为什么?”。嫌疑人为什么对抗？分解嫌疑人的对抗原因有三个：“利益”“条件”“支点”。

第一个是利益，利益是嫌疑人趋利避害的行为规则所决定的，犯罪事实发生以后作为自我保护行为是必然的，这种保护行为的特征是嫌疑人把获取利益保护的来源和方向放在了自己的身上，我只有自己保护自己，才能够在可能即将受到刑罚处罚的情况下，保护自己的利益不受损失。如果嫌疑人始终坚持自我保护，将获取利益和保护利益的来源和方向始终放在自己的身上，靠自己救自己，始终不改变利益方向，那么嫌疑人是不会开口自证其罪的。只有当嫌疑人认为自己已经无法挽救自己的利益损失，自动改变这种获取利益的方向，向审讯人员讨要利益，嫌疑人才会放弃原有的旧的对抗行为，选择新的获取利益的方法，重新选择利益方向，从审讯人员那里获取新的利益保护，满足了审讯人员为其准备新的利益，其行为表现从对抗转变为顺应，以此满足了审讯人员的需要。这里审讯人员的任务就是转变嫌疑人的获取利益的方向，以此才能够取得审讯的成功。

第二个是条件，条件是嫌疑人对抗所依赖的根据，嫌疑人之所以选择对抗也是其心理认识所决定的，对自我行为认识有条件对抗才会选择对抗，如果没有条件对抗嫌疑人就会放弃对抗，嫌疑人对抗的条件认识来源于自我犯罪行为暴露的程度，自我认识暴露的程度越大对抗的条件就越少，反之就越多，当犯罪嫌疑人认为自己的犯罪事实已经暴露，对抗的条件已经丧失，对抗已经失去意义，嫌疑人就会放弃对抗。通常审讯人员为了解决嫌疑人的对抗条件，总是千方百计地让嫌疑人认识到其犯罪事实已经暴露，对抗的条件已经丧失，使犯罪嫌疑人在产生错觉的基础上放弃对抗。这里如果犯罪嫌疑人没有产生错觉，始终保持着对自我行为的正确认识，那么犯罪嫌疑人是不可能选择放弃对抗的，所以审讯的基本原则是要嫌疑人产生错觉。国外的一些审讯理论称之为“欺骗理论”，这种观点与我国的刑诉法的要求是相悖的，我的观点是：审讯人员向嫌疑人提供正确的信息（不是欺骗），使得嫌疑人产生错误的认识的心理过程即错觉理论。

第三个是支点，支点属于人格的认识范畴，是行为的心理基础，是心理行为的认识方向和来源。如何认识一种行为都是由心理的认识基础所决定的，不同的人格对自我行为的认识不同，转化出来的行为也是不同的，由于犯罪嫌疑人的人格特点不同，自我行为的认识也不同，而由此产生的对抗行为也不同，所以犯罪嫌疑人在抗审活动中的行为表现也是千姿百态，有的学者将其称为“人格五因素”即五种人格的行为表现，外向型、内向型、多血质型等，这种“人格五因素”理论在审讯的实践中有很大的局限性，在审讯的较短的时间里，让审讯人员判断嫌疑人属于哪种类型的人格是比较困难的，因为审讯的空间是一个特殊的空间，能够改变人的人格特征，五因素的人格通过特殊的审讯空间的影响和刺激，人格因素会发生根本的变化，例如，在自然的空间里嫌疑人是一个外向型的人，而进入审讯室的空间了就有可能一句话不说，保持沉默，故此你就不能说他是内向型的人。既然审讯室的空间能够引起人格的变化，而且这种变化特点用三个字便能够概括——“顺应性”。审讯空间的人格的重要表现是他（她）的顺应程度，顺应性强和顺应性弱是对抗行为的基本表现，这两种表现来源于两种心理行为认识，一种是源于人的本能的趋利避害的行为本性，另一种源于人格的价值观念形成的行为认识。审讯室内的对抗的人格表现只有这两种类型，审讯人员根据这两种类型的对抗行为表现，就能够比较容易地在较短的时间内判定出嫌疑人的人格类型。这两种人格类型在审讯的空间里的表现，取决于嫌疑人心理的顺应性，顺应性比较强的大多属于本能的趋利避害的对抗行为表现，我们将此种行为表现称为“侥幸对抗”；而另外一种顺应性较差的行为表现，大多属于价值观念形成的对抗，我们将此种行为表现称为“信念对抗”。这里审讯人员的首要任务是转变此两种类型的对抗行为，转变的基本方法：“侥幸对抗”通常使用“心理强制”方法和“认知误区”的方法；“信念对抗”通常使用“需要的基本属性”和“趋利避害”的行为规则。审讯活动中对嫌疑人抗审行为的两种类型的划分，有效地缩短了对嫌疑人心理行为的判断时间，提高审讯的效率和成功率。

其次是“想什么?”。犯罪嫌疑人想什么！进了审讯室面对着即将要遭受到的利益威胁和危险的处境，总会想尽一切办法，积极地开动自己大脑的思维机器，来保护自己避开危险。这里被开动的思维机器是通过自己的行为记忆来完成的，被嫌疑人调动起来的行为记忆，需要解决三方面的问题：“现场”“关系”和“退路”。

第一是“现场”，这里所说的“现场”，不是犯罪嫌疑人实施犯罪行为之后遗留下来的客观存在，有可视性的犯罪行为痕迹，而是留在犯罪嫌疑人大脑中的犯罪记忆，是无可视性的心理存在。审讯犯罪嫌疑人获取犯罪的言词证据，犯罪的行为记忆是必备的条件，如果犯罪嫌疑人失去了自我的犯罪记忆，那么审讯也就失去了意义。相反，犯罪嫌疑人之所以对抗审讯，就是因为自己有实施了犯罪的行为记忆，这是基本条件，同时犯罪嫌疑人的对抗活动也是因犯罪的记忆而展开的，犯罪嫌疑人的犯罪记忆就是实施犯罪的情景，嫌疑人面对被审讯的这个危险的空间，在想什么呢?大多犯罪嫌疑人需要对犯罪情景进行回忆，从中挖掘出有利于自己的因素，以此组织对抗，为自己寻找开拓和辩护的理由，否定自己的犯罪存在。所以犯罪嫌疑人的对抗心理过程总是从选择“否定”开始的，这也是犯罪嫌疑人对抗审讯的基本条件，即犯罪的记忆。这里犯罪嫌疑人的微表情供述，正是依据犯罪行为的记忆反应。只要有犯罪的记忆，都会出现犯罪的记忆反应，这也是审讯活动提取犯罪行为的微表情反应的基本途径。

第二是“关系”，即犯罪行为牵连的关系，犯罪行为牵连的关系有“人”“物”“财产”“行为”“痕迹”“关系”“程度”“来源”与“去向”等。这些“关系”与犯罪嫌疑人的牵连程度与自我的行为认识，是犯罪嫌疑人思考和选择的对抗依据。这种“关系”与自己牵连得越密切，以此被其选择的对抗条件就越少，反之就越多。另外还有嫌疑人对这种“关系”的认识程度，也能够使认识中的对抗条件发生变化，因为认识的角度和认识的方法不同，被认识的对抗条件就会发生变化。例如，犯罪嫌疑人用刀子捅伤了被害人，如果被害人不认识犯罪嫌疑人，根本就不知道被谁捅了一刀，那么犯罪嫌疑人就有可能选择否定，否定自己用刀子捅了别人。那么如果被害人原本就认识犯罪嫌疑人，自己被谁捅的刀子非常清楚，那么犯罪嫌疑人就不可能再选择否定，否定自己捅了被害人一刀，就可能选择其他的方法，以增加被害人的过错，来降低自己捅刀子的罪责。以此，犯罪的行为关系是犯罪嫌疑人选择对抗的重要因素，也是犯罪嫌疑人思考的重要问题，把握和分析研究嫌疑人的行为“关系”，就能够有效地掌握嫌疑人在想什么！并选择相对应的审讯方法。

第三是“退路”，“退路”是犯罪嫌疑人选择对抗的心理认识条件，“退路”是对抗选择的重要条件，有“退路”才会选择对抗，如果没有了“退路”嫌疑人就会放弃对抗。这种“退路”是嫌疑人对客观存在的认识结果，对“退路”的认识过程主要来自对犯罪行为暴露的程度的评价，对暴露程度的认识决定了“退路”的选择，暴露的程度越高，对“退路”的选择就越窄，相反，暴露的程度越低，对“退路”的选择就越宽，对抗的力度就越大。为此，审讯人员在这里的首要任务就是“堵退”，堵住嫌疑人的退路，促其放弃对抗。通常“堵退”的方法是让嫌疑人产生犯罪事实已经暴露的错觉，审讯实践中的“模拟情景”“直接告知”“空间态势”“背景语言”等方法，都是为了解决“堵退”的问题。

再次是“要什么?”。要什么是嫌疑人在审讯的空间里的重要思维导向，是为了满足自我生理与心理上的缺失或不足，而产生的一切条件的依赖、指向和需求的心理动机，这种心理动机涵盖了三个方面的因素：“方向”“解脱”“需要”。

第一是“方向”，方向也是来源，是获取和保存利益的方向来源。嫌疑人在被审讯的空间里，经过一段与审讯人员的交流过程之后，发现自己所使用的对抗方法已经不能有效地维护自己的利益，继续维护自我的利益需要外援的帮助，这个帮助的外援就是获取利益的方向来源，在审讯空间里只有自己和审讯人员，那么这个外援除了自己之外只有审讯人员，也就是说这个利益方向只能在审讯人员的身上。但是，不是任何时候这种利益方向都会转移到审讯人员的身上的，这里要看审讯人员能否取得嫌疑人的信任和心理依赖，如果审讯人员不能取得嫌疑人的心理依赖和信任，那么即便审讯室内只有审讯人员（审讯的参与人员）存在，嫌疑人也不会将获取利益的方向转移到审讯人员的身上。只有当审讯人员取得了嫌疑人的信任，将嫌疑人的心理依赖的方向转移到自己的身上，嫌疑人才可能转移利益方向，把获取利益的方向转移到审讯人员的身上，向审讯人员供述自己的犯罪事实。犯罪嫌疑人供述犯罪事实是由嫌疑人获取利益方向的心理动机决定的，只有改变原有的获取利益方向，将利益方向转移到审讯人员的身上，向审讯人员讨要利益，才能以供述为利益条件实现其供述行为。如果犯罪嫌疑人不能改变获取的利益方向，那么犯罪嫌疑人是不会向审讯人员供述犯罪事实的。审讯发展到这一阶段，审讯人员必须取得嫌疑人的信任和心理依赖，才能够实现嫌疑人的供述行为。

第二是“解脱”，“解脱”是解除和脱离眼前的困境和利益损失。嫌疑人处在目前的利益损失和困境的情况下，处境内外无助，心理的压力不断增强，释放的动机也随之而增加，这种压力和动机发展到了一定的程度，会出现两种情况，一种是自我解压，另一种是依据选择外来的信息条件解压。自我解压有两种趋势，一是随着情绪的发展爆发出激情状态，表现出猛烈、迅疾和短暂的情绪，通常都是通过激烈的言语爆发出来，是心理能量的宣泄，其特点是：有激动性和冲动性，力度强烈，发作短促，冲动一过迅速弱化或消失，爆发通常由专门对象引起，指向性较为明显，有时就是因为审讯人员的某一句话而爆发出来。激情状态有着强烈爆发性、短暂性和指向性三个显著特点，嫌疑人的这种激情状态的爆发必然引起审讯的僵局，即便这种激情状态的延续时间非常短暂，但是这种激情状态结束之后，嫌疑人还会以沉默来维护这种情绪状态，导致僵局的持续，诱发对抗心理的强化。审讯人员应当及时控制嫌疑人这种自我解压爆发的激情状态，防止僵局的出现。二是随着情绪的发展，进行了自发的心理平衡调节，达到自我解压的目的，这是有的人能够在困境的压力下保持冷静的原因。另一种是依据选择外来的信息条件，放弃原来旧的心理困扰因素，达到解脱困境的心理压力。这种外来的信息条件是以改变利益条件的方向为基础，是以放弃一个旧的条件，采纳一个新的条件来解除困境释放压力的。通常这些新条件大多是围绕“两难选择取其轻”“利弊选择取其利”“抗供选择取其供”。当然这些新条件的采纳是通过审讯人员的引导完成的。例如一起伤害案件的犯罪嫌疑人在接受审讯时，否认自己对被害人造成的伤害行为，以积极的否定行为进行抗审。审讯人员为其提供的新条件是：“你的否认是不能够解决问题的，如果你想解决问题，就要拿出一个很好的处理办法来，比如向被害人赔礼道歉，取得被害人的谅解，赔偿相应的损失，矛盾也就解决了，司法部门也会根据被害人的谅解对你给予从轻处罚、减轻处罚或者免除处罚”。结果嫌疑人接受了审讯人员为其提供的新条件，放弃了对抗供述了伤害他人的犯罪事实。这里犯罪嫌疑人放弃对抗必须要有新的条件更换，否则，犯罪嫌疑人仍然坚持旧的对抗条件继续对抗。

第三是“需要”，需要是人们对自身生存和发展的一切条件的依赖、指向和需求，是个体行为活动的基本动力，人的各种活动或行为都是在需要的推动下进行的，需要是一种内部的紧张状态，导致这种紧张状态的原因是生理或心理上的缺失或不足。当人们的个体在生理或心理上出现某些必需因素的缺失或不足时，个体与环境之间的平衡就被打破，从而产生一种内部的紧张状态，形成的客观要求有的来自内部，如口渴了就要喝水；有的来自外部，如犯罪嫌疑人接受审讯处于困境之中，为了摆脱这种困境，而产生解脱的愿望。有需要才会有行动，接受审讯的犯罪嫌疑人只有当他产生了摆脱被审讯的困境的需要，才能够产生为了满足需要而进行的行为实施，如果客观要求只有供述犯罪事实，才能够解脱，那么供述行为就会由此产生。人的需要在指向一定的对象时，还具有一定的选择性。这种选择性具体表现为对满足需要的方式的选择。例如，犯罪嫌疑人为了摆脱困境，产生了需要的动力，但具体用什么方法来摆脱困境，不同的人往往会作出各自不同的选择：一般来说，个体满足需要的经验、个体的爱好和价值观、个体生活的文化习俗等，都会影响个体选择一定的对象来满足自己的需要，因此不同的犯罪嫌疑人对需要条件的选择不同，供述动力的来源条件不同，实现供述的能力就不相同，导致对抗行为向供述行为转化的行为差异。犯罪嫌疑人的抗审过程是“对抗”——“需要”——“满足”——“供述”。这里的“需要”过程是嫌疑人在抗审过程中建立起来的“新需要”，即解决当前困境的需要，它与犯罪嫌疑人开始带进审讯室的心理定式产生的需要的区别是：第一，犯罪嫌疑人开始带进审讯室的心理定式产生的需要，是维护可能发生的利益损失，是以后的利益维护的需要。第二，嫌疑人开始带进审讯室的心理动力需要是嫌疑人自发产生的，来源于趋利避害的心理行为。而审讯过程中嫌疑人产生的新需要，是在审讯的过程中产生的，是继原来的心理定式之后的新需要，是在审讯人员的帮助下产生的新需要。这种新的需要产生以后，因为是外来的客观存在为其提供的，仍然需要外来提供的条件才能完成对需要行为的实现。例如犯罪嫌疑人的谎言被揭露，在审讯人员的控制下，嫌疑人陷入心理困境，心理压力不断增强，审讯人员为其提供的条件是：“说谎的原因”。嫌疑人如实回答了说谎的原因，当前的困境自然也就解除了，新的需要得到了满足。这里嫌疑人说了实话，实际上也是审讯活动的目的所在。总之，在此过程中审讯人员应当帮助嫌疑人建立“需要”，并且提供满足“需要”的条件，嫌疑人供述的心理动力便能够实现。

最后是“用什么?”。“用什么”是审讯人员根据犯罪嫌疑人“为什么对抗”“抗审的心理活动规律”和“供述的心理需要”而采用的审讯方法。这些方法决定于审讯人员为其提供的相对应的“条件”，这里的“条件”是以满足嫌疑人的供述的心理需要为前提的，当“条件”满足了嫌疑人的供述需要，对抗的行为便会放弃，实现供述行为。当审讯人员为其准备的“条件”不能够满足嫌疑人的供述需要，新的需要动力没有被建立，旧的对抗行为需要仍然被坚持，其对抗行为被继续。因此“用什么”能够使犯罪嫌疑人放弃对抗，取决于审讯人员提供的“条件”，“条件”的来源是根据嫌疑人的需要而产生的。根据嫌疑人抗审活动中的需要，产生的“条件”有六个方面：“趋利”“需要”“强制”“误区”“经验”“人格”，这是对审讯方法和技巧的科学概括，即科学审讯的“六攻律”。

第一是“趋利”，“趋利”是人们的行为规则，是人们行为活动追踪的目标。嫌疑人面对侦查讯问的对抗否定行为，正是来源于“趋利”的行为需要，当嫌疑人的自我感知对抗否定对自己有利，那么他就会选择对抗否定。如果供述犯罪事实对自己有利，那么嫌疑人就会选择供述，放弃对抗。审讯的过程正是审讯人员本着趋利避害的行为规则，来为嫌疑人提供“趋利”的条件，使犯罪嫌疑人放弃对抗否定，实现供述认罪的行为。审讯人员提供的“趋利”条件，同时也是嫌疑人需要条件的时候，才能够被嫌疑人采纳，否则就会被排斥。审讯人员提供的“趋利”条件是由多层因素组成的，首先是审讯人员要能够帮助嫌疑人建立起“趋利”的心理行为趋向，使嫌疑人重新产生“趋利”的心理要求，才能够转变获取利益的方向。如果嫌疑人没有新产生的“趋利”心理要求，那么嫌疑人仍然会坚持对抗的“趋利”方向，导致审讯的失败。其次是嫌疑人对“趋利”的依赖方向，这种依赖方向决定了嫌疑人对“趋利”的方向来源的取舍，具体表现为嫌疑人对审讯人员的信任程度，如果审讯人员不能够取得嫌疑人的信任或者情感的依赖，那么再好的“趋利”条件嫌疑人也不会接纳的。最后是嫌疑人对“趋利”条件的确认，审讯人员提供给嫌疑人的“趋利”条件，是需要嫌疑人自己来确认的，确认“趋利”的条件能够给自己带来利益，嫌疑人才能够接纳，遵从新的“趋利”条件履行自己的行为。

审讯实践中审讯人员为嫌疑人提供的“趋利”选择有：心理利益、亲情关系、求生欲望、利弊选择、人格观念等，作为常用的“趋利”条件，解决了重要的“趋利”条件的依赖问题。

第二是“需要”，“需要”是个体与环境之间的平衡被打破，从而产生一种内部的紧张状态，形成的客观要求。“需要”可分为当前的“需要”和以后的“需要”，“需要”的来源可分为内部的来源和外部的来源。审讯活动中的嫌疑人的“需要”主要是面对当前的“需要”，“需要”的来源主要是外部的空间环境。犯罪嫌疑人在被审讯的空间环境里产生的“需要”，作为审讯人员一定要清楚，因为这种“需要”是审讯人员赖以转换对抗的目标条件，审讯人员通过详细分析嫌疑人当前的“需要”，掌控嫌疑人的心理思维方向，提供对应的“需要”条件，实现其供述行为。例如，犯罪嫌疑人在接受审讯时表现出来的恐惧和无助，他的当前的“需要”是宽慰，获得帮助和情感依赖的对象，审讯人员此时根据嫌疑人的“需要”给予宽慰，拉近与对方的情感距离，将嫌疑人情感的依赖转移到自己的身上来，取得嫌疑人的信任，嫌疑人的利益方向就会由此而改变。审讯人员判定和分析嫌疑人的心理“需要”，主要是通过观察分析嫌疑人形态（微表情）的表现以及通过前期调查了解掌握的信息而判定的。通常嫌疑人的心理行为是以“解脱当前的困境”“降低自己的利益损失”为“需要”倾向，为此，审讯人员应当根据此时的“需要”，为嫌疑人编制“需要”的条件，逐步降低、转化、消除对抗，实现供述行为。

“需要”条件的提供：“心理平衡的需要”“挤兑的创建”“审托的情感依赖”“调整需要方向”“情感的转移”等，达到对嫌疑人心理“需要”的满足。

第三是“强制”，审讯活动中的“强制”一般包含对两种行为的强制，即生理行为和心理行为的“强制”。这里的“强制”是生理行为和心理行为的受阻和限制，因为人权保障的法律禁止，取缔了对生理行为的强制，单一地采用心理行为“强制”。心理强制即对心理思维范围和目标的约束和控制，是对心理过程中的“认知过程（知）”“情感过程（情）”“意志过程（意）”的约束和控制。知是人脑接受外界输入的信息，经过头脑的加工处理转换成内在的心理活动，进而支配人的行为的过程；情是人在认知输入信息的基础上所产生的满意、不满意、喜爱、厌恶、憎恨等主观体验；意是指推动人的奋斗目标并且维持这些行为的内部动力。知、情、意不是孤立的，而是互相关联的一个统一的整体，它们相互联系、相互制约、相互渗透。审讯活动中的犯罪嫌疑人的抗审行为，正是在知、情、意这三个方面的能力作用下，产生的对抗的内推动力，产生的根源是实施了犯罪行为之后，接受审讯的心理认知是犯罪与刑罚必然相系的确信和困扰，而产生的对抗。为了消除对抗转换供述，审讯人员必须控制这种对抗的内推动力，对抗审的知、情、意心理行为进行约束和控制，指定嫌疑人对某一行为给出如实的供述和解释，以此积极地调动供述的动力趋向，也被称为心理强制，其目的是避免偏离主题的心理行为干扰，以降低嫌疑人的逃避动机，增强嫌疑人易受影响性，增加对嫌疑人逃避行为的决定能力的破坏。强制实际上是对心理的思维过程的限制，是思维的定向范围的控制，是避免嫌疑人在“发散性”思维的帮助下，偏离犯罪的主题的策略和措施。

心理强制的方法：主要是依靠信息的影响和刺激产生的心理定向，达到对其抗审的思维趋向的约束和限制，产生心理强制的来源有两个方面，一方面是源于自我内部的犯罪记忆与解脱刑罚处罚的心理冲突；另一方面来源于外部的信息导入，这个外部的信息导入是审讯人员提供的“语用行为的限制”，是审讯人员提供的限制行为信息。如嫌疑人为了隐瞒犯罪事实而撒谎，审讯人员追其撒谎的原因，嫌疑人不能自圆其说而产生的心理冲突，陷入思维的困境，只有放弃谎言说实话，这种困境才能够被解除。常用的心理强制主要是通过选择语用行为的方向，指定嫌疑人说出“人”

"物""事件""行为"的强制范围。如"人"——关系，"物"——来源与去向，"事件"——定向选择，"行为"——揭谎、导慌。以此促进嫌疑人的定向行为选择。

第四是"误区"，即认知误区——"错觉"，对客观存在的错误认识。嫌疑人的抗审过程实际上也是一个认识过程，犯罪与刑罚必然相系的确信是嫌疑人的基本认识，隐瞒犯罪事实逃避惩罚是在基本认识基础上产生的行为，针对嫌疑人的存在和认识反映无疑是正确的认识。相反，如果嫌疑人明知犯罪与刑罚必然相系，而主动供述自己的犯罪事实，除非是认知出了问题，出现了不正常的情况，否则难以实现。因为供述对自己不利，为什么还要供述呢？其本质上违背了趋利避害的行为规则。通常犯罪嫌疑人在审讯人员的帮助下，能够供述犯罪事实，其根本原因是他的认知出了问题，是在"错觉"行为的引导下，供述了犯罪事实的。大多数犯罪嫌疑人在供述了犯罪事实之后，产生了正确的心理认知，对之前的供述而后悔，继而翻供，就是取决于认知的"正确"与"错误"的原因。嫌疑人明知供述对自己不利仍然选择供述，就是"错觉"的原因。嫌疑人只有在产生错觉的情况下，才能够如实地供述自己的犯罪事实。

审讯活动中的众多行为大多是建立在嫌疑人错觉的基础上的，被审讯专家们称为"错觉理论"。错觉理论道出了审讯方法的途径，审讯人员通过向嫌疑人提供正确的信息，使嫌疑人产生"错觉"的行为方法："语用行为、态势和空间""预设结果""跨越前提""模拟情景""离间关系人""假设存在""隐含目标"等。有效奠定了嫌疑人的"错觉"的认知基础。

第五是"经验"。"经验"是由实践得来的知识或技能，是记忆的积累和反映。行为产生记忆再由记忆转换为经验，由经验再实现行为，这是人的基本的认知行为过程。当犯罪嫌疑人实施犯罪行为后，就有了认识经验，有了对犯罪情景的记忆，也就是说有了心理"现场"的记忆经验。人的潜意识承担着重要的记忆经验，在受到特定的记忆经验信息刺激的时候，记忆经验的信息内容，会通过潜意识的反应，超前准确地予以反映。

在审讯活动中，当外来的信息涉及该犯罪情景的时候，犯罪嫌疑人根本不需要再次对自己犯罪的现场进行核实，便会清楚地记得该犯罪现场的情景，这种犯罪的情景便会通过潜意识的活动，表现出对该“现场”的记忆经验和认识经验，并通过其心理行为反映出来。审讯活动中嫌疑人的微表情反应，就是记忆经验的产物，这种现象心理学家称之为“超前反馈”现象。心理有了认识经验，无须再次进行核实，潜意识便会直接跨过意识来反馈这一意识经验。例如，检察机关在侦查某一贪污案件时，发现犯罪嫌疑人利用涂改发票、以小充大的方法贪污公款，审讯人员将其涂改的发票取出，犯罪嫌疑人看都不看就默认了。这种“超前反馈”的记忆经验反应，不仅能够准确地通过微表情、微行为反映出来，而且还能够通过思维的惯性，以语言的形式表现出来，“口误”便是这种行为产生的表现。意识经验的习惯反应已经作为审讯的重要手段被采用，如犯罪嫌疑人的供述行为有两种表现方式，一种是有声音的供述，通过有声的语言供述自己的犯罪事实。另一种是无声的供述，通过记忆经验的微表情、微行为的反应，暴露自己是犯罪行为的实施者（法律规定需要转换成为有声音的供述）。例如，警察接到一个恐怖组织的犯罪嫌疑人打来的电话，对方称自己“在某大厦放置了一枚定时炸弹，择时就会爆炸”，警察将其抓获后其闭口沉默，拒不交代，警察讯问嫌疑人“你没有在某大厦放定时炸弹”，嫌疑人的微表情出现了嘲笑的否定反应，证明嫌疑人已经放了定时炸弹。警察接着又问“你是在十层以下放了定时炸弹”，得到的是微表情的默认反应。又问“是在五层楼以下”，得到的仍然是肯定的默认反应。警察再问“是在三层以下”，得到的微表情反应是否定的，最后警察在四层楼找到了被放置的定时炸弹。

通常审讯摄取嫌疑人的记忆经验反应的行为方法有：“阻止经验”“联想经验”“空间经验”“记忆经验”和“惯性规律”。“阻止经验”即阻止和控制嫌疑人的记忆反应的目标方向，使其集中在心理现场的某个“危险”范围，进行记忆经验反应；“联想经验”是通过对特定情景的信息刺激，产生的联想反应，达到对其知情性的证明；“空间经验”是通过跨越主题目标，追踪与主题目标相关联的原因，即主题目标关系，（行为人本身就存在的空间跨越）获取记忆经验反应；“记忆经验”即有行为才有记忆反应，通过模拟行为、分解行为，获取记忆经验反应；“惯性规律”即内在的连续性，促进惯性行为（思维惯性）导出“口误”的行为记忆经验反应。

第六是“人格”，“人格”是相对稳定的性格特征，嫌疑人在审讯活动中的对抗行为，是在“人格”认识的基础上产生的，不同的人格对自我行为的认识不同，就会产生不同的对抗行为，审讯过程中的“侥幸对抗”和“信念对抗”，就是在人格认识上的差异而产生了两种不同的对抗行为。以此在审讯活动中把握人格倾向，找出相对应的条件，嫌疑人才可能放弃对抗。这种人格趋向的范围包括：“人格倾向”“结构倾向”“性别倾向”“身份倾向”“信念倾向”。关于“人格”倾向的审讯方法：（1）“人格倾向”表现为“侥幸对抗”和“信念对抗”，针对“侥幸对抗”采用的方法是“认知误区”的方法和“心理强制”的方法；针对“信念对抗”采用的方法是“需要的基本属性”和“趋利避害的条件”。（2）“结构倾向”也称为心理结构，即抗审的心理结构。心理结构的组成因素有动力因素、调节因素、特征因素和心理状态的意识水平。犯罪嫌疑人的对抗动力来源于抗审的心理结构倾向，心理结构倾向是抗审动机产生的直接原因。只有改变犯罪嫌疑人的心理结构倾向，才能转换出交代犯罪事实的动机。改变这种心理结构倾向的方法是提供对应的满足条件，例如强奸案件的抗供，审讯人员提供的条件是“向被害人赔礼道歉，取得被害人的谅解，把大事化小”，嫌疑人采纳了这个“条件”，审讯便告成功。（3）“性别倾向”，相较男性，女性的人格趋向重“情”，利益概念的趋向表现是“亲情关系”和“财产利益”，是“需要条件”提供的范围，满足了条件，嫌疑人就会放弃对抗。（4）“身份倾向”。身份促进人格认识的转换，在审讯中推进“超我”的人格发展，就能够控制谎言的滋生，使得嫌疑人在客观事实面前承认客观事实。（5）“信念倾向”是人格认识而产生的相对具体的心理行为认识，是涉案行为心理平衡的具体认识，审讯人员给出相对应的平衡条件，供述动机便能够产生。如受贿行为的平衡条件是行贿人的感谢行为，拒收让行贿人面子过不去，审讯人员与此种认知能够产生“共鸣”，提出“理解”的条件，对抗便能够转换成为顺应。

第三节　信念对抗行为的讯问方法与技巧

一、概述

职务讯问对象因为身份、性别、地位、环境，染上特有的社会化烙印，形成了独特的内在心理强势，这种心理强势就是在社会化环境中产生的信念。例如某职务讯问对象系从事公安工作多年的领导干部，其本人性格暴躁，在社会圈内非常强势，给人的印象是此人不能惹、不敢得罪。犯罪后其心理状态是：“想搞老子没那么容易！老子不吃你们那一套！老子审讯的时候你们还没有出世呢，现在来审我，门都没有！老子坚决不说，有办法你们想去！”实际上这个被讯问人的内心独白就是他的对抗信念。从讯问人员的角度看，这个人是很难在讯问中进行合作、很难开口的。这里讯问方法的焦点就是讯问对象的对抗信念。

二、改变讯问对象对抗信念的讯问技巧

信念是讯问人员认知世界的主观法则，对很多人来说，信念就等于真理。从其认知的主观法则来看：事情本来就应该是这样的，信念是“事情应该是怎样的”。讯问人员每一个人拥有的信念千姿百态数以万计，因此无法完全掌握。但是信念每天都会在讯问人员的潜意识里默默地帮助讯问人员，指导着讯问人员的言行。信念的来源有：亲身经验、他人经验、接受灌输和自我总结。信念能够帮助讯问人员处理生活中出现的情况，但是没有任何信念在所有的情况下都是有效的，这就是信念的局限性。因此，在某些情况出现时，发现自己的信念与客观存在产生冲突的时候，他们就有可能改变自己的信念。因为信念与价值是联系在一起的，信念必须依靠

价值的支持，信念的改变来自价值的改变。例如，有的讯问对象在接受讯问的时候，怕承担法律后果，坚持“只要自己不开口，神仙难下手”的信念，支持这种信念的价值基础是承担法律惩罚的后果。如果讯问人员帮助讯问对象改变这种价值基础，使其明白“供述”比“对抗”承担的价值要小，那么讯问对象会通过“权衡利弊”的价值衡量，来改变自己的信念。在讯问活动中，只有改变了讯问对象对价值的认知，才有可能改变其对抗信念。

但是，因为讯问对象的信念差异而导致的对抗差异，有时会出现特殊的人格对抗反应。例如，义气的信念、承担后果的信念、对个人崇拜的信念，在讯问活动中表现出来的对抗差异比较大。有些讯问对象，在被讯问的时候，出于义气的信念，拒绝供出同案犯。这种义气信念是在获得利益的基础上形成的，因为从义气对象那里获得了价值和利益，便有了义气信念的“规条”。实际上，这种“规条”完全是为了取得一定的价值。当讯问对象出于义气的信念，拒绝供出同案犯的时候，是因为他已经从同案犯那里得到了“价值”形成了信念，如果自己供出了同案犯，那么自己将会失去“价值”，所以这种“价值”支持了讯问对象的义气信念，出现了对抗的行为——“规条”。因此，在讯问活动中讯问人员应设法改变讯问对象的“规条”，帮助讯问对象弄清获得价值、形成信念的逻辑关系，在讯问对象从同案犯那里获得价值的同时，同案犯也从他那里获得了价值，那么对讯问对象来说实际上是失去了价值。在讯问实践中，通常讯问人员是以加大“价值”的付出，减少“价值”的获得，来实现消除义气信念的方法。

某些讯问对象也存在对个人崇拜的信念。在一起贿赂案件中，某一国家高级干部为其情妇索取了一套高级住宅，案发后，讯问人员为了获取其情妇的证言，对其情妇进行了讯问。这位情妇对这位高级干部存在个人崇拜的信念，坚信这位高级干部永远不会“倒台”，因此，拒不供述自己高级住宅的来历，更不承认自己是这位高级干部的情妇。讯问极其艰难，办案部门请了许多讯问专家来对其讯问，但是效果不佳。这位情妇仍然坚持对这位高级干部个人崇拜的信念，她认为，保护了这位高级干部，同时也保护了自己，即便保护不了自己，也要舍弃一切来保护这位高级干部。由于讯问人员在讯问活动中，没有掌握她的心理特点，没有把讯问攻击的目标找准，更没有发现她的心理支点是对个人崇拜的信念，讯问持续了6个月都没有拿下来。直到两年以后当办案人员告诉她：那位高级干部已经被判了死刑，并且已经处决了。她根本不相信，她说他不会死的，他不会被判刑的，你们在骗我。从上面“情妇”的心理特点来看，完成了对这位高级干部的保护，自己就能获得更大的价值，或者能够维护已经存在的价值。如果讯问人员当时的讯问能够破坏她的这种信念的价值，使其价值的等级定位改变，或者帮助她创立新的价值，那么她对抗的态度就会改变。这里有成功的案例，来自同一个案件，许某是这位高级干部的第二个情妇，这位高级干部也同样给了她一套高级住宅。讯问人员在讯问许某时，就发现了她有一个坚定的信念：一定要设法保护那位高级干部，只有保护好他，自己才有价值、才能保护已经获得的价值。因此，在讯问的时候许某拒绝承认与那位高级干部有情人关系。讯问人员摸准了对方的信念特征，他们从破坏许某拥有的信念价值入手展开了攻击：“你的那套高级住宅，经过讯问人员调查、取证和法律的规定，要予以没收!”许某一下子慌了阵脚，急于维护自己已经获得的价值：“这不行！那是俺用青春换来的，你们不能拿走!”讯问人员问：“你是怎么拿青春换的?”许某答：“是他占有了俺，给俺的补偿。”此后，许某不仅交代了与那位高级干部的情人关系，还交代了与其共同受贿的犯罪事实。

第四章　生理心理测试技术的问世

第一节　能够测出谎言的生理心理测试技术的产生

1895 年，意大利犯罪学家龙勃罗梭首先使用生理心理记录仪，以测量脉搏、血压变化的方法来判别受测者是否说谎；1902 年，龙勃罗梭对一杀人嫌疑犯进行测谎，首创测谎第一案，从而使得心理生理测试仪从心理学实验室中走了出来；1949 年，美国人基勒研制多道生理记录仪，自此，生理心理测试仪逐渐成为警察侦办案件中所使用的一种技术侦查的方法。经过近百年的实践，生理心理测试仪已经发生了一些变化，但是它的基本原理始终没有改变，常采用的三项指标还是：皮肤电变化、呼吸的改变和血压的变化，由听觉或者视觉上的刺激让被测人的心理产生变化，从而带动生理上的皮肤电变化、呼吸的改变和血压三项指标变化，这些指标不容易被人的主观意识所控制，通过传感器经生理心理测试仪记录以后，成为分析判断的依据。

如今，生理心理测试仪已经成为我国以及美国、以色列、俄罗斯、加拿大、日本、土耳其、韩国、波兰、罗马尼亚、马来西亚等国家警察机关、反贪、安全等部门的常用设备，是刑事侦察技术的一个重要组成部分。

第二节　生理心理测试技术的原理和构造

生理心理测试（测谎）技术，是集心理学、生物电子技术与侦查学、审讯学等多学科于一体的一门综合应用技术。作为现代科学技术的生理心理测试技术，是指由专业技术人员借助生理心理测试仪，记录、测量、分析受测人对相应问题刺激触发的生理心理反应，主测人通过观察分析生理心理测试仪器上的数据，研判后作出综合判断的一门应用科学技术。国内专家、学者们从不同的角度对心理测试技术的科学性进行了全面的分析，笔者将其归纳总结如下：

1. 生理心理测试记录指标的生理学基础

（1）皮电。皮电是皮肤电阻或电位的变化，某种刺激（例如痛刺激）引起反射性的皮电变化成为皮电反射。人类皮肤电反射主要表现在手足掌心部位，其传出神经为交感神经。生理学认为皮电反射是交感神经系统活动的一个灵敏指标，一般认为这种变化和皮肤汗腺的活动有密切的关系，但其本质还不完全清楚。由于皮肤电反射在人类可以灵敏地反映心理情绪反应，所以这一反射也称为心理电反射。皮电的记录依赖于功能完善的自主神经系统和足够的警醒状态，而自主神经系统，由边缘系统影响，对意识到的威胁产生警醒的情绪反应。

（2）动脉血压。动脉血压的形成，首先是由于封闭的心血管系统内有足够量的血液充盈。另一基本因素是心脏射血。心室收缩时所释放的能量可分为两部分，一部分用于推动血液流动，是血液的动能；另一部分形成对血管壁的侧压，并使血管壁扩张，这部分是势能，即压强能。在心舒期，大动脉发生弹性回缩，又将一部分势能转变为推动血液的动能，使血液在血管中继续向前流动。植物性神经系统中交感神经的兴奋可使心率加快，射血增加，外周血管收缩，而导致血压上升；副交感神经兴奋则起相反的作用，人在有压力的情况下动脉血压会有规律性的变化。

（3）指脉。这里主要是对大动脉的动脉搏动的研究，由大动脉传导的动脉搏动反应在肢体远端的小动脉上即我们所检测的指脉。动脉脉搏是指在每个心动周期中，动脉内的压力发生周期性的波动。这种周期性的压力变化可引起动脉血管发生搏动，成为动脉脉搏。动脉搏动的波形可因描记方法和部位的不同而有差别，但一般都包括上升支和下降支。由于动脉管壁的可扩张性和外周阻力的作用，动脉脉搏在传播过程中逐渐衰减，到毛细血管，脉搏已基本消失。

（4）呼吸运动：呼吸运动是一种节律性的活动。正常情况下男性以腹式呼吸为主，女性以胸式呼吸为主。呼吸中枢分布在大脑皮层、间脑、脑桥、延髓等部分，调控呼吸节律。经动物实验证实，在下位脑干，脑桥上部有抑制吸气的中枢结构，有人称之为呼吸调整中枢，迷走传入冲动也有抑制吸气的作用；脑桥中下部有活化吸气的长吸中枢；单独的延髓即可产生节律呼吸。呼吸还受脑桥以上部位的影响，如大脑皮层、边缘系统、下丘脑等。大脑皮层可以随意控制呼吸，发动说、唱等动作，在一定限度内可以随意屏气或加强加快呼吸。大脑皮层对呼吸的调节是随意呼吸调节系统，下位脑干的呼吸调节系统是不随意的自主节律呼吸系统。正常情况下，人可以控制呼吸，但是人在无意识控制呼吸时，呼吸的特征与人体验到的心理压力存在一定的对应关系。

2. 心理测试的六大原理

（1）生理心理相统一原理：人的认知、情绪等心理反应会同步引起生理上的反应（包括肉眼明显可见的行为反应和只有用仪器才能检测到的细微变化），生理心理是相统一的。人的心理过程就其性质与功能来说可以分为：认识过程（知）、情绪情感过程（情）和意志过程（意）。知、情、意是相互联系、相互影响的统一的心理活动过程。

（2）生理反应直接可检测原理：明显的生理反应用肉眼可以直接准确地进行观察，如：面色发红、出汗、呼吸急促、眉开眼笑、双目睁大充血等；细微的生理反应可以通过仪器（多道心理生理测试仪或称测谎仪、血压计、心电图机、脑电图机等）准确地进行检测，如血压上升、心率加快、皮肤电阻变化等。

（3）心理的间接可知性原理：人的心理会同步引起生理上的反应，而生理反应能够准确检测，因此我们可以通过分析生理反应间接探知心理活动。进行分析的逻辑链就是 A→B，A 是心理反应，B 是生理反应，即 A 心理反应引起 B 生理反应，有 B 生理反应就可推断有 A 心理反应的原因。

当然这里所说的有 A 心理反应的原因，不是唯一的原因，有心理引起的原因，也有非心理（是生理方面）引起的原因。

（4）心理定向原理：心理活动是宇宙间最复杂的现象之一，而且多种心理活动的反应可以引起同一种（类）生理反应，如：血压的变化，高兴得激动时、愤怒时、紧张时以及对一些事物的认知等都可以血压升高，即多因一果，那么如何确定是哪一种心理活动的反应引起的生理反应呢？这就需要我们对被测人进行心理定向，把他的心理活动、思维引导到我们所要探测的问题上来（这就是我们测前谈话的重要工作任务），形成一对一的因果关系，通过语言提问，刺激被测人的第二信号系统，引起特定的心理反应、生理反应，这样才能真正探测到被测人的心理活动，达到我们的目的。

（5）威胁与反应强度成正比例原理：进行测试的问题对被测人来说是一个刺激，同时对被测人来说也是一个威胁，威胁会形成因认知而产生的条件反射引起生理反应（如 GKT），威胁也会引起恐惧等一系列情绪反应而引起生理反应，而且对于被测人来说，威胁越小（刺激越弱）引起的反应也越弱，威胁越大（刺激越强）引起的反应也越强，威胁与反应强度是成正比例的。

（6）威胁比较（权衡）原理：一个人受到威胁时必然有认知、思维的参与，同时伴随着情绪反应。当同时受到两个或两个以上威胁时，就必然进行比较、权衡，通常人们会关注对自己威胁更直接或更大的方面。

3. 认知心理和说谎心理

第一，认知心理。一个人做某件事情，特别是犯罪分子犯罪前的预谋策划，犯罪时的环境、情节、被害对象的痛苦表情、犯罪凶器及犯罪结果等，都会因条件反射而产生强烈的心理刺激，引起生理参数的异常变化。

第二，说谎心理。说谎是有意识地向人提供一个虚假的、不符合事实的陈述。在犯罪调查中，犯罪嫌疑人掩盖自己犯罪行为的一个重要自卫武器就是说谎。作案者要说谎，又怕谎言被揭穿，因而千方百计地掩饰，以致非常复杂、紧张、恐惧、慌乱等异常心理状态交织在一起，形成沉重的心理压力，从而引起生理上的异常反应。

4. 客观检验有无特殊事件心理痕迹

有学者认为从技术理论上阐述，犯罪心理测试技术绝非像某些人所言“测度被测人的主观口供是否说谎”，而是客观地检验被测人有无经历违法犯罪特殊事件的真实心理痕迹。以往错传“测谎”，实质应该是“测真”。俗话说：未做亏心事，不怕鬼敲门；做了亏心事，就怕鬼敲门，心理科学研究表明，人的大脑对外界的认知信息都会留下一定的痕迹，其主要表现为心理系统活动痕迹。例如，人的记忆可分为瞬间记忆、短期记忆和长期记忆三种时间层级；记忆又可分为视觉记忆、听觉记忆、情绪记忆、动作记忆等类型层次。人的知、情、意、个性等心理痕迹的深浅、久暂，主要由对个体生活、生命的意义大小和经历事件时刺激的强度、体验的深刻程度等因素所决定。例如：2014 年6 月 4 日 22 时 30 分许，黑龙江省绥化市兰西县居民马某与黄某酒后坐在马路中央聊天，几分钟后二人双双倒地，双方均受外伤并流有血迹，马某经抢救无效死亡。黄某在医院中自称失忆，工作人员对其多次讯问无果，而现场提供不出指向黄某的任何证据，案件陷入僵局。6 月 9 日，笔者通过对黄某的“审测”认定黄某为作案人，并还原了案发时黄某大致的心理痕迹记忆，根据测试出的心理痕迹记忆与审讯无缝融合逐渐击溃嫌疑人的心理防线，打破了其逃避犯罪的幻想，最终交代了因积怨引发矛盾酒后冲动将马某当场杀死的作案过程，并通过其交代找到了作案工具等新的证据。

5. 害怕被揭穿的恐惧心理

持这种观点的学者认为有罪被测人出于自我保护和逃避责任的需要，在侥幸心理、畏罪心理和抗拒心理的支配下，往往全力以赴应付各种调查手段。当提出问题时，就给予被测人一个刺激。所提问题首先被听觉器官所接受，引起神经冲动，通过神经传入中枢神经系统。由于询问内容不同，并且要求被测人在很短促的时间内做出肯定或否定的回答，其中枢内部的神经联系便形成复杂的心理活动，如：记忆、思维、分析综合、试图解答等。同时又产生一系列内部刺激和不同情绪。如恐惧、焦虑、紧张、茫然……再由传出神经将信号传递到效应器官，就引起了皮肤电阻呼吸波和脉搏波等种种生理反应。作为案件所提问题的是与否，即是无辜与犯罪的不知与知。

6. 心理信息与黑箱理论

对心理测试技术而言，心理信息更多地体现在特定事件对特定个体的作用，也就是特定个体对特定事件的心理信息。“心理痕迹”在说明心理信息的片段性方面是有效的，但是心理信息除了片段性特点外，更重要的是整体性。使用整体性的“心理信息”概念，将会使我们对于心理测试技术的理解更加深刻和完整，也能够让我们更有效地使用这项技术。心理信息能否被提取，是检验是否存在心理信息的关键。把心理信息形成过程中出现的影响因素称为内在影响因素。犯罪心理过程和犯罪物理过程是紧密相连的，当物理过程再现完整时，心理测试就可以完整依靠物理再现的信息对被测人的心理信息进行测试；如果物理过程时断时续，就需要对心理过程做出一定的假设，然后逐步验证，结合物理再现确认的环节，对不确定的过程继续探索。

进行心理信息提取时依据“黑箱理论”，即通常将与被调查事件和被调查人相关的信息当作“输入信息”，把被测人当成“黑箱”，然后将被测人对这种刺激的输出信息作为对“黑箱”的内部信息提供判断的依据，这种“输出信息”对心理测试而言，就是被测人的生理反应。客观准确地提取心理信息，重塑犯罪心理过程并加以辨析，将有力地对甄别真正的犯罪主体提供帮助。

第三节　生理心理测试技术的历史发展

测谎仪在国外研究起步很早、历时较长，已得到大量应用：1895 年，意大利龙勃罗梭采集血压、脉搏变化发明测谎仪；1902 年，龙勃罗梭对一杀人嫌疑犯进行测谎，首创测谎第一案；1923 年，由美国的拉森和基勒发明的心理测试仪首次用于办案；1949 年，美国人基勒研制多道生理记录仪，其原理方法一直沿用至今。从我国来看，1963 年由中科院心理研究所和航天工业部 507 所曹平同志开始研究中国的心理测试仪；1991 年中国第一台测谎仪通过了公安部专家鉴定；1992 年 5 月，技术人员使用国产 PG—I 型测谎仪，成功破获了某乡党委书记被杀案件，这是中国“测谎”成功的第一件实际案例，标志着中国生理心理测试技术真正地运用到实战中；2000 年 1 月 5 日，PG 系列的多参量心理测试仪通过公安部组织的科技成果鉴定，并且在 2002 年荣获公安部、科技部、国家计委、国家经贸委联合颁发的“九五”国家重点科技攻关项目优秀科技成果奖。同时，国内很多心理测试技术专家无论是在基层实战还是在大学实验室里都在进行着不懈的努力和研发，不断地丰富和完善着符合中国国情的“生理心理测试技术”的实践应用。

第四节　生理心理测试技术的法律地位

从国际上看，美国是世界上运用此技术最广泛的国家，测谎技术曾在美国犯罪侦查史上立下过汗马功劳，现有 36 个州法院和 9 个联邦法院承认犯罪心理测试结论的证据能力，并将其作为专家意见纳入科学证据之中。如今俄罗斯安全部门工作人员仍在自己的侦查活动中广泛利用测谎仪，但俄罗斯法庭并不将测谎仪的调查结果作为证据。目前，只有日本、罗马尼亚等国家批准犯罪心理测试结论作为诉讼证据使用。

在我国，生理心理测试技术在刑事侦查中发挥了重要作用，在一大批重特大疑难案件中发挥了重要作用，已引起了各方面的广泛关注，虽然经历了一系列过程，但是现在逐渐被接受、认可，我国公、检、法、安全部门、高等院校等都开展了此项业务。最高人民检察院于 1999 年做出的《批复》中指出：人民检察院办理案件，可以使用 CPS 多道心理测试鉴定结论帮助审查、判断证据，但不能将其鉴定结论作为证据使用。这一批复被认为是公安机关和人民检察院在司法实践中对犯罪嫌疑人进行心理测试的依据。

第五节 现代生理心理测试技术的作用

现代生理心理测试技术的科学性和准确性是经过了国内外专家们的多年的实践和研究并逐渐完善的。在我国，经过不同领域、不同时代的数位专家共同努力，根据实际情况逐渐摸索、完善出符合我国国情的生理心理测试技术并在实践应用中取得了重大成果，同时被人们所接受、认可并发挥着其他技术手段无可替代的作用：

1. 快速排查嫌疑人，高效搜寻证据、查找证人，有助于及时、准确地排除无辜者，从调查、侦查阶段就杜绝冤假错案。

2. 快速击溃嫌疑人心理防线，瓦解其抵抗心理，使作案人和知情人主动供述或忏悔并直接获取有罪供述，从而发现新的证据，提高破案率，有助于克服主观唯心主义和经验教条主义，杜绝刑讯逼供。

3. 在法定时限内节省大量的人力、物力和财力，有助于提高调查、审理案件的效率。

4. 通过心理测试揭露嫌疑人在犯罪前、犯罪中、犯罪后心理活动的事实真相，发现一些测试前未知的新线索。

5. 心理测试与真实可信的调查、客观严谨的侦查相互认证，有助于更好地更彻底地揭露真实的犯罪因素、动机及同案犯人数等对破案有利的未知情况。

6. 心理测试技术与审讯相融合，对于痕迹物证等证据方面欠缺或久侦未破但嫌疑人有一定范围的重大疑难案件，有着其他技术手段无法替代的特殊效果。

7. 心理测试可以审核其他证据的准确性，有助于对被害人陈述、证人证言等言词证据的进一步核实。

8. “审测”融合相互助力、相互认证，用审讯检验测试结果的准确性，用测试结果助力审讯，可以起到事半功倍的效果，高效适时彻底地击溃嫌疑人的心理防线。

9. 科学的心理测试可以有效规避冤假错案，提高办案质量，同时测试结论可用于支持、加固原有证据体系，提升诉讼成功率。

10. 在民用等其他领域中起到无法替代的作用，如特殊领域中对应聘人员雇前审查，工作期间雇员审查的运用等。

第六节　生理心理测试技术的方法和条件

生理心理测试技术是心理学和侦查学的重要领域，在公安、检察院、安全、纪委等部门的广泛应用，突破了传统工作中对物的鉴识范畴，而是直接对人进行鉴识，可以说这是刑事侦查技术取得的重大突破。目前我国现场测试中多采用准绳问题测试技术（CONTROL QUESTION TECHNIQUE，CQT）、犯罪情节测试技术（GUILTY KNOWLEDGE TECHNIQUE，GKT）和紧张峰测试技术（PEAK OF TENSION ，POT）。CQT、GKT、POT 测试技术是当今测谎主流技术，集中体现了测谎理论和实践效果。

一、CQT 测谎技术

1947 年约翰 · E. 里德于发明了准绳问题测试技术 CQT，该技术是在测试过程中问被测人三种问题：相关问题、准绳问题、无关问题。其基本假定是：有罪者因为担心被惩罚而在相关问题上撒谎，因担心谎言被揭穿而恐惧，这种情绪变化导致在相关问题上产生强烈反应。虽然有罪者在准绳问题上也可能会撒谎，但他对相关问题的反应会强烈于他对准绳问题的反应，因为他知道自己做了正被审讯的这件事，他更关心与其罪行有关的相关问题，而不是与其罪行无关的准绳问题。相反，无辜者会在准绳问题上而不是相关问题上产生更强烈反应，因为他知道自己在这个案件上的清白，却可能做过或想过准绳问题问及的事情，从而更会注意它。

CQT 是一种很好的测试方法，容易掌握、应用范围广，因为它不需要依靠案件的具体情节，只要测前谈话准绳问题开发得好，测试效果十分理想，准确率高，再加上肢体语言的综合判断，无论是通不过（认定）还是通过（排除）的准确率几乎达百分之百。但缺点是在测试中不提到案件的具体情节（如：现场情况、作案手段、作案工具等），对犯罪嫌疑人的心理触动没有 GKT 那么大。CQT 测试技术对结果的评判就是依据受试人在相关问题和准绳问题上的反应和强弱对比，受试人对相关问题和准绳问题不同的认知、关注程度，直接影响测试结果，所以，CQT 测试技术的关键是准绳问题的开发。因此，我们要设法引导受试者对准绳问题的重视（如其过去的不道德行为，自认为不为人知的违法行为等），使其明确测试对他辩白自我的重要性。

二、GKT 测谎技术

1957 年开始，美国心理学家莱克肯倡导犯罪情节测试技术 GKT，GKT 包含多组问题，每组问题中包含一个目标问题和多个陪衬问题。目标问题是正在调查的案件中某一特征或细节，陪衬问题与目标问题相似，但所涉及的内容不是正在调查的案件中特征或细节。其基本假定是：（1）有罪者了解罪行情节，而无辜者不了解；（2）再认专门针对具体罪行的细节材料，会使有罪者产生一种唤醒反应。因此，GKT 是基于有罪者对具体罪行的关键特征的认知，而不是基于对惩罚和被揭穿的恐惧而设计的，它假定相关项只会引起有罪者的自主唤醒，其测试目的是从嫌疑人中鉴别出有罪者，而不是单纯测谎。

GKT 的测试需要依靠案件的具体情节，而案件的具体情节是来源于案件的调查、现场勘查以及侦查人员的分析和判断，也受到具体情节是否泄露的影响，因此不确定因素较大，不容易掌握，这里所指不容易掌握是指案件具体情节的准确性难以掌握，从而导致测试结果的不确定性，直接影响 GKT 的测试效果。但如果具体情节把握准确，对犯罪嫌疑人的心理触动是很大的，效果也是十分明显的。GKT 测试技术的关键是促使有罪者产生对罪行细节的唤醒，如何选择只有有罪者才知道的罪行细节，如何确定有罪者有记忆的罪行细节，是测前准备中需重点解决的问题。因此，侦查人员必须做好案情保密工作，测试人员要充分掌握案件细节，了解案件侦查过程。另外，在测试中测试人要杜绝语气、动作、表情等对受试人的暗示。

三、POT 紧张峰测试技术

20 世纪 30 年代 KEELER 首创了紧张峰测试技术。POT 测试有一组内容相似的问题组成，结果在一定的测试范围之内，但没有一个明确的目标问题，每组问题中有可能有一个问题与案件的真实情况相符，这种测试的关键是确定一个范围，将各种可能的情况都包含在内。POT 测试主要是寻找办案人员所不知的犯罪情节或犯罪过程某一环节的准确答案，目的是扩大线索，为侦查提供方向或验证办案人员的分析判断。它是以“搜索”答案的方式进行测试的一种测试方法，所以又称搜索紧张峰问题测试法，在不能使用 GKT 测试时，可用 POT 测试法来进一步验证 CQT 的测试结果，以增加测试效果的准确性。

POT 紧张峰问题测试法是利用被测人对目标问题的认知与关注，其生理心理反应大于其它陪衬问题，相对于 GKT 犯罪情节测试法中主测人和犯罪分子都准确知道目标问题的答案，而 POT 紧张峰测试法中则只有犯罪分子才知道准确的答案，主测人测前并不清楚真实的答案，通过测试后主测人才清楚真实的答案。在实践中尸体的埋藏地点、作案工具、凶器、赃款赃物的去向、作案动机等犯罪情节问题，在其他方法不具备条件时，POT 紧张峰测试法有时会起到意想不到的效果。例如，2018 年 8 月 19 日黑龙江省肇源县发生了一起疑似被侵害案件，嫌疑人李某某在被拘留了 18 天审讯无果的前提下办案单位找到笔者进行“审测”，笔者通过 POT 紧张峰测试法准确地测试出了其埋尸地点为嫌疑人家的东北方向 50 米以外的一个树林带附近，笔者经过实地勘察确认了唯一地点，用此结果逐渐击溃了嫌疑人的心理防线，两天后嫌疑人交代、指认并在该地点挖出了受害人的尸体。

第七节 “问题”设置与收录

一、GKT 情节测试问题的设置

1. 中性问题 I

（1）定义：中性问题是指与所调查的案件或者事件无关，对被测人不会产生太强烈心理刺激的问题。

（2）设置：

A. 被测人的自然情况，如姓名，年龄，民族，哪里人，住址……

“你是叫杨鹏吗?”

“你今年 40 岁吗?”

“你是黑龙江人吗?”

“你是汉族人吗?”

B. 环境情况……

“今天是星期一吗?”

“你现在是在公安局里面吗?”

“现在你正在接受测试吗?”

2. 相关问题 R

（1）定义：相关问题是指与所调查的案件或问题（如犯罪问题）有关的各种问题，是测试所要解决的问题。

（2）设置：

A. 直指所调查的案件或问题，如：

“这个事情和你有关吗?”

“是你杀害的马某吗?”

“你拿走了那个手机吗?”

B. 犯罪情节有关问题，如：

何时（When）：作案时间，预谋犯罪时间，作案时的天气状况；

何地（Where）：作案地点（第一现场或第二现场），作案进出通道，作案交通工具停放处、作案工从何处取得，凶器、尸体遗弃处，赃物去处；

何物（What）：对人使用何物（凶器种类），案犯遗留现场之物，因犯罪而遗失、破坏、变更之物，现场特殊之物等；

何人（Who）：涉嫌人，作案人数，被害人，被害人数；

何因（Why）：作案动机；

其他有关案件的问题。

二、CQT 准绳测试法问题的设置

1. 定义：准绳问题是指除与案件有关的问题以外，我们知道被测人必然要说谎回答或难以诚实回答的那些问题。

2. 设置：准绳问题是关于被测人道德品质的问题，往往比较抽象、概括。准绳问题需要开发。

（1）问题性质为对比问题："案件以外性质相似的""与所测事件无关"。例如：你曾经做过不道德的事情吗？

（2）筛查性的对比问题："性质/动机相似的并且对被测人而言会说谎回答/对如何回答有疑问的""可能与所测事件相关"。例如：你曾经向别人表达过不满？

3. 准绳问题的种类

a. 行为准绳：反映被测者是否有与被调查案件性质类似的行为习惯或行为倾向的问题，多用行为动词，如"你曾经打过人吗？""你曾经偷过东西吗？"；

b. 意图准绳：反映被测者是否具有与被调查案件类似行为的意图、思想，多用"意愿"词，如"你想过偷东西吗？"；

c. 动机准绳：反映被测者是否具有实施被调查行为的动机或思想基础的问题，如"你是一个报复心很强的人吗？""你很恨他吗？"；

d. 假设性准绳：通过设置两难情境来激发被测者的生理反应，如

“以后如果有机会，你会从公司里偷钱吗?”；

e. 通用性准绳：如“你在重大问题上撒过谎吗?”“你做过违法违纪的事情吗?”。

4. 准绳问题的隔离：准绳问题通常不涉及正在测试的案件，由于被测人在回答准绳问题时（如：你偷过别人的钱吗?）会联想到所调查的案件，从而引起较大的反应。为了与相关问题隔开，准绳问题可以用时间或区域隔离。如准绳问题可以问“你在25岁以前偷过别人的钱吗?”，不过现在也有人主张不加十分具体的个隔离词，而笼统地使用“以前”。

5. 作用：与相关问题比较，判断对相关问题的回答是诚实还是说谎，如果：

R的心理生理反应 > C，则对R的回答是“说谎”；

R的心理生理反应 < C，则对R的回答是“诚实”；

R的心理生理反应 = C，则对R的回答不能得出结论。

三、POT紧张峰问题的设置

1. 定义：POT测试有一组内容相似的问题组成，结果在一定的测试范围之内，但没有一个明确的目标问题，每组问题中有可能有一个问题与案件的真实情况相符，这种测试的关键是确定一个范围，将各种可能的情况都包含在内。

2. 设置：用于各种类型案件，寻求所调查各种问题的答案。

（1）方法：

A. 首题是点出本次测试主题，除了本人所为用“你”外，一般用“你是否知道……”“你知道……吗”，如对于犯罪动机：

“你知道犯罪分子为什么要杀害王军吗?”

B. 一般由5—7种可能性组成；

C. 为涵盖所有可能性，最后一个问题可问：

“是不在刚才所说的范围（原因）内吗?”或

D. 至少问三遍，第二和第三遍问题的顺序要变化；

E. 可能性最大的问题放在中间一点的位置；

F. 用词简明准确，被测人能听懂；用排比句。

（2）范围：

A. 作案时间（When）：

早晨，上午，中午，下午，晚上，前半夜，午夜，后半夜，凌晨；

案发前两天，一天，当天，第二天，第三天；

日期；　　月份；　　年份；

最后一次见到被害人是什么时间；

最后一次到现场是什么时间；

什么时间知道出事的；

B. 作案地点（Where）：

杀害，埋尸，抛尸地点；　第一现场地点；

是在庄稼地，树林，河边，草地，山沟，……

是在门厅，卫生间，厨房，客厅，卧室，阳台，……

偷钱物的地方；送钱物，交易的地点；

3. 赃款赃物的去向；是存银行，买房子，做生意，买股票债券，消费，借给别人，藏在什么地方（自己家，父母家，岳父母家，亲戚家，办公室，朋友家……）。

第八节　谎言导致的心理应激微反应

司法实践中所说的心理应激微反应，通常就是指谎言导致的心理应激微反应，这种心理应激微反应在人的个体上表现出的就是微表情、微反应，也就是说微表情、微反应研究只属于心理应激反应研究的一部分。微表情、微反应研究主要是围绕被研究者语言之外一系列表情和肢体语言的外在行为，通过这些外在行为来探究出被研究者的心理动态。微表情是指人的个体在受到外界所传导的一系列刺激因素后，其个体心理动态会不由自主地带动面部肌肉、皮肤等生理组织做出微弱、细小的外在表现。微反应是指人的个体在受到外界所传导的一系列刺激因素后，其个体心理动态会不由自主地带动人的身体、部分肢体等生理组织做出的微弱、细小反应的外在表现。司法实践中，将微表情、微反应研究引入侦查讯问、询问工作中，极大地提高了侦查人员的敏锐性，快速、准确地洞察出犯罪嫌疑人的心理状态，为下一步工作提供准确的方向。笔者在实践中将微表情、微反应研究与生理心理测试技术及审讯融合为一体，既增加了生理心理测试技术检测结果的指标，又极大地提升了审讯犯罪嫌疑人的成功率。笔者通过三者融合一体化的运用在实践中给出的测试结论率在95%以上，专业生理心理测试技术人员应知道在实践中单一地采用生理心理测试技术进行测试能给出这么高结论率几乎是不可能的。例如，2016年4月份，黑龙江省大庆市公安局龙岗分局发生了一起蓄意纵火烧车案件，通过大量的工作，最后锁定嫌疑对象为受害车主同一车间的同事李某，但缺少必要的证据，办案人员找到嫌疑人李某讯问时其矢口否认，案件陷入僵局。笔者带着徒弟小韩在“审测”过程中发现李某心理测试反应极其微弱，根本无法得出有效结论，笔者于是综合运用非对抗的审讯方法有步骤有计划地刺激李某心理，通过李某的微反应、微表情发现“异样”，适时问了一句“你来时吃药了吗?”，李某一愣不由自主地回答到“吃了”（测试前否认吃药和饮酒），经进一步确认，李某承认了年前其媳妇带他去精神病医院看过病，确诊为抑郁症并被要求住院治疗，其本人不承认自己有病，只是配合吃药。通过进一步“审测”，李某默认了其纵火烧车的事实，但其感觉是在梦中发生，笔者让办案人员立即将其带到精神病医院做鉴定，鉴定结果是李某不具备完全行为责任能力。最终案件告破，受害人得到了应有的赔偿。

第九节　心理应激微反应技术测试谎言在国内外的发展情况

国外对心理应激微反应技术测试谎言的研究相对要早一些，早在1872年，英国著名学者达尔文出版了《人类与动物的表情》，这本书虽然是以人与动物的情绪表现的共同点为论据为进化论作进一步论述，但也是最早对人的情绪展开的研究。后来，在电影表演领域，一些学者从表演的角度研究了人类的表情，使关于表情的研究又深入了一个层面。美国心理学家保罗·艾克曼受到达尔文观点的影响，针对不同种族、不同文化背景下人的面部表情展开研究，他深入新几内亚原始部落中，对当地居民与西方人的面部表情进行研究，发现二者有惊人的雷同。之后，艾克曼与 Friesen 围绕人的面部肌肉群对表情的控制进行研究，并进行了深入的技术开发。他的研究主要针对人的面部表情识别、情绪的解析与人际欺骗，其著作有《情绪的解析》《说谎》等。保罗·艾克曼的研究成果被美国司法部门应用，其本人也成为美剧《别对我说谎》的主人公原型。

我国国内对心理应激微反应技术测试谎言的研究要相对晚很多，直至 2009 年 9 月，中国科学院心理研究所所长付小兰率先对微表情与人的情绪机制、无意识状态之间的关系展开了研究，并成立专题研究小组。中国政法大学姜振宇老师针对心理应激微反应测试展开研究，并成立中国政法大学微反应研究小组。关于微表情、微反应，国内还有其他一些学者也为此展开积极研究，但目前该类研究在国内均尚处于起步阶段。

第十节　微表情、微反应研究与测谎的关系

微表情、微反应研究与测谎都属于心理学研究范畴之一，但是在实际中二者的研究又存在很多不同之处。生理心理测试（测谎）技术，是集心理学、生物电子技术与侦查学、审讯学等多学科于一体的一门综合应用技术。作为现代科学技术的生理心理测试技术，是指由专业技术人员借助生理心理测试仪，记录、测量、分析受测人对相应问题刺激触发的生理心理反应，主测人通过观察分析生理心理测试仪器上的数据，研判后作出综合判断的一门应用科学技术。心理测试技术人员通过了解案情以及被测试者的基本情况之后进行拟定题目并对其展开测试，通过对被测试人传导语言、图像等刺激的同时，利用生理心理测试仪测试被测试人皮肤电、血

压、呼吸等人体征各项指标的变化情况对被测人的心理动态加以识别，进而为确认或排除嫌疑可能性提供参考数据。微表情、微反应研究是根据外界传导给个体人的刺激使其产生的微弱、细小的情绪、表情、动作等外在表现来研究判断，工作人员在一定区域内通过积累大量人的微反应、微表情的基本规律特征，对被测试者问话的同时进行高清录像，工作人员通过多次回放录像资料，仔细研究被测试者的面部表情以及肢体动作等，捕捉其回答问话过程中转瞬即逝的眼神、表情、动作等细微变化，通过之前积累的数据加以甄别、比较，最终通过被测试者的微弱、细小表情、动作来测试出其语言内容的真伪成分，为了解被测人的心理动态提供参考依据。

第五章　语音测试技术提取谎言

第一节　语音测试技术的产生及发展历程

语音测试技术起步比较晚，与生理心理测试技术相比较语音测试技术分析研究工作还处于初步阶段，研究成果尚不丰富，需要其他相关研究成果的支持。

1985 年，科研人员 Huber 在研究统计回归时，提出了一种投影追踪算法，从此信号稀疏分解引起了研究者的关注；1993 年，Mallat 和 Zhang 首次提出采用过完备原子库对信号进行稀疏分解的重要思想，这种思想的提出开创了稀疏表示理论的先河；2000 年，Peng C K 等人对低比特率视频编码进行了进一步的研究，提出了基于匹配追踪及码本自适应的基于语音稀疏表示的谎言检测研究；2007 年，美国普渡大学的研究小组利用语音调制模型进行语音测谎研究，该工作得到具有军方背景的洛克希德马丁公司的资助；2008 年，美国俄克拉荷马州立大学研究人员通过语音紧张度分析建立的语音测谎系统可获得 76% 的有效率；2009 年，美国亚利桑那大学研究者则以特定设定的问句来分析语音特征并组合视频表情分析来进行测谎研究；在 2010 年，美国哥伦比亚大学的研究人员采用了对不同语音特征进行统计分析的方法进行语音测谎的研究，并采用 SVM 进行分类，以确定不同特征在语音测谎中的影响；2014 年，美国马里兰大学的研究组进行了互动演讲过程中的谎言检测，在多听众的情景下，通过分析话语特征实现对演讲者的说谎状态的识别；2015 年，美国杜克大学的 C. S. Throckmorton 通过采用对声音、语言分析的方法，对金融诈骗进行识别。研究表明，对语言行为和非语言的声音信号特征分析是有效的诈骗检测方法；2016 年，美国研究者 Elliott Elizabeth 采用分析语言的熟练程度的方法来判断说话人的说谎状态，通过随机测试不同英语水平者，进而研究语言表达的熟练程度与说谎之间的关系。

第二节 语音测试技术的基本原理

语音测谎是指，以人的语音信号作为基础，对语音加以科学的分析研判从而判断出被测人是否说谎。其基本原理是，一个人在说谎行为过程中，这个人的心理和大脑神经系统同时协同作用，此时这人在不受控制的前提下会产生一系列的紧张、焦虑和恐惧等情绪的外在表现，同时出现人的心跳加快、呼吸速率加速以及汗液排泄量增加等外在的生理反应，伴随而来的就会引起这个人的声带肌群收缩程度与正常非说谎时收缩程度的差异，导致传导出的语音信号参数发生异常变化，例如声音基频、语速以及讲话停顿的时长与平时存在差异，研究人员提取表征语音信号变化本质的一些声学特征，训练分类器模型进而实现对未知类别样本的分类识别。

第三节 语音测试技术的方法

在实践中与传统的心理测试技术相比较，由于语音信号获取的便捷性和非接触性，使得基于语音分析的测谎技术有着一定的优势。当前，语音稀疏表示已成为当前众多学者的研究热点之一，稀疏表示理论的研究及其应用也引起了众多学者的关注，越来越多的科研单位开始着手进行深入研究。虽然目前语音稀疏表示理论及其应用研究取得了相关成果，但是还存在尚待解决的一些问题。稀疏表示方法在研究中能够处理实现高维语音信息空间的数据表达，同时也会考虑到原始语音数据结构的特点，对现有的信号训练并构造自适应学习字典，这样就会大大降低语音数据的存储量，提高数据的压缩效率。在设计过程，实际上是需要采集大量的高维语音数据，通过对大量数据的学习，获取相关参数进而提取反映心理状态的语音特征参数。

第六章　眼动状态下的谎言

第一节　眼动测试技术的起源

早在19世纪，人们就通过观察人的眼球运动来研究人的心理活动。眼动记录技术从最早的直接观察法发展为机械记录法，从光学记录法到电流记录法，技术的改进使得眼动仪的操作和使用愈加简便。近年来，国内、外一些科学家对眼动技术加大了研究力度，从而使眼动在测谎中的应用逐渐进入研究者的视野。

第二节　眼动测谎的原理及应用

眼动，从字面上看即眼球运动，研究人员通过收集大量个体人在进行心理活动时的眼球运动数据来对眼动分析，通过比较研判后精细地分析出人的心理动态。在眼动分析的过程中，可以详细地记录受试者在说谎时的视觉信息数据，从视觉信息数据中提炼加工的行为特点来探测出谎言行为深层次的心理和生理机制。

Lykken 于 1960 年首次提出 CIT 测谎与眼动结合，隐藏信息测试（Concealed Information Test，CIT 或 Con-cealed Knowledge Test，CKT），范式主要基于定向反应（orienting response，OR）及习惯化。CIT 范式的基本假设为犯罪者和无辜者掌握不同程度的犯罪信息，通过检测其是否隐藏了具体犯罪知识或信息来判别哪个是犯罪者哪个是无辜者。在研究中，由于面孔中蕴含了丰富的身份信息，面孔识别从理论上而言能更好地区分欺骗反应，面孔识别与眼动结合，以人像照片作为刺激材料的研究主要以面孔研究为主，在辨别识记过和未识记过的面孔图片时的瞳孔大小和眨眼频率等指标，结果表明两个指标的结合比单一指标判别更准确；同时受试者对熟悉的面孔有偏好，表现在眼动中的对熟悉面孔的识别时间缩短、注视点集中在眼睛区域上等，研究人员通过多次试验证明了 CIT 范式与注视、眨眼等眼动指标的有机结合，可应用于物体和面孔识别的测谎中。

第三节 思考眼动状态下的谎言摄录

眼动的基本模式眼球运动有三种基本类型，即注视、眼跳和追随运动。

注视在理论上是指眼睛的中央凹对准某一物体。眼动测试中最常用的一个测量指标便是注视，注视包括注视的时间、注视的次数和首视点等。注视时间的长短反映出了对注视内容的认知加工过程，通过眼动分析，可观察到被测者说谎时对于关键信息的注视时间比正常的要有所延长，从而说明被测者在说谎时对说谎的内容进行了复杂的认知加工过程而导致注视时间有所延长。注视次数的多少反映了被测者记忆的提取，由于被测者往往在关键信息呈现时，已经在经过现场时接触过相关信息，因此在眼动测试过程中对这些信息相对比较能够更快地辨认出结果，因此表现出来的注视次数减少，这里需要提醒的是，该兴趣区仅表现为中心现场，而不包括外围现场。首视点从字面上可以看出即被测者首次注视的位置，常常能反映出受试者的兴趣重点。测谎实践中，被测人往往表现出对与其相关的关键信息区域的兴趣和关注。

眼跳，理论上是指从一个注视点到下一个注视点的运动。眼跳相关的指标包括眼跳距离、眼跳时间等。试验表明受测者的眼跳会受到认知因素的影响，因此眼跳与注意具有内在一致性，也就是说受测者的眼动在执行指向某一位置之前伴随着注意也会随之转移。但同时也有研究认为，当受试者控制眼动的方式较强时，可以提前形成眼跳计划，从而抑制被测时指向刺激的眼跳。上述研究表明，在眼动测试分析中，眼跳可反映出被测人对关键信息的注意情况，但控制力比较强的被测人可以在眼动测试中有意避开注视和中心测试现场有关的关键信息，以躲避眼动的测试研究，因此该指标的测试应用应该需要结合其他眼动指标综合判断才更为准确。

瞳孔指标在实践应用中很少，常被应用在测谎实验中。试验研究表明，人的瞳孔在识别旧物品时会增大，同时通过研究表明人的瞳孔大小与人的认知负荷有关，人在说谎时认知负荷增加，其瞳孔也随之增大。经过多年研究尽管人的瞳孔指标在一定程度上反映了认知任务需求，但在实践中人的瞳孔大小还受情绪、疲劳等因素的影响，因此人的瞳孔并非眼动测谎的敏感指标，在实践应用中需结合测试中的其他指标加以综合研判分析。

眨眼通过大量的试验证实可作为测谎的眼动指标之一。通过试验研究表明，人的眨眼情况与当前的认知活动密切相关，对受测者的眼动分析表明了当某项任务需要注意力高度集中时，受测者的眨眼频率变低。实践测谎中这种情况也同样存在，多位学者通过研究均发现受测者在说谎时表现为控制眨眼的频率，而受测者诚实情况下眨眼频率则没有改变。受测者眨眼的控制，说明受测者在认知加工的过程中把注意力集中在与被测内容有关的刺激信息上。试验表明被测者眨眼受较多因素干扰，因此在实践眼动测试应用中要结合其他指标综合运用。

第七章　审测一体化的科学作用

第一节　审测一体化的作用

侦查审讯与心理测试就其各自的活动和目的来说并没有太大的关系，侦查审讯是侦查审讯人员为了查明犯罪，提取犯罪的言词证据，对犯罪嫌疑人进行的语言交流行为。侦查审讯的全过程是以能够让犯罪嫌疑人自愿交代犯罪事实、提取犯罪证据为目的的，全部的审讯行为都是紧紧地围绕改变犯罪嫌疑人的对抗心理而展开的。而心理测试活动是运用心理测试技术专门对犯罪嫌疑人进行心理测试的行为，测试后所得出的结论即可认定或可排除，是专门的鉴定行为。这种鉴定行为通常是针对鉴别谎言而言的，鉴定被测试人是否说谎，是判定谎言的重要工具，被广泛地采用。审讯行为科学的行为目的大多是解决谎言而进行的活动，因而审讯科学借助心理测试技术已成为必然。借助心理测试技术能够为审讯提供条件保障和发展方向的引领作用。借助心理测试技术的理论根据是：心理测试技术是以心理科学中的认知唤醒理论、心理痕迹理论为基础，采用自我认知检测、违法犯罪过程检测、现实心态检测的认知综合编题技术，犯罪过程检测、现实心态检测的认知综合编题技术，将整个测试过程分为犯罪心理痕迹动态分析、认知综合法编题、测前谈话、实测操作与评图、图谱综合评判、测后谈话和讯问六个阶段，测试后所得出的结论即对谎言的认定或谎言的排除，这种测试后的行为结果正好满足了审讯活动中对谎言判断的需要，审讯活动是发现谎言、揭露谎言、纠正谎言，还其本来面目的说实话的过程的行为活动，审讯活动借助心理测试技术为审讯的成功提供了可靠的条件保障。

根据审讯活动的需要，对嫌疑人的谎言及时发现和及时处理，需要立即及时的测试和处理，这就形成了审中有测；而在专门的测试活动中，当即发现了谎言的存在，也需要通过讯问的方法来完成对谎言的处理即测中有审。与此就形成了审中有测、测中有审的“审测”一体化的审讯模式。以审讯为主的行为活动需要及时发现谎言，达到对谎言的及时处理，保障审讯活动的深入发展，需要测试技术和设备的现场支持。而以测试为主要行为活动目标的活动，需要讯问技术的介入才能完成对谎言的测试任务。因此审讯活动是以解决谎言问题为主要行为目的的语用行为，审讯现场直接放入测试技术设备，边审边测审测统一，不仅能够及时有效地解决谎言的识别问题，而且还能够有效促进嫌疑人因为谎言被揭露，以谎言为退路的抗审行为的方法失败的心理定式，推进供述动机的产生。

审讯测谎一体化是审讯通过测试的结果牵涉到的涉案关系，以此为条件来转变犯罪嫌疑人的隐瞒抵抗，最终迫使嫌疑人放弃对抗。在审讯实践中审讯人员需要测试结果予以条件上的支持，这种条件的支持不仅仅是嫌疑人是否有涉案存在，更为重要的是测试结果给嫌疑人带来的高度紧张、恐惧和焦虑的心理压力，是审讯活动能够借助的重要条件，这个条件无疑是告知嫌疑人否认涉案行为的退路已经被堵塞，只能选择放弃隐瞒供述认罪。然而测试活动都是另外进行的，测试结果出来以后交给审讯人员进行审讯，这个中间有个时间过程和空间的跨度，有了这个时间过程和空间的跨度的缓冲，给解脱心理困境的联想提供了时间保障，导致嫌疑人因为测试结论而产生的高度紧张、恐惧和焦虑的心理压力得到缓解甚至消失，无疑对审讯不利。同时因为时间给嫌疑人创造了联想的解脱空间，使之及时组织对策，更换新的心理支点继续对抗审讯，于此审讯与测试各自为政，致使统一的审讯体系被破坏，不能够有效地集中力量瓦解犯罪嫌疑人的对抗心理。再有，审讯与测试分别进行，由于审测人员的特点不同，对嫌疑人产生的心理影响也不同，导致嫌疑人对审讯空间的力量分解，不能及时有效地控制嫌疑人谎言的滋生。在整个的审讯活动中嫌疑人需要无数个谎言才能够满足整个审讯过程的对抗隐瞒，嫌疑人每提出一个谎言需要审讯人员的及时发现和及时否定，如果不能及时发现就不能及时否定，导致嫌疑人对谎言的心理动力的强化，致使产生审讯的僵局。审讯与测试合为一体，审中有测，测中有审，保障嫌疑人在抗审行为中的谎言能够得到及时的处理，无疑是审讯成功的重要保障。

第二节 审测对“退路心理支点”的封锁

根据审讯的意志冲突的属性特征，审讯活动中的冲突行为，首先是来源于犯罪的行为记忆与犯罪后的认知过程，犯罪行为实施后产生了对犯罪记忆的储存，即犯罪的心理事实（情节事件、行为对象、初始行为、发展行为、终结行为）。从法律层面得到的信息经过确认的过程，产生了犯罪的心理证据，此过程是犯罪行为的自我心理确认，确认后的认知结果是行为后果的惩罚性，这种惩罚性就是行为的恶果，在认知的空间里产生的自卫的心理意识过程，导致了自卫与恶果间的自然（自我）的心理冲突。在预设接受审讯的前提下，这种冲突的结果在人格意识经验的帮助下，做好了隐瞒的心理准备。由于隐瞒是需要条件的，这种隐瞒的条件通常来源于两个方面：一方面，是犯罪事实暴露的程度，决定了隐瞒条件的充分与否；另一方面，是自我对退路的选择，是排除暴露程度的隐瞒条件之外的隐瞒方法的选择，是由人格意识的认知结果来决定的，犯罪嫌疑人的人格意识的不同而产生了隐瞒对抗的行为表现的差异，它包括隐瞒行为的依赖方向，是依赖自我行为（利益方向）还是依赖他人行为（利益方向的转移）；隐瞒的方法是直接地抗拒隐瞒，还是消极地否定隐瞒；是参与性的隐瞒还是回避式的隐瞒，经过心理行为的反复酝酿形成了相对稳定的对抗的心理定式，也是对抗审讯的心理准备即抗审的心理支点。

犯罪嫌疑人在被审讯的行为过程中，所依赖的心理动力基础就是对抗的心理支点，这个相对稳定的对抗心理支点贯穿在整个的审讯过程中，如果审讯人员在此过程中不能够有效地破坏嫌疑人的心理支点，那么嫌疑人的隐瞒行为就能够得到实现，审讯活动就会以失败而告终。反之如果审讯人员能够及时有效地破坏嫌疑人的对抗心理支点，那么嫌疑人失掉了抗审心理支点的支撑，失去了对抗的条件，就会向供述认罪放弃隐瞒的方向发展，满足审讯活动的目的要求。

在审讯的实践中为了破坏嫌疑人的对抗心理支点，重要的行为方法就是揭露嫌疑人以此为对抗的谎言，揭露谎言需要大量的行为事实予以支撑，而这种行为事实通常是不被审讯人员掌握的，没有这样的行为事实的支撑，常常使得审讯人员处于艰难的困境，将审讯带入僵局。为了改变这种僵局，审讯人员需要借助测试技术来获取审讯所需要的行为事实，来满足对犯罪嫌疑人的谎言揭露，达到对嫌疑人抗审心理支点的破坏。

第三节 审测加速对抗“心理支点”的转换

在犯罪嫌疑人的对抗心理过程中，处于不同的对抗心理阶段就有不同的对抗心理支点，审讯的成功就是在不断地破坏对抗阶段的心理支点，不断地转换心理支点，最终消除对抗心理，以此达到的成功目的。

嫌疑人的对抗心理支点，是根据嫌疑人抗审的心理认识和审讯过程中的不同阶段形成的抗审意识而产生的，它包括“定式心理支点”“前卫心理支点”“后卫心理支点”“更换需要心理支点”“改变需要心理支点”。

首先是转换“定式心理支点”。嫌疑人迎战揭露行为的隐瞒心理行为框架的产生：带着隐瞒的心理定式参与被审讯的空间，这里的心理定式是嫌疑人的自我行为的整体评估，而产生的对整体利益保护的自卫认知状态，是整体防卫意识，也是整体的对不利因素的否定预备。如嫌疑人面临即将受到审讯的心理支点是“否认犯罪”“否认对自己不利的一切因素”，这就是初始阶段还没有涉及具体内容的预备心理定式。审讯开始后，审讯人员直接告知嫌疑人已经做好了测试的准备，并且针对嫌疑人的具体犯罪行为进行当场测试的预告，这种预告式的审讯介入方法，无疑就能够使得嫌疑人从整体防卫的心理支点状态，直接过渡到具体的犯罪行为的层面，实现了抗审心理支点的第一个阶段的转换。

其次是抗审的“前卫”支点向“后卫”支点的转换。进入具体的犯罪行为阶段，审讯人员以现场的测试工具为手段，不断地向嫌疑人发送“测试工具能够有效准确地测出嫌疑人每一句话的真伪”，直接威胁嫌疑人抗审的前卫心理支点。犯罪嫌疑人在抗审中选择的对抗心理支点有前后、轻重之分，因为犯罪行为存在不同的发展阶段，每一阶段的行为恶性不同、初始行为和发展行为的恶果不同，趋利避害的条件心理反应，产生了轻重利弊的意识选择，即前卫环节和后卫环节，进行分阶段的隐瞒对抗（犯罪行为的分解：如强奸杀人案件，根据恶果的性质进行层面分解，强奸轻于杀人，防卫的层面就会出现前卫是强奸后卫是杀人；强奸案件，性行为的恶性轻于强迫，防卫的层面就会出现前卫是性行为，后卫是强迫行为）。所以嫌疑人在对抗审讯的过程中，总是选择先轻后重的对抗模式，被突破一个点就放弃一个点后退一步，直到无路可退才会放弃抵抗，缴械投降。故此整体对抗的心理支点被破坏和否定，自然就会后退一步转移到具体行为的否定条件即前卫的心理行为支点进行隐瞒否定对抗，这里的前卫心理支点是犯罪行为的外延关系，外延虽然不是核心，但是外延与核心有着不可分割的牵连关系，控制外延防守外延无疑是对核心的保护，所以前卫也就成为通往核心后卫的障碍，保护住前卫就能够守护住核心后卫。由此审讯活动中即便是一个简单的涉案关系，嫌疑人也会始终否认并顽强抵抗，因为这个简单问题的背后牵连着核心问题，简单问题被突破自然威胁到后卫的核心问题，审讯人员在此前卫阶段，除了展示测试技术的能力之外，运用了封控谎言、确认存在、涉案原因的利益方向的介入，前卫的条件和支点被瓦解，否认和隐瞒的退路被封锁，审讯中的转换行为是在双方默认的情况下退回到后卫环节进行抵抗，后卫就变成了前卫。

再次就是当嫌疑人退回到后卫进行核心问题对抗隐瞒的时候，仍然需要谎言的支撑来作为对抗的支点条件，这里审讯人员不断地推出测试技术所产生的后果，再一次限制嫌疑人的谎言滋生，谎言的退路被封锁，也就是后卫的退路被封锁，失去了条件对抗的心理支点失去了支撑，心理的需要产生了更换支点的心理动机，因为退路被堵自我无法更换，需要外来的信息条件帮助，由此降低恶性、转换恶果、选择需要条件，就成为嫌疑人的当前需要，因为这种外来的信息条件满足了其心理需要，产生了新的心理支点，满足后卫的心理支点的更换。

最后是在测试技术的运用框架下，恢复完整的涉案情景和事实情节。测试技术对谎言的测试功能，无不是对以谎言为条件的对抗隐瞒行为的天敌，明知测试技术的功能又是在审讯人员的直接控制下，最后的谎言通道被堵塞，只能够按照自我行为的事实情节、初始行为、发展行为和行为终结后果，还原事实的本来面目，最终改变了隐瞒对抗行为。

第四节　审测的供述动力产生的心理依据

审讯中测审一体即测中有审、审中有测，能够及时有效地推动嫌疑人抗审心理体系中对抗的心理“支点”与“退路”的转换，激发供述动力即供述动机的产生。犯罪嫌疑人心理“支点”与“退路”构筑的抗审心理体系最大的特点是双方有与对方较量的资本，如果没有对抗的资本就不可能形成对抗的态势。犯罪嫌疑人的对抗的资本来源于犯罪行为所涉及的“客观存在”和“心理存在”。这里犯罪行为所涉及的“客观存在”就是犯罪嫌疑人的行为所涉及的犯罪痕迹，它如果能够支持犯罪嫌疑人的抗审，通过了心理评价，就成为犯罪嫌疑人抗审的心理“支点”，如果犯罪行为所涉及的“客观存在”，即犯罪痕迹，不能够支持犯罪嫌疑人的抗审得到心理评价的肯定，犯罪嫌疑人就形成不了抗审的心理“支点”。因为犯罪嫌疑人需要抗审，最大的特点是否认自己与犯罪有关，犯罪嫌疑人的心理支点正是以这两个方面为基础的，如果犯罪嫌疑人认为自己的犯罪行为没有被暴露，他就会以此为心理支点进行抗审。

从审讯实践来看，犯罪嫌疑人仅仅找到了抗审的心理“支点”是远远不够的，同时他还要为自己准备“退路”。一些有经验的审讯人员在审讯活动中，首先注意的是如何堵住犯罪嫌疑人的“退路”，把犯罪嫌疑人控制在自己火力范围内展开攻击。如果审讯人员不注意堵住犯罪嫌疑人的“退路”，那么犯罪嫌疑人就会利用自己的“退路”逃出审讯人员的火力范围。例如，在一起凶杀案件中，现场勘验证明犯罪嫌疑人在案发时间去过案发现场，仅仅有这点线索，如果审讯人员不注意堵犯罪嫌疑人的退路，直接讯问犯罪嫌疑人：你去过杀人现场，你就有重大的杀人犯罪嫌疑。那么犯罪嫌疑人就会理直气壮地告诉你：我去过现场就能证明我一定是去杀人的吗？这就是犯罪嫌疑人的“退路”。相反，如果审讯人员能够注意堵住犯罪嫌疑人的“退路”，让犯罪嫌疑人产生犯罪事实已经暴露的心理意识，现场只有犯罪嫌疑人一人去过，因此只要有人去过那么他就是犯罪嫌疑人，如果犯罪嫌疑人就是杀人的凶手，那么他会否认自己去过发案现场，这样就把犯罪嫌疑人的谎言给逼了出来。审讯人员只要把攻击的目标对准揭露谎言，就能把犯罪嫌疑人拉进自己的火力范围，使犯罪嫌疑人无路可退。

在审讯活动中，犯罪嫌疑人总是要从否定开始，经过再次的否定进入寻找“退路”阶段，最后在“退路”被堵住的情况下放弃抗审，这是犯罪嫌疑人抗审的基本过程。从犯罪嫌疑人第一次否认自己有犯罪行为开始，他就做好了心理准备，这个心理准备就是心理“支点”，当犯罪嫌疑人的心理支点被撤除以后，犯罪嫌疑人并不会立即就放弃抗审，他还要继续寻找自己的“退路”，当“退路”被堵死以后，犯罪嫌疑人才会逐渐放弃抗审。当我们研究审讯心理学的时候，必须要知道犯罪嫌疑人抗审的全部心理过程才能找出有效的科学方法，使犯罪嫌疑人自己主动放弃抗审。首先，来分析能够帮助犯罪嫌疑人抗审的心理支点。它是支持犯罪嫌疑人实现某一目的和愿望的积极心理状态，这一心理状态是以某些客观存在为基础的，通常正是由于某些客观因素，为犯罪嫌疑人提供了抗审的基础和条件。例如，杀人现场没有目击者，也没有留下明显的痕迹，这样犯罪嫌疑人就会以此作为抗审的支点：反正又没有人看见，只要自己不承认，司法机关就无法认定我是杀人犯。这就是客观因素为犯罪嫌疑人提供的抗审心理支点。犯罪的行为对象和犯罪行为本身组成的客观因素有：人、财物、行为。犯罪嫌疑人所产生的心理支点有：利害关系、密切程度、信息的反馈量、存在的暴露、来源的暴露、去向的暴露、行为的原因、行为的结果、痕迹的证明，等等。这些因素是犯罪嫌疑人寻找心理支点的基础，也就是说犯罪嫌疑人抗审的心理支点就是依靠上述因素而产生的。当一名审讯人员接手对一名犯罪嫌疑人进行审讯的时候，为了消除犯罪嫌疑人的心理支点，必须在调查摸底阶段弄清楚犯罪嫌疑人心理支点的基础因素，才能找准目标，运用审讯技巧铲除犯罪嫌疑人的心理支点。

“退路”的本身含义是“回旋的余地”，这里指的是犯罪嫌疑人进行自我保护的又一种抗审方法。犯罪嫌疑人在接受审讯的全过程中，支点被铲除以后犯罪嫌疑人就会迅速地为自己寻找“退路”来进行自我保护。通常犯罪嫌疑人选择的“退路”来源，是在进行心理的自我选择、权衡的过程中形成的，不同的人对“退路”的选择方法是不同的。这在很多方面与犯罪嫌疑人的“人格”特征是分不开的。有的犯罪嫌疑人的心理支点被铲除以后，在寻找“退路”的过程中很快就会放弃“退路”，顺应审讯人员的意志。有的犯罪嫌疑人还与审讯人员“讨价还价”：我要是这样你们会怎样？能否那样？有的犯罪嫌疑人认准一个死理作为抗审的“退路”，一直坚持到最后。例如贪污贿赂犯罪，犯罪嫌疑人用大量的公款去行贿国家高级干部牟取私利，案发后，因为公款已经被侵吞，犯罪的事实已经暴露，犯罪嫌疑人再去寻找心理支点进行抗审已经失去了意义。这时审讯人员的讯问重点是公款的去向。有的犯罪嫌疑人就会认为不能出卖朋友，为人要讲义气，虽然自己给了钱，但是人家也为自己办了事，况且此人还在“台上”，只要自己不供认他，他就一定会出面来保自己，来搭救自己的，只要自己坚持“一问三不知”“时间长记不清楚了”，就会有希望的。还有的犯罪嫌疑人是以对抗心理作为抗审的“退路”，他认为是司法机关有意跟自己过不去，是故意地来整自己，“我就是不服气”，他是以积极的对抗来作为自己的“退路”的。也有的犯罪嫌疑人把“退路”选择为嫁祸他人，把犯罪的行为转嫁到他人的身上。更有的犯罪嫌疑人采取事实面前不认账，无论证据多么确实充分，我自己就是不承认，用这种无赖的方法作为自己的“退路”。由此可见，不同的人选择的退路是不同的，其原因就在于他们各自的“人格”特征不同。当犯罪嫌疑人在为自己选择“退路”的时候，这个退路是通过心理评价而产生的，心理评价又来源于“经验”和“认识”，这种“经验”和“认识”是人由先天和后天的结合，集中从“人格”的特征中表现出来的，什么样的“人格”特征就会反映出什么样的“退路”选择。有的犯罪嫌疑人在客观事实面前，能很快承认自己犯罪，而有的犯罪嫌疑人在客观事实面前，就是不承认，有的审讯人员把这些人比作“无赖”。这就是犯罪嫌疑人对“退路”选择的“人格”表现。犯罪嫌疑人在抗审的过程中失去“支点”以后，他会本能地为自己选择“退路”。如何让犯罪嫌疑人认识到自己已“四面楚歌”无路可退，是解决犯罪嫌疑人的“退路”的基本方法。审测一体将心理测试仪器直接放置在审讯的空间里，让犯罪嫌疑人直接清楚地知道眼前的心理测试仪器能够科学有效地识别谎言，于此犯罪嫌疑人即便是能够说谎，也会因眼前的心理测试仪器而放弃说谎，谎言被控制，“退路”自然就被截断。

审讯空间中“审测一体”实际上也是一种“造势”的方法，这种利用仪器的“造势”的方法，就是直接告知犯罪嫌疑人“你已经无路可退了”，你已经构成了犯罪，这是客观存在的。同时现场测试的方法，也是一种直接的堵截方法。堵截的方法是当犯罪嫌疑人把退路指向某一特定的对象时，审讯人员可以立即告知嫌疑人进行当即测试，进行及时的拦截，阻止犯罪嫌疑人完成对特定的对象的指向。例如，当犯罪嫌疑人把“退路”选择为嫁祸他人的时候，审讯人员应当立即告知犯罪嫌疑人：“你不要再说了！这里的心理测试仪器会立即证明你说的话是真是假！他人的事情我们已经调查清楚了。”或者“这件事情我们已经清楚了，现在你要说的是你自己的事情!”这样犯罪嫌疑人就会暂时放弃这一“退路”，寻找别的方法，因为在短时间内寻找别的方法比较困难，此时犯罪嫌疑人有可能向临界状态迈进。

放置在审讯空间里的多道心理测试仪器，无疑也是为犯罪嫌疑人的“退路”设置了障碍，嫌疑人选择以谎言为“退路”的心理动力被抑制。另外，也为审讯人员设立“假设存在”创造了条件。这里的“假设存在”就是通过分析犯罪嫌疑人可能选择的“退路”，而设定一系列不利于犯罪嫌疑人的障碍，使犯罪嫌疑人放弃对“退路”的选择。农民为了田里的庄稼不受鸟雀的侵害，用稻草编制成假人然后扣上一顶破草帽，便可以假乱真吓唬鸟雀，以使它们不敢再侵害庄稼。这里的稻草人就是为鸟雀侵害庄稼而设置的障碍。从犯罪嫌疑人抗审的习惯来看，他们在对“退路”的选择上通常采取否定的方法。例如，我没有干过这件事情，我不知道，我没有去过，不是我拿的，等等。前段时间笔者受命审讯一起共同贪污犯罪案件，犯罪嫌疑人犯罪后将赃款用于购置一栋私人住宅，该犯罪嫌疑人与共同贪污的主犯系情人关系，我们在对她进行审讯之前就要预计到其可能选择的“退路”。首先她会否认自己与共同贪污的主犯系情人关系，当这一否定不能奏效的时候，她就会迅速地进入第二层次的否定——我没有与对方一起共同贪污更没有使用过赃款。我们如果在这之前分析出她可能选择的“退路”，用测试仪器封锁住谎言，采取假设存在为犯罪嫌疑人设立“退路”障碍，审讯就会出现截然不同的效果。对这一案例，笔者首先告知对方：你与某某的关系已经不是一个人知道了，那笔公款的去向我们也清楚了，你面前的心理测试仪器也能够帮助你证明这一点，我们今天不是要你说这些的，因为你已经构成了犯罪，我们今天只想知道你对这件事情的态度，能否得到从宽处理。显然犯罪嫌疑人再去否认他们的关系、否认自己与赃款有关已经毫无意义了。最后犯罪嫌疑人权衡了利弊，表示愿意退回用于购买住宅的公款，同时交代了共同贪污的犯罪经过。

第八章　审测封控谎言设置认知误区

第一节　审测“介入定位”的开场方法（案例1）

开场介入（定位）（心理测试仪器直接放入审讯台）

介入目的：建立交流平台，（提出涉案行为、涉案关系、涉案后果的确定和知情）介入交流空间，满足交流条件。同时确定对抗的类型即侥幸对抗和信念对抗，为对抗行为进行分类，选择对应的讯问方法做准备。

行为分析：嫌疑人具体的对抗否定表现，（有无犯罪的记忆反应）双方摸底适应。

介入方法：

1. 开门见山式的介入：

直接“告知”已经“涉嫌犯罪”或者“你惹麻烦了”，用比较坚定的口气直接告知犯罪嫌疑人“那件事已经存在”，他已经没有任何退路了。同时为了保障我们在这里都必须说实话，我还带来了“心理测试仪器”，随时都可以对真话和假话进行测试。我不是来审讯的，我是测谎专家，并且直接告知当前摆放的心理测试仪器的作用和准确度。

两种反应，一种是沉默无语，对审讯人员所推销的观念表示默认。针对这种情况，审讯人员应当继续强化自己推销的观念，让犯罪嫌疑人感觉到犯罪事实已经暴露。另一种表现是极力辩解自己没有干任何违法犯罪的事。这时审讯人员应当立即阻止辩解，如你不用说了，我们一切都清楚了。

2. 关心帮助式的介入：

对犯罪嫌疑人的“惋惜”和“同情”，让犯罪嫌疑人自己去感悟。

常用的语言有：

（1）你还年轻，我们真为你可惜；

（2）我们的调查已经进行了很长时间了，你可能还不知道，当然你也不可能知道；

（3）关于你的问题，我们调查的结果已经得到证实，你不想谈谈原因吗；

（4）我们不知道你当时是怎么想的，可以说我们对你的父母、妻子、孩子都非常同情；

（5）这到底是怎么回事啊？

3. 吹捧讽刺式的介入：

（1）“这几年官当得挺潇洒，有吃有喝有送钱的！”；

（2）“大家对你的反映说你的人品非常好，好的是什么钱都敢收！”；

（3）“你平时办事都是非常谨慎的，怎么这件事就不谨慎了呢？”；

（4）“你工作很有魄力，干违法的事情也有魄力啊！”；

（5）“你知道大家对你是怎么评价的吗？你原则性很强，常在河边站就是不湿鞋！我说你常在河边站最后连人都掉下去了”。

4. 行为分析式的介入：

（1）“纸是包不住火的，你没有说，可是有很多嘴都替你说了”；

（2）“虽然你们的关系是有‘基础’的，但有谁不是为自己着想呢？”；

（3）“要想人不知，除非已莫为”；

（4）“你自己干的事情你自己心里明白，我们也十分清楚”；

（5）“你今天为什么到这里来，你不想想原因吗？”；

（6）“我们今天请你来，有一个问题需要你来回答：‘什么人愿意心甘情愿地将自己的钱送给别人？’”；

（7）“你为什么这么恨他（她）……（杀人案件）”；

（8）“这件事我想肯定是有原因的……”

5. 正话反说式的介入：

（1）“我们今天不是要你来交代问题的，我们也不想听，我们就想知道到底是什么原因导致的这个结果”；

（2）“你的人品非常好，我们不相信这件事是你干的，这里面肯定有原因”；

（3）“我不知道为什么这件事能是你所为”；

（4）“出了这件事最根本的错不在你，而是在对方……”；

（5）“你并不是唯利是图贪财的人，你并不想做这件事！”；

（6）“出了这件事我知道你很后悔，不知道你现在是怎么想的”。

6. 关注问题式的介入：

（1）“你每年的银行利息收入是一个不小的数目啊！”；

（2）“你最近去过一个小区，不是去串门吧！”；

（3）“你们家旁边的监控设备还真能起作用”；

（4）“他（她）是个唯利是图的人，可对你就特别大方”；

（5）“你今天到这来，是谁把你送进来的你知道吗?”；

（6）“现在有一个普遍存在的现象，楼起来了，人倒下了”；

（7）“你要那么多的钱干什么?”；

（8）“你在那个时间去现场是干什么去的?”；

（9）“你爱人最后一次离开你是什么时间?”；

（10）“你儿子住的那套房子价格不低呀！”；

（11）“你家的那台丰田轿车，你不想跟我们说说来源吗?”；

（12）“你的那个房子我们准备没收”。

关注问题主要是与案件有关的牵连问题，有房子、车子、票子、妻子、儿子、关系人、关系物、空间、时间、地点等。

7. 思想教育式的介入：

（1）“你知道你的问题出在哪里吗？如果我是你，那么今天到这里来的就可能是我，因为手中的权力是需要把握的，把握不住就要出问题”；

（2）“我们每个人都有可能犯错甚至犯罪，当自己发现行为偏离了轨道，能够停止脚步就是进步”；

（3）“落马的官员有几个是自己走进深渊的，大多是被别人拉下水的”；

（4）“其实人的需要并不多，但是人想要的太多，往往问题就出在想要的方面”；

（5）“一个人犯罪不仅影响自己的一生，同时还殃及三代人”；

（6）“你今天的失足，最痛苦的是你的父母，他（她）一生的希望、追求、荣誉和付出都付之东流了”。

8. 证据暗示式的介入：

证据暗示法。在持有部分证据的情况下，审讯人员不要急于抛证据来引供词，直接抛证据，只能得到该证据范围内的供述，而对该范围之外的其他罪行便会一无所获。审讯中不是不可直接出示证据，而是为了使现有的证据发挥更大的威力和作用，所以出示证据的方法要带有迷惑性，而采用暗示证据的方法，通过联想产生错觉，让犯罪嫌疑人知道审讯人员手里有证据，但又不清楚证据的具体内容。

开场定位

定位定义：给嫌疑人框定、设立心理认知层面，帮助嫌疑人确定认知范围。通常的认知层面有：（1）“犯罪事实已经被发现证据已被掌握”；（2）“犯罪事实可能被掌握”；（3）“怀疑某一犯罪事实可能被掌握”；（4）“得到了某些犯罪信息”；（5）“犯罪事实没有被发现”；（6）“仅仅是某些涉嫌的信息”等。以此反馈嫌疑人的摸底，针对嫌疑人的摸底，提供涉嫌层面的心理认知。（嫌疑人的摸底盼知）

定位的目的：

帮助嫌疑人建立犯罪事实已经暴露的认知错觉，创建揭露与隐瞒的心理冲突压力场，确立转换对抗的心理起始点，实现降低对抗、转换对抗、消除对抗、实现供述的目的。

定位方法：

1. 认知空间：“这件事就是你干的！”。

2. 认知定位：“这件事对你非常不利”。

3. 行为定位："你已经没有了退路"。

4. 关系定位："你今天为什么到这里来，我想你一定会很清楚的！"，（例如，强奸犯罪嫌疑人否认强奸，谎称是对方自愿的）"既然是她自愿与你发生性关系，那她为什么还要告你呢？"。

5. 逻辑关系定位："我们为什么不找其他人而找你呢？"。

6. 客观规律定位："要想人不知除非己莫为"。

7. 情节分析定位："在此你们互不相识，你为什么对他那样热衷的帮忙？"。

8. 客观存在定位："银行里的存款是会说话的！"。

定位后的行为分析：

1. 行为反应：否定无辜。

2. 分析对象：审讯人员提供的信息刺激产生的回应。

3. 回应表现：否定的态度分为积极否定和消极否定。

4. 回应方法：假借无辜；故作镇静；假装不知；明知故问；试探摸底；激情挑衅；辩解否认；沉默等待。

对抗否定的人格特征分析：

两种类型的人格表现：即侥幸对抗行为表现和信念对抗行为表现。

"侥幸对抗"的行为表现，有掩盖犯罪的记忆反应，顺应性比较强，目光接触后回避，肢体前倾，变换姿势频繁，经常出现虚假动作，刺激反应的语言不坚定，语言的沉默停顿较多，依靠审讯人员的语言刺激反应比较明显，被动性比较强，观察盼知为行为主流，对抗行为表现为封闭性。

"信念对抗"的行为表现，坐姿稳定，肢体后靠，攻击性反应强烈，心理行为目标单一、集中，自我行为选择的能力强，对抗行为表现为开放性，不回避交流目光，抗审的过程以依赖自我心理行为为主，有很强的主动性。

嫌疑人的第一认知层面反映——涉嫌犯罪

进入审讯室后的嫌疑人第一认知层面的心理定式：首先是外来的信息影响产生的自我犯罪记忆反应，记忆反应的"那件事"与刑罚处罚的联系，自我告知“遇到大麻烦了”，危险信号来自自己担心的“那件事”，自我保护的本能被迅速启动。其次是盼知，迫切需要知道自己遇到麻烦的具体情况，一方面是通过自我的认知条件对“那件事”的回忆，再现“那件事”的情景与自我的关系。另一方面是需要从审讯人员的身上摄取所需要的信息。通过交流进行摸底，预设防卫行为方案，选择退路。最后是审讯人员对自己的态度，司法机关可能通过哪些方面获取“那件事”的情况，具体的牵连程度，通过接触、交流、介入、应对，进行摸底评估审讯人员对认定“那件事”的态度和信心，如果审讯人员的态度不坚定，没有掌握“那件事”的证据，自己就还有退路，大可不必坦白。

案例 1

2013 年“12 · 15”黑龙江省大庆市肇州县蓄意纵火案

2013 年 12 月 15 日，肇州县局发生一起纵火案件，肇州县双发乡居民赵某家中车库及仓房被人放火焚烧，车库内捷达轿车被烧报废，仓房内家猪被熏死一只，直接损失价值达 15 万余元，犯罪现场遗留的犯罪工具是经过细致设计好的引火装置，并具备一定的反侦察技巧。经全力侦查，发现王某某（受害人女婿）具有重大作案嫌疑，但现场没有遗留任何犯罪证据，经传唤王某某到案后，其矢口否认与此事有关，在接近法律规定的时限范围内只得将其释放，案件陷入僵局。

2013 年 12 月 31 日，受肇州县公安局委托，刑侦支队委派杨鹏前往协助破案。杨鹏在重新对纵火现场进行勘验，回访受害人，认真仔细了解办案民警的侦办过程等多项准备工作后，对王某某进行了“审测”。通过测试认定王某某为犯罪嫌疑人，经过三个小时的“审测”，最终犯罪嫌疑人王某某心理崩溃，如实交代了预谋报复其前岳父的纵火犯罪行为，案件得以破获。

问：你是王某某吧？

答：是的，上次不是找过我了吗？

问：哈哈，问的好，上次找你的是我吗？

答：（看看笔者）不是。

问：这就对了，上次找你的是县局刑警大队的办案人，对你进行审讯，这次我找你不是审讯你，我也不是县局的办案人。

答：（疑惑地看着笔者）你是？

问：我是市公安局的，负责测谎的，我姓杨。

答：（不在乎的样子）噢。

问：你多大了？

答：26岁了。

问：你家里都有什么人啊？

答：就我父母和我。

问：你现在是离婚还是？

答：离婚了，要不这个事情能怀疑到我吗？

问：我们见面之前也有人给我介绍了你的情况，也许之前没有人和你说太多，但据我现在了解的情况，绝不是你刚刚说的怀疑你那么简单，现在的科技手段你是知道的，人过留名雁过留声，可以说是有很多证据已经指向了你，办案单位把我请来就是要进一步鉴定一下事实的细节问题，你不要抱有其他侥幸心理，我说的这些你听明白了吗？

答：（低头沉默不语）……

问：你比我小10岁啊，你是小老弟了，看你穿衣打扮，平时挺干净利索啊？

答：还行吧，在农村里也干净不到哪儿去。

问：你可不像农村人，从你的气质和着装一看你平时就不生活在农村，对吧？

答：噢，我在县里开了一个洗车场。

问：我说对了吧，一看你就是那种讲究人，是吧？

答：讲究啥，讲究这不被你们带来了吗？

问：来公安机关不是很正常吗，我们也有朋友啊，朋友来看看我们不也是经常来公安机关吗？不一定来公安机关都是有事的人，再说了每个公民都有义务配合公安机关工作，是不是？

答：那是，配合公安机关工作是应该的，可是我不能天天配合你们工作吧？我还有生意呢。

问：你说的太对了，这次我来就是来解决这个事情，如果今天经过测试你和这个事情没有关系，我就会还你清白，我保证针对这个事情公安机关再也不找你了。但是，话又说回来测试要是通过不过去，你也别想打赖，也必须给公安机关一个交代，听明白了吗？

答：这个事情和我没有关系，我天天挺忙的，哪有时间干那个事情啊。

问：如果不是你就最好了，省得公安机关在你身上浪费时间让真正的犯罪分子逍遥法外。既然你比我小 10 岁，我今天认你这个小老弟了，我们放下工作，聊点家常，行吧？

答：(看了看笔者）好吧。

问：这个事情过去以后我们就是朋友，我来肇州没事去你的洗车场里坐一坐，你要是去市里办事顺便给我打个电话，我要是有时间的话我请你喝点，可以吧？

答：(犹豫一下看着笔者）没事大哥，以后来肇州就去找我，县里西街把头那家洗车场就是我的。

问：就冲你这句话今天我也要帮帮你，你这个朋友我是交定了，但是当哥还是要丑话说到前面，不要不愿意听，好吗？

答：大哥，你说吧，没事。

问：这个事情要真和你有关系在原则范围内我会帮你的，毕竟我当了这么多年的警察了，又不是人命案子没有余地了，就这么一个事情还是可以大事化小的，再说前提还是家庭矛盾，这可是我的肺腑之言啊。

答：大哥，我没……

问：(及时制止）老弟现在别说话，你说现在你跟我说了假话一会儿测出来了，以后我们还怎么见面了，对吧，从现在开始，要么别说话，说就说真话。以前你跟县局的哥们说的我既往不咎，我也理解，但是从现在开始可不行了，知道吗？

答：（沉默）……

问：这就对了，要么别说话，说话就要说真话。你说说你和你前妻是什么情况，我听说你们闹得不太愉快，是吗？

答：唉，我们之前挺好的，后来她家里人掺和进来了，就硬给别离婚了，听说又给找了一个男的，什么家庭呢？

问：老弟，我也理解你，摊上了这么个家庭也真没整啊，我也同情你，我们要是早点认识就好了，我能帮你出出主意。我脾气比你脾气还不好，这事要让我摊上了我也有可能犯糊涂，现在我也不希望这个火是你放的，可是现在很多证据都表明就是你干的，你也知道现在科技多发达啊，神不知鬼不觉是不可能了，知道吗？让我来给你测谎就是进一步佐证一下，你也挺幸运，这次正好是个机会，我可以帮你出出主意，尽量大事化小，对吧？

答：（沉默）……

问：你是肇州本地人吗？

答：是的，我是肇州托古乡的。

问：托古小米挺有名啊？

答：是的，那地方就产小米，大哥你要是喜欢吃，等秋天下来新鲜的我给你送过去一袋子。

问：谢谢老弟，你是在托古上的学吗？

答：是的，小学和初中我都在托古上的，初中毕业后想当兵一直没当上。

问：因为啥没当上啊？

答：当时没找人，说我体检没合格。

问：之后都干啥了？

答：之后我就到大庆打了几年工，打工期间认识我媳妇的。

问：你们是在一个地方打工吗？

答：是的，当时在饭店，我当迎宾，她是服务员。

问：那你们是什么时候结的婚啊？

答：前年结婚的。

问：那后来怎么闹离婚了呢？

答：我脾气不好，有几次喝完酒动手打她了，没怎么地，前两次第二天我就哄好了，最后一次她跑回娘家了跟她爹说了，她爹急了非得要揍我，告诉必须离婚，我不同意也不敢去她家找她，打电话也不接，都半年多没联系上了，我偷摸去过她家附近两次没看到她，有一次我看到她家院子里有一个年轻的男的，前几天听他们屯子里的人说她家里人给她介绍对象了，这把我气得不行。

问：他们这么做是不对，婚还没离呢，怎么能找对象呢？但是你也是听别人说的，不一定准吧？

答：肯定准，那个男的就应该是。

问：好了，现在也先别说那些了。还是先把工作的事情办了吧，等结果出来我再帮你想办法，好吧？

答：大哥，还需要测吗？

问：当然要测了，不测就直接表明你在说谎了，到时候对你非常不利。

答：大哥，测谎准吗？

问：你说呢？不准国家能这么重视吗，这都是科学，都有上百年的历史了，一些杀人的大案才能用，像这种案子都是太小了，也就是领导重视，不然这个案子太小，我都不会来，知道吗？

答：（低头想事情表情）噢，看来想不测也不行啊。

问：那不是啊，要是真像你说的那样，你应该更积极想测谎，因为这样才能证明你的清白，洗清你的嫌疑啊？不做亏心事不怕鬼敲门啊？

答：（避开笔者的目光）那是，我没做亏心事，我怕啥？

问：意思就是你同意测谎呗？

答：（声音略小）不同意也不行啊。

问：现在给你讲一下测谎的原理，这项技术是100多年前意大利的科学家龙勃罗梭发明的，书面上叫作生理心理测试技术，在我们国家也有40多年的历史了，现在国内公安、检察院、司法、军队等各个部门都应用得非常好，所以这项技术已经很成熟了，这台仪器已经参与侦办案件几百起了，所以你放心它的准确率，不会出现错误的。

答：（沉默、思考）……

问：老百姓常说的一句话是不做亏心事不怕鬼敲门，这就是测谎的原理，知道了吧？

答：知道了。

问：这回你同意测谎了吧？

答：（犹豫一下）同意。

问：这是测谎协议书（向他出示），你详细看看里面的内容。

答：（拿着协议书仔细看了三分钟左右）好吧，在哪儿签字？

问：上面写着你本人同意进行心理测试（测谎）的，主测官已经向你解释了心理测试（测谎）的原理，你本人对解释表示满意，相信心理测试（测谎）技术并对测试结果完全负责，你看明白了吗？

答：（声音略低）看明白了……

问：在被测人那里签上你的名字和日期并且按上指纹。

答：（稍微犹豫签了字并按了指纹）……

问：老弟，一会儿我把测试的问题先告诉你，我问你什么你就放松地简洁回答“是与不是”“知道不知道”“明白不明白”“清楚不清楚”……不用摇头不用点头也不用解释，中间可以休息，听清楚了吗？

答：听清楚了。

问：好，现在给你戴上传感器（用三分钟将仪器戴上）。你现在准备好了吗？

答：准备好了。

开始测试……

第一组：

中性　是　你是叫王某某吗？

中性　是　你是肇州县人吗？

准相关　是　关于双发乡老赵家着火这事，你愿意如实回答我的问题吗？

相关　否　你知道当事人为什么放火吗？

准绳　否　以前你是做过对不起别人的事情吗？

相关　否　你知道当事人用什么点着的火吗？

相关　否　你知道当事人是怎么进的放火现场吗？

中性　是　你是汉族人吗？

相关　否　你知道当事人放火后怎么走的吗？

准绳　否　你以前是做过怕人知道的事情吗？

相关　否　当事人身边的人知道放火这件事吗？

题外　否　除了刚才问的，你担心问你别的问题吗？

第二组：

中性　是　你是叫王某某吗？

中性　是　你是肇州县人吗？

准相关　是　关于双发乡老赵家着火那事，你愿意如实回答我的问题吗？

相关　否　你知道当事人用什么放火的吗？

准绳　否　你以前是做过对不起别人的事情吗？

相关　否　你知道当事人放火工具是什么样的吗？

相关　否　你知道当事人放火的具体位置吗？

中性　是　你是汉族人吗？

相关　否　你知道当事人几个人去的现场吗？

准绳　否　你以前是做过怕人知道的事情吗？

相关　否　你知道放火的具体时间吗？

题外　否　除了刚才问的，你担心问你别的问题吗？

第三组：

中性　是　你是叫王某某吗？

中性　是　你是肇州县人吗？

准相关　是　关于双发乡老赵家着火这事，你愿意如实回答我的问题吗？

相关　否　你怀疑是别人给老赵家放的火吗？

准绳　否　你以前是做过怕人知道的事情吗？

相关　否　你知道是谁给老赵家放的火吗？

相关　否　是你给老赵家放的火吗？

中性　是　你是汉族人吗？

相关　否　你知道是几个人干的这个事情吗？

准绳　否　你以前是做过对不起别人的事情吗？

相关　否　你知道当事人是哪里的吗？

题外　否　除了刚才问的，你担心问你别的问题吗？

第四组：

首题　否　你是叫王某某吗？

首题　否　你知道是几个人干的这起案子吗？

中性　否　是三个人吗？

中性　否　是两个人吗？

中性　否　是一个人吗？

中性　否　是四个人吗？

中性　否　是五个人吗？

第五组：

首题　否　你是叫王某某吗？

首题　否　你知道当事人用了什么点的火吗？

中性　否　是酒精吗？

中性　否　是汽油吗？

相关　否　是柴油吗？

中性　否　是煤油吗？

中性　否　是其他的可燃烧的东西吗？

第六组：

首题　否　你是叫王某某吗？

首题　否　你知道当事人在什么具体位置点的火吗？

中性　否　车的右后胎附近吗？

中性　否　车的左后胎附近吗？

相关　否　车的左前胎附近吗？

中性　否　车的右前胎附近吗？

中性　否　是车库外面吗？

第七组：

首题　否　你是叫王某某吗？

首题　否　你知道当事人用的工具什么样子的吗？

中性　否　是普通木制棍子？

中性　否　是普通铁制棍子吗？

相关　否　是自制的一个棍子吗？

中性　否　是普通的铝制棍子吗？

中性　否　是玻璃瓶子吗？

经过近一个小时的中心测试（测试出的数据十分清晰）……

综合测试结论：(1）王某某认定为纵火嫌疑人；(2）作案动机：感情上引起的报复；(3）作案工具：家中自制；(4）目的：让对方经济上损失；(5）作案人数：倾向于自己一人。

问：老弟啊，你让我跟你说啥呢，已经测完了，其实没测完时我都不想给你测了，这个事情咱们商量商量怎么平吧，你也解恨了，可是后果你要承担啊，已经露了，咱们只能面对吧，你说你也是一时糊涂，不过对方也确实之前做事做得不地道，是吧？

答：唉，他们要是不那样做事，我也不会啊。

问：是啊，没离婚就给找对象，这个事情不地道，之前你就是不认识我，不然我告诉你怎么做不犯法，这么做犯法啊，看看怎么尽量化小吧？

答：大哥，那我现在咋办啊？

问：先承认错误呗，不行赔点钱吧，你说呢？

答：咋承认错误啊？

问：好好配合公安机关把事情说清楚了，也把原因说清楚了，他们也算过错在先，你也争取一个主动坦白的态度，这些都是从轻的环节，好吧？

答：我听你的，大哥。

问：我想听听详细过程？

答：原因我已经说了，非得离婚，我也联系不上，她爸打电话还说要把我的腿打折，我也不敢明面去她家，偷偷去过几次没有看到她本人，后来这次看到一个年轻的男的在她家院子里，接着我听到她们屯子里的人说，她爹给她找对象了，我就确信不疑了。我就在家里越想越恨，想怎么报复她爹一下，后来我想到放火让她爹损失点钱，于是我自己在家里用胶布把一个塑料软管缠上，便于不弯曲，之后在家里从摩托车里放出来两矿泉水瓶子的汽油，在当天晚上10点多我借我二舅的现代伊兰特轿车带着准备的东西去了他们屯子，我在屯子外面一个背人的土路上停留了两个多小时，大约凌晨1点多，我偷偷拎着汽油和塑料管走到她家，她家在屯子的最东侧，我从墙上翻过去走到东侧的车库门边上，车库门锁着，我就用塑料管伸到车的左前胎处，这头用小漏斗把汽油导进去，之后我点着一根烟从门缝里扔进去，我就跳墙跑了。过程就是这样的。

问：你现在后悔吗？

答：不后悔，我现在也解恨了。

问：既然这样，下一步能配合公安机关做好工作吗？

答：已经这样了，我配合工作，愿意判就判吧。

第二节　审测“涉案关系”的抽取方法（案例2）

涉案关系

涉案关系的目的：确立和强化嫌疑人与案件的密切关系；破坏嫌疑人

有“退路”的心理支点，降低嫌疑人的心理平衡水平，削弱对抗的心理动力强度，达到降低整体的隐瞒能力；催化冲突压力场。

行为分析：涉案关系的牵连度增加，引发嫌疑人对后果的恐惧强度的增加，催化冲突压力场，产生解决后果的驱动力。是直接否定还是嫁祸他人；是明示谎言还是暗示谎言；是沉默否定还是反击否定；是等待信息还是自我封闭排斥信息。

摄入涉案关系的方法：

根据具体的案件掌握的信息材料，提出与案件有牵连关系的信息存在。具体的方法可做如下的选择：

1. 与人的关系：“她为什么告你强奸?”；“你跟他的经济往来!”。

2. 与事的关系：“住院部的大楼你是怎么承建的?”。

3. 与物的关系：“你要那么多的钱干什么?”；“你银行那么多存款怎么回事?”。

4. 与时空关系：“那天在售房部你去了，怎么他也去了?”。

5. 跨越存在前提：“开锁的时间”。

嫌疑人的回应表现：否认隐瞒

嫌疑人第二认知层面——否认选择

嫌疑人进行第一层面的交流摸底之后，首先是嫌疑人确认了审讯人员的讯问就是为了“那件事”，是自己行为记忆的内容被确认，暴露的可能在向自己逼近。其次是对审讯人员的行为指向进行回应，根据自我的需要，选择对自己有利的情景，对“那件事”做出否认的回应。最后是根据具体的信息来源进行否认选择，针对审讯人员提供的信息及刺激强度，作出自我保护的否定方法的选择。否定的方法和行为表现：“谎言”与“沉默”，否定的态度分为积极否定和消极否定。“谎言”（明示还是暗示）与“沉默”（沉默的心理态势反应，是激情状态还是话语条件）。（通过微表情的观察获取反应）

在嫌疑人否定选择的层面中，显现出了相对独立的对抗否定的人格特征，两种类型的人格表现即侥幸对抗行为表现和信念对抗行为表现。

案例2

2014年“1·15”肇源县赌债引发的邻居杀人抢劫案

2014年1月15日晚22时许，大庆市肇源县肇源镇71岁的独居老人马某被杀死在自家房中。因临近年关，社会影响恶劣，附近群众在一定程度上产生恐慌。通过前期大量工作，锁定包括老人侄子、邻居王某在内几个有重大作案嫌疑的嫌疑人员。但王某与被害人住东西屋，案前关系很好，案发后又一直积极为被害人料理后事，并帮助公安机关提供线索。专案组分析，如果是王某作案，其个人的心理素质一定极强，在无明确指向其犯罪证据的前提下，很难顺利开展审讯工作。专案组慎重研究后决定，对黄某进行“审测”。工作人员杨鹏经过研判、外围走访、勘查现场等多项准备工作，在心理测试过程中直接认定王某就是杀人凶手，同时发现该现场被其进行了伪装，直接导致我们前期侦查方向有所偏差，于是杨鹏一共用了近四个小时的“审测”，适时抛出王某预谋抢劫杀人的真实目的，其心理被彻底击溃，“审测”中直接下跪供述了其因赌债缠身，多次踩点，预谋抢劫杀害邻居马某，最终实施犯罪的过程。

问：你是王某（化名）吧？

答：（很平静地看着笔者）是的。

问：多大年龄了？

答：45 岁。

问：噢，我们都是70年代的同龄人啊，看来我们能有共同的话题啊，你是肇源生人吗？

答：（神态自如）是的，我就是肇源古龙镇土生土长的。

问：那你上学是在什么地方念的啊？

答：小学就在古龙上的，初中也是在古龙上的，初一上完我就不念了。

问：之后呢？

答：在家干农活了，18 岁那年跟着同村的人去县里工地上打工了，后来就娶了媳妇在农村待了几年又出来打工了，一直到最近这几年我买个电动三轮拉脚挣点钱。

问：你几个孩子啊？

答：就一个。

问：多大了？

答：21 岁了。

问：儿子还是姑娘啊？

答：儿子。

问：还在上学吗？

答：早都不念了，在哈尔滨饭店里打工呢。

问：你媳妇有工作吗？

答：没有固定的工作，有时在县里打点短工。

问：那你平时就骑电三轮拉脚呗，每天挣的钱都交媳妇还是自己留着？

答：天天都交给我媳妇。

问：一天能挣多少钱？

答：挣不了多少，也就一百左右。生意不好时就是五六十块钱。

问：也算行，没啥太大的负担。你现在住的这个房子是租的吧？

答：租的。

问：租金多少钱啊？

答：每个月 100 元。

问：还行，挺便宜的。你们家住的是东屋吧？

答：是东屋。

问：那西屋的房租也是这个价格吗？

答：应该都差不多。

问：西屋住着什么人啊？

答：老马头自己。

问：老马头多大了？你们熟悉吗？

答：好像 71 岁了吧，我们还算熟悉。

问：他出事了，你也一直跟着忙前忙后的，是吧？

答：是的。

问：其实作为邻居帮帮忙也是应该的，毕竟老头身边没有亲人。但是，每个到过现场的人都是有义务配合公安机关工作，也都是被审查的对象，你说对吧？

答：（态度很好，没有表示出委屈）那是啊，这都是应该做的。

问：我们是同龄人，都是黑龙江生人，成长经历的都差不多，就冲这个我也不会害你。现在呢，我不是审讯你，测谎专家，我姓杨，是大庆市局的，这个案子影响挺恶劣的，马上就要过年了，发生了这个事情，领导挺重视的，所以让我过来了。测谎你知道是什么意思吗？

答：（犹豫一下）不知道。

问：你听没听说过测谎仪？

答：好像在电视上看过。

问：知道这是干什么的吗？

答：不就是看看说没说谎吗？

问：也差不多，但实际上，“测谎”书面上叫生理心理测试技术，是测试人的记忆痕迹的，也就是测试出你曾经干过的事情，包括怎么干的。你听明白了吗？

答：（声音略小）明白了。

问：也就是说你的心理反应会带动你的生理反应，你的生理变化通过现在桌子上的这些传感器体现在我的电脑上，我通过电脑分析就能知道，你曾经做过的事情。俗话说的好叫“不做亏心事不怕鬼敲门”，是吧？

答：对，不做亏心事不怕鬼敲门（声音突然加大）。

问：放心吧，这事情跟你没有关系，我会还你一个清白，但是等测完了发现这个事情如果真和你有关系，我也可以看在我们都是同龄男人的份儿上帮帮你。好不好？

答：（声音略小）跟我没有关系。

问：（语言严厉）我说这个事情跟你有关系了吗？哪个犯罪的人直接就承认自己犯罪了？现在你不要随便回答，有没有关系等测试结果出来再说，知道吗？我相信科学的结果，不要随便否认，本来我们两个人聊得很好，是不是要看科学结果而不是你说出来的，听明白了吗？

答：（低头沉默不语）……

问：你把老马头出事当天白天的整个活动情况和我说一遍？

答：好的，那天白天我正常早上7点多骑三轮从家里出去到县里拉客了，上午没有啥活，中午吃了点盒饭和一些都是骑三轮车的人在一起玩扑克了，下午的时候拉到晚上7点的时候，我自己找了一个烧烤摊子吃了点烧烤并且喝了两瓶啤酒就回家了，到家时大约晚上8点半，我和我媳妇两个在家里看了一会儿电视，大约晚上9点就睡觉了，大约晚上11点我们被外面的人吵醒了，听说隔壁老马头出事了，我就穿衣服起来帮忙抢救，一直忙活到天亮，就这些。

问：晚上吃烧烤还有谁？

答：就我自己。

问：吃烧烤之前你回过家吗？

答：（声音略小）没有。

问：你说的这些都谁能帮你证实？

答：中午打扑克，我能找到人帮我证实，回来之后我没有出去过，我媳妇能证实。

问：好，我站在相信你的角度，可以吧，但是为了还你的清白，只是我自己相信不行，得有一个鉴定报告让大家相信才行，对吧？

答：（看着笔者）对。

问：那你就是同意“测谎”了呗？

答：（稍微犹豫）同意。

问：这就对了，不做亏心事不怕鬼敲门，大大方方地放松去证明自己，好，这是测谎协议书（向他出示），你看看里面的内容，你认字吗，如果不认字我可以给你念？

答：我认字，我自己看就行（拿着协议书仔细看了两分钟）。

问：你看明白了吗？上面写着你本人同意进行心理测试（测谎）的，主测官已经向你解释了心理测试（测谎）的原理，你本人对解释表示满意，相信心理测试（测谎）技术并对测试结果完全负责，你看明白了吗？

答：我再看看（又仔细看了大约两分钟）……

问：这回看明白了吗？

答：（心不在焉有心事的样子）看明白了。

问：那就签字按手印吧？

答：好吧（犹豫了大约30秒钟才签字、按手印）。

问：既然这个事情不是你干的你怕啥？

答：（声音稍微挑高镇定的样子）我不怕啊。

问：我们既然是同龄人，都是男人，我们都不容易，一会儿我把测试的问题先告诉你，不搞突然袭击，你最好的配合就是放松，我问你什么你要简洁回答“是与不是”“知道不知道”“明白不明白”“清楚不清楚”……不用摇头不用点头也不用解释，每个问题就一分钟多一点，中间累了就可以休息，听明白了吗？

答：听明白了。

问：好，现在给你戴上仪器，这些仪器没有电也没有辐射，不要担心，平时我们自己练习时也戴（用三分钟左右的时间将仪器戴上）。你现在准备好了吗？

答：准备好了。

开始测试……

第一组：

中性　是　你是叫王某吗？

准相关　是　关于这次测试你愿意如实回答问题吗？

准绳　否　你曾经做过见不得人的事吗？

相关　否　你知道老马头是谁害的吗？

相关　是　老马头被害和你有关系吗？

中性　是　你是汉族人吗？

准绳　否　你以前用不正当方式弄钱吗？

相关　否　这起案子是你干的吗？

相关　否　老马头被害当时你在现场吗？

准绳　否　你以前做过违法不应该的事吗？

第二组：

中性　是　你是叫王某吗？

准相关　是　你愿意如实回答问题吗？

准绳　否　你骂过人吗？

相关　否　是你干的这起案子吗？

中性　是　你是汉族人吗？

准绳　否　你说过谎话吗？

相关　是　你说没害人的是实话吗？

准绳　否　你和妻子打过架吗？

相关　否　老马头是你害的吗？

第三组：

首题　否　你知道老马头是怎么死的吗？

无效　否　？

中性　否　是被刀攮死的？

中性　否　是被绳子勒死的？

中性　否　是被掐死的？

相关　否　是被锤子打死的？

中性　否　是被棒子打死的？

中性　否　是被石头砸死的？

第四组：

首题　否　你知道老马头当时衣着什么样子？

无效　否　？

中性　否　穿着睡衣？

中性　否　只穿着线衣线裤？

相关　否　衣着完整？

中性　否　只穿一个裤头？

中性　否　什么也没穿？

第五组:

首题　否　你知道作案人在现场做什么了吗?

无效　否　?

中性　否　撒尿了?

中性　否　放火了?

中性　否　吐了?

相关　否　吸烟了?

中性　否　喝酒了?

中性　否　吃瓜子了?

第六组:

首题　否　你知道这起案子是当天什么时间的事吗?

无效　否　?

中性　否　下午3点半到晚上5点半之间?

中性　否　晚上5点半到7点半之间?

相关　否　晚上8点半到10点半之间?

中性　否　晚上11点半到凌晨1点半之间?

中性　否　下午1点半到3点半之间?

第七组:

首题　否　你知道作案人使用什么凶器吗?

无效　否　?

中性　否　菜刀?

中性　否　尖刀?

相关　否　锤子?

中性　否　石头?

中性　否　铁棒?

第八组:

首题　否　你知道死者哪里有伤吗?

首题　否　你听说过吗?

中性　否　后背？

中性　否　肚子？

中性　否　前胸？

相关　否　脑袋？

中性　否　小腿？

中性　否　大腿？

第九组：

首题　否　你知道作案人怎么逃跑的？

首题　否　你听说过吗？

中性　否　骑自行车？

中性　否　骑摩托？

相关　否　步行？

中性　否　打车？

中性　否　骑三轮车？

第十组：

首题　否　你知道作案人怎么处理现场了吗？

无效　否　？

中性　否　翻动衣柜了？

中性　否　扫地了？

相关　否　把窗帘拉上了？

中性　否　泼上水了？

中性　否　把门锁上了？

第十一组：

首题　否　你知道被害人最后在屋里的什么位置吗？

无效　否　？

中性　否　炕上？

中性　否　地中间？

相关　否　炉子旁边？

中性 否 厨房?

中性 否 衣柜里?

第十二组:

首题 否 你知道作案人还用什么打击被害人了吗?

无效 否 ?

中性 否 斧头?

中性 否 石头?

相关 否 煤铲子?

中性 否 棒子?

中性 否 烟灰缸?

第十三组:

首题 否 你知道老马头死的时候是什么状态吗?

无效 否 ?

中性 否 半坐在地上?

中性 否 脸朝上在地上?

相关 否 脸朝下在地上?

中性 否 坐在椅子上?

中性 否 躺在炕上?

第十四组:

首题 否 你知道凶器是在哪里弄来的吗?

无效 否 ?

中性 否 作案人自己带的?

中性 否 在屋外面捡的?

相关 否 被害人家里的?

中性 否 作案人借的?

中性 否 在商店里买的?

第十五组:

首题 否 你知道作案人为什么杀老马头的吗?

无效　否　？

中性　否　奸情杀人？

中性　否　因为债务？

中性　否　抢劫杀人？

中性　否　一时冲动？

中性　否　受人指使？

中性　否　以前有仇？

第十六组：

首题　否　你知道作案人是几个人吗？

无效　否　？

中性　否　三个？

中性　否　两个？

中性　否　一个？

中性　否　四个？

中性　否　五个？

第十七组：

首题　否　你知道作案人的年龄吗？

无效　否　？

中性　否　20 多岁？

中性　否　30 多岁？

中性　否　40 多岁？

中性　否　50 多岁？

中性　否　60 多岁？

第十八组：

首题　否　你知道被害人家什么东西不见了吗？

无效　否　？

中性　否　手表？

中性　否　手机？

中性　否　什么也没丢?

中性　否　现金?

中性　否　菜刀?

中性　否　存折?

经过近一个半小时的中心测试（测试出的数据相对清晰）……

综合测试结论：(1) 王某被认定是嫌疑人；(2) 作案动机：预谋抢劫（与现场勘查倾向于就地取材、临时起意不符）；(3) 抢劫物品：现金2000元左右；(4) 装钱衣柜：有所翻动后恢复（现场勘查衣柜上锁，钥匙在桌子抽屉里，衣柜内被褥整洁内藏有20000元现金，勘查结论是没有翻动。）；(5) 作案血衣去向：烧毁；(6) 作案人数：一人。

问：现在测试完了，不用说别的了，之前我是站在相信你的角度来看待这个问题，但是事实不尽如人意啊，既然之前我答应即使是你干的我也要帮助你的，那我就要信守诺言，事情发生了也无法挽回了，但是我们尽量在法律的范围内大事化小，但是这么大的事情可化不了啊?

答：可是我没……

问：（及时制止）不要乱说话，我现在让你说话了吗？懂不懂规矩？现在我在帮你，知道吗？之前你说的我可以既往不咎，毕竟谁干了这么大的事情都害怕，都会逃避，这个我理解你，但是现在已经测完了，真实的情况已经摆在这里了，你还要在我面前不说真话，我可就真生气，现在作为同龄的男人，可以放下我这个警察的身份以私人身份帮你出出主意，毕竟我干了十五六年警察了，可以说在法律上比一般的律师都会强点，你相不相信我的能力?

答：（声音略小）相信。

问：相信就好。我不会害你的，我不会因为你这么一个案子能立多大的功劳，每年我破很多大案，你这个案子在我破的这些案子不算大案，想立功有的是机会，每年我们只能报一次功，知道吗？我也不认识老马头，我们之间也是往日无怨近日无仇，这个我说的对吧?

答：是的，我们之前也不认识，你是干工作。

问：对啊，所以即使案子破了我也不会多得到一分利益，我也不想在你身上得到什么利益，这是看在我们是同龄男人这个份儿上，男人到这个年龄了都不容易，我才想帮帮你，不然我测完了，出一个鉴定报告就行，何必跟你磨叽呢？说白了我也是顺手人情，毕竟我这个专家身份县局领导还是会给我个面子的，到时候我向县局领导帮你求求情，算你主动坦白，给你单独取一份材料，这些在法庭上都是有从宽情节的，明白？

答：（沉默）……

问：这就对了，现在开始你可以不说话，要说话就必须说真实的，可以说你现在一说话，哪句话真，哪句话假，我一下子就能听明白，我可以明明白白地告诉你，你为了什么杀人你我心里都清楚，但是现在一个很好的机会就是我可以给你一个解释的机会，其实我也了解你了，你这个人平时也不错，挺老实的，也不和别人打仗吵架的，所以应该也是事出有因的，对吧，只要你把原因说出来，我从我的角度来帮帮你，应该没有问题的？

答：（沉默）……

问：昨晚你媳妇都干吗了？

答：（惊讶表情）没干啥了，我们看完电视就睡觉了啊？

问：（语气突然很严厉）没干啥吗？

答：（声音小了很多）真没干啥啊？

问：（语气突然很严厉）我告诉你，这么问就是给你机会，一人做事一人当，不要把你媳妇也牵扯进来，你懂不懂包庇罪，什么是包庇罪你知道吗？知情不报就是包庇罪你知道吗（测后得到的炮弹）？你想你全家都进监狱吗？你不说，她能扛得住吗？你作为男子汉大丈夫像个男人样，不要让女人跟着你一起遭罪了，再说了，即使她进去了也挽救不了你啊，到时候你儿子怎么看你，你自己干了糊涂事还把他妈牵扯进去，他以后还能认你这个爹吗？

答：我、我……

问：（及时制止、语气严厉）不要说话，我让你说话了吗？现在还没到你说话的时候，知道吗？你已经错了，就不能一错再错了，现在我这么生气是因为作为同龄的男人为你现在还糊涂感到生气，这都什么情况了，还在这里支支吾吾的，（声音突然加大）我现在不问你别的，我就问你，你错没错？你到底错没错？错还是没错，直接回答，别说废话？

答：（声音略小）我、我错了……

问：这就对了，错就是错了，不要说别的，对不对，人家毕竟人死了，那是一条人命啊，不是小猫小狗，就是小猫小狗也要说清楚啊，何况是人命啊？承认错误可以，你得说清楚到底错在哪儿了？

答：（在椅子上要站起来，突然扑通跪在地上了）大哥求求你救救我吧，我是真没有办法了……

问：再没有办法也不能杀人啊？

答：我要是还不上赌债，他们就要把我的电三轮没收，还要找我媳妇，三轮没了，我搞啥挣钱啊（声泪俱下，心理彻底崩溃）……

问：好，你站起来坐下来详细说说，还是那句话，你把事情说清楚了，我尽量帮你，是不是，但是你必须要实话实说，不能有一点假话，你要是说一句假话，我就不管你了，我就走了，知道吗？

答：（乞求的目光）大哥，你别走，你得管管我，我都说真话。

问：好，你先说说你为啥杀老头，我看看你说的对不对？

答：两个月前，因为我在外面赌博欠两千元赌债，我不敢回家跟我媳妇说，我就找到老马头借了两千元，答应他一个月就还给他，可是现在两个月了也没有还上，其间他找我要过一次，这段时间我又输了两千多元钱，马上要过年了，他们找我要钱，说不给钱就把电三轮没收，并且还要找我媳妇要钱，我害怕我媳妇知道这件事，我就思前想后，还是找老马头借吧，要是不借我就硬要，我知道老头有低保，平时姑娘也给钱应该有钱，就是这个原因。

问：说的还行，你不是早都有预谋的想抢钱吗？

答：也不是早都想好的，就在前三四天想的。

问：好，你接着把详细过程说一下？

答：那天白天我之前说的都是真的，就是晚上7点左右的时候，我知道我媳妇回乡下了得8点多才能回来，我就自己回来了，把三轮车偷偷放到外面别人不太注意的地方了，我就去老马头家了，他一个人正在沙发上抽烟，没开灯，我就坐到炉子旁边了，跟他聊了几分钟家常，我就说，我还想借点钱，老马头就急了，说上次借的钱还没还呢，你还想借，你现在就把上次借的钱给我还上，不然我找你媳妇要去，我趁他不注意突然拿起炉铲子向他脑袋上打了过去，他一下就倒到了炉子旁边了，我又用炉铲子打了四五下，顺手捡起炉子旁边地上的斧子又照脑袋上打了五六下（与现场勘查一致），一看没气了，我就翻了一下他衣服兜里，大约两千多元钱（与测试出的钱数基本相符），平时我知道他装被的炕柜老是锁着，钥匙在地上桌子的抽屉里，我就用钥匙开开柜子，稍微翻了一下没有发现钱，我就恢复原样又锁上柜子把钥匙放到原来的抽屉里了（与测试结果相符，但现场勘察没有条件勘察出来），走的时候我把窗帘拉上了。我没有回家，直接出了南门看看外面没有人往西面走了，打了一个三轮车找了一个烧烤店喝了两瓶啤酒，晚上8点半左右回的家，我媳妇这时已经回来了，我们看了一会儿电视就睡觉了，我喝点酒就睡着了，半夜11点左右的时候，外面有人敲窗户说，老马头家出事了，我就装着不知道的样子去帮忙了。

问：你媳妇出去了吗？

答：她害怕，没出去。

问：那你怎么跟你媳妇说的？

答：（声音略小）我没跟她说啥啊……

问：（及时制止）我说了，现在说就说实话，要不就别说，没人求你说，现在是你自己救自己，明白？

答：（垂头丧气）唉，我都说了吧，我的衣服被我媳妇发现有血，她就问我了，我就说是我干的了。

问：什么时间问的你？

答：我去帮忙回来的时候？

问：你去帮忙时换衣服了吗？

答：是的，我没穿作案时穿的衣服，我出去帮忙她就发现我脱下来的衣服上有血了，回来时她就哭着问我了。

问：现在衣服呢？

答：被我在我家灶坑里烧了。

问：是你烧的还是你媳妇烧的？

答：早上我烧的，我媳妇知道。

问：抢的那两千多元钱呢？

答：被我藏到我家柜里了。

问：钱上有血吗？

答：有几张有血。

问：你现在后悔吗？

答：后悔了，我一时糊涂啊，这个事情和我媳妇没有关系，不要抓我媳妇好吗？

问：你媳妇的事情得看具体情节，我会和县局领导说，让他们在原则范围内宽大处理的，但是你必须配合好办案单位把后续工作做好，能做到吗？

答：放心吧，大哥，我一定好好配合。

王某带领办案人指认并找到带血迹被抢的2400元现金，并在其家中灶坑内勘查出烧剩下了的衣服碎片。

第三节　审测“否定堵退”的控制方法（案例3）

否定：

针对嫌疑人的谎言辩解予以阻止和否定，有效的揭露能够起到对阻止否定的心理催化作用。

否定的方法：

直接阻止：直接阻止对方的谎言，如“这句话你就不用再说了，我不想再听第二遍”。

导慌阻止：插入谎言与谎言的比对。如“情景、存在、环境等”。

矛盾阻止：通过揭露矛盾达到阻止的目的。

特情阻止：选择相对应的应知情景进行比对达到否定阻止。

定向阻止：通过特定选择的对象进行限制供述。

直接告知新的“转换层面”：如“我很负责任地告诉你，你干的那些事已经得到证明”“那个女孩子是被你强迫的不是自愿的，这个问题你是一点退路都没有了！”。

客观存在阻止：如“谁都能够证明！跟你去的那几个人就能够证明！”。

假设存在阻止：如“现场留下的痕迹都能够证明”。

条件阻止：即依赖的对抗条件，如“知道这件事情的不是你一个人”。

对抗谎言反应：无奈或者无赖回应，在后果上退回一步，降低对原后果的需要条件。

堵退定义：嫌疑人的对抗是以退路为条件的，退路越宽对抗的强度和力度就越大，反之就越小，堵住嫌疑人的退路是破坏嫌疑人对抗的重要手段。

堵退目的：破坏嫌疑人对抗的心理支点，退路被堵塞，对抗的条件就会丧失。收缩嫌疑人的对抗条件，使得对抗心理得不到满足，供述条件就会得到增加和强化。

行为分析：嫌疑人用准备好的心理定式，来否定自己的犯罪行为，其选择的情景和否定的情节，就是嫌疑人赖以对抗的条件，一旦自己准备好的理由，不能够起作用的时候，就会重新选择新的方法来继续对抗。可是选择新的方法需要时间，为了不留给嫌疑人选择新方法的时间，侦查讯问人员迅速进行否定堵退，能够有效地控制嫌疑人新方法的滋生。

堵退方法

反问式堵退：如“你觉得你的这样辩解还有意义吗”。

直接堵退：如“你的受贿行为没有一点可怀疑的”。

反驳式堵退：如“那就是她傻，自己心甘情愿的反过来还要告你”。

误区式堵退：如“你以为他给你钱是心甘情愿的吗”。

趋利避害式堵退：如“你知道用什么方法为自己辩解最有利吗，如何能够获取最大的利益你懂吗”。

嫌疑人的第三认知层面——具体条件（对抗条件）

嫌疑人在第三认知层面建立起来的心理行为，是具体的交流过程的接受反应。

首先是自己选择的否定行为，没有产生对审讯人员的揭露行为阻碍，其发展行为表明审讯人员没有相信自己是无辜的。

其次是否定选择的细化和理由，为了否定推出理由，需要谎言的心理支撑和谎言的行为选择。（寻找方法）

最后是寻找选择具体的否定条件，这种具体的否定条件，是对应于审讯人员的行为信息指向而推出的退路，是具体的退路的方法选择，也是对侦查讯问人员的回应和退路，很多的时候这种回应和退路的方法，被一直坚持到最后。

条件行为分析：

关于条件对抗的行为反应，是嫌疑人运用自我认知有利的一面，作为条件进行的对抗表现，如“你有证据证明我犯罪吗?”“他说给我钱了就给我了吗?”“他是在陷害我”。

用针对性的条件否定嫌疑人的对抗条件。如，答：“谁能证明?”（对抗条件）问：“谁都能够证明！跟你去的那几个人也能够证明!”（否定条件）“送给你钱的那些人难道不能够证明吗?”“他为什么就要陷害你呢?”。

条件否定定义：

嫌疑人选择的对抗方法是以对抗条件为基础的，经过上一步的否定、堵退，尚有残留的根基隐藏在嫌疑人的心灵深处，不甘心、不愿意放弃，形成的心理定式必须要全面清除。

条件否定目的：

对抗条件是嫌疑人对抗心理依赖的支点，这些支点并非是一个点，而是一个层面，有着一定的可变性，有时变化可以距离案件主题的核心比较近，很方便地就能够进入主题的核心（如，我认识他，但是并非收了他的钱）；有的时候变得距离案件主题的核心比较远，从对抗支点到主题核心中间有一段隔层，（我跟他不认识，怎么可能收他的钱）必须满足一定的条件，才能跨越过去。条件否定就是为了满足这个跨越而设立的。

条件否定方法

担心式的否定：如，杀人现场遗留物：问，你家有几根扁担？答，只有一根，问，不对吧，那根有你的名字，后面有“记”的扁担呢？（因为扁担遗留在现场）

放心式的否定：如，“你打扫过现场?”，答，“我没有打扫现场”，问，“不对，你打扫过现场，没有什么好否认的，不过，你不是打扫迟了，就是不细致，太粗心了，科学鉴定是没有什么好隐瞒的”。

案例3

2014年“6·4”黑龙江绥化市兰西县故意杀人案

2014年6月4日22时30分许，绥化市兰西县居民马某与黄某酒后坐在马路中央聊天，几分钟后，两人双双倒地，双方均受外伤并流有血迹，马某经抢救无效死亡。案件发生后，绥化市、兰西县两级侦技部门开展了大量工作，由于案发现场周围视频较少，未发现能够形成外伤的工具（经过尸检死者的伤为两种不明确的工具形成），办案单位对伤者多次讯问，伤者黄某住院治疗并自称失忆，案件毫无进展。鉴于该情况，绥化市局报请省公安厅刑侦总队调用大庆市公安局杨鹏协助工作。6月9日，杨鹏在勘查现场、询问证人、查看卷宗的基础上，对伤者黄某进行了“测审”工作。通过测试认定黄某为作案人，并认定其并未失忆，还原出了案件发生的大致过程和二人发生矛盾的原因。根据测试所反映出的信息和方向立即进行“测审”，经过4个多小时的较量嫌疑人心理彻底崩溃，打破了其逃避犯罪的幻想。犯罪嫌疑人黄某最终交代了因积怨引发矛盾，酒后冲动将马某当场杀死的作案过程。

审测工作中

问：你叫什么名字？

答：（声音微弱）黄某（化名）。

问：你今年多大了？

答：26岁了。

问：家是哪里的？

答：乡下的。

问：你是做什么的？

答：我是厨师。

问：你一直是厨师吗？

答：这几个月不干了。

问：那干啥了？

答：啥也没干。

问：不对吧，我听说你跟着别人一起在外面要账了，有这个事情吗？

答：（低头沉默不语）……

问：听说你伤得也挺严重，现在还在住院的，是吗？

答：（声音微弱）是的。

问：这是咋整的啊？

答：（声音微弱）我不记得了，我喝多了。

问：我比你大十岁，可以说是你的大哥，作为大哥我要提醒你一下，在公安机关说话时要注意，也就是说轻易不要说假话，不然很容易被定为伪证罪，知道吗？有的话可以不说，但是不能瞎说，你明白我的意思了吗？

答：（声音微小）嗯。

问：我现在自我介绍一下吧，我是省公安厅的测谎专家，兰西县公安局通过省公安厅的领导把我找来了，说你之前和他们说的都是假话，让我来给你鉴定一下，所以我这次来不是来审讯你的就是看看你是否说谎，你听明白了吗？

答：（犹豫一下，声音略小）嗯。

问：这就好，看你这个样子我挺可怜你的，但是如果这个事情和你有关系，你即使受伤了也不可能住一辈子院，你也得面对，是吧？

答：（沉默不语）……

问：你以前是厨师，那你应该能喝点酒啊？

答：（声音略小）还行吧，也不咋能喝。

问：像你这个年龄的时候我也是天天喝，喝完了，还好冲动，看到你就看到我的影子了。

答：我也喝不了多少。

问：酒品看人品，我也问了你的一起玩的朋友了，说你喝酒很实在，从这一点看你这个人就实在，咱们两个性格很像，你看我说的对不对，你这个人平时很实在，对人也仗义，是不是？

答：唉，有啥好啊，老是吃亏。

问：好，就凭我们的脾气秉性像，我这个当大哥的就帮帮你？

答：（委屈的样子）唉，我都这样了，你还能咋帮我啊。

问：我说能帮到你自然就有能帮到你的理由，之前你和他们讲的，从现在开始都过去了，一切都归零。从现在开始你可以不说话，但是只要说话就说实话，你听明白了吗，老弟？

答：（沉默）……

问：刚刚来的时候我还想，我家里有事情呢，赶快给你测试完给一个结果就交给他们办案队呢，现在既然我把你当兄弟了，我就好好管一管你了，我知道死的这个人是你大哥，现在社会上都说，是你把你大哥打死了，如果你是无辜的我今天还你清白，测谎通过了我就建议兰西公安局领导把你放了，但是如果你没有通过测谎，刚刚我答应要帮你也说话算数，你明白我的意思了吗？

答：嗯。

问：以前是厨师，咋不干了呢？

答：厨师挣得太少了，还可累了。

问：那和死者是怎么认识的？

答：他以前老是去我以前打工的饭店吃饭就认识了。

问：那咋和他混到一起了呢？

答：后来那个饭店黄了，他就说让我跟着他干，答应我每个月给我4000元，我一看也挺好，每天不用干啥，就跟着他混，帮别人打个仗或者帮忙要账啥的也不累，就这样我跟着他在一起了。

问：你们在一起多长时间了？

答：两个多月。

问：他给你开工资了吗？

答：总共就给过我1000多元钱。

问：听说他这个大哥还霸道是吗？

答：也不是霸道，就要求我们在一起干活时不能和人说话。

问：那他骂过你吗？

答：有一次我们大家跟着他出去要账，我遇到以前的女朋友，我和她说了几句话，他就急了，给我骂了。

问：这个人也不咋地啊，你和他也不是一路人啊，听说你还比他大，是吗？

答：嗯，我比他大两岁，但是也得管他叫大哥。

问：他这个大哥做事也不讲究啊，按理说人死了，咱们也不应该说他啥了，可是他对你做的事情挺不讲究的，你这么大个人，这么长时间就给你1000多元钱，咋活啊？

答：唉，啥也别说了（沮丧的表情）。

问：好了，不说那些了。言归正传，我想知道那天你们为什么去大道中间坐着去了？

答：（回忆的样子）我记得我们一帮人在胡同里吃烧烤，喝得有点多了，他拽我去单独唠唠，我们就坐在大道中间了，后来我就不记得了。

问：后来的事情我还没有问你呢，着急说啥？我想知道因为啥他要找你单独唠唠，为啥不找别人单独唠唠呢？

答：（沉默一会儿，思考的状态）这不是前两天给我骂了，我还管他要工资了，喝酒了他和我唠唠。

问：噢，这么回事啊，看来你也不是很满意他啊？

答：（沉默）……

问：没有关系，我也打听了，他那个人人品不咋地，即使你们之间出现什么矛盾肯定也是他的毛病，再说了你也受伤了不是，有些事情不能硬挺，得进行解释，对吧？

答：（沉默一会儿）我真失忆了。

问：好，咱们先别说这个事情，既然我们脾气秉性相投，我也认了你这个老弟，那我就帮帮你，毕竟我干了这么多年的警察了。一会儿马上我就给你进行测谎，看看你到底失没失忆，如果真失忆了，我就告诉县局领导让你消停消停住院，别再天天折腾你了，但是测谎显示你没有失忆，那不好意思了，我这个当大哥的就得批评批评你了，好不好？

答：（犹豫）好吧。

问：现在给你讲一下测谎是怎么回事，测谎书面上叫作生理心理测试技术，100多年前意大利的科学家龙勃罗梭研发了这项技术，在我们国家也有40多年的历史了，现在国内公安、检察院、司法、军队等各个部门都应用得非常好，所以这项技术已经很成熟了，我们参与侦办了几百起案件，还没有测错过，所以你放心它的准确率，不会出现错误的。其实用老百姓的一句话就是不做亏心事不怕鬼敲门，这就是测谎的原理，明白了吧？

答：大概我明白了，可是我头疼啊。

问：没事，不影响准确率，只要你说的都是实话，你就不怕测谎，不做亏心事不怕鬼敲门，我说的对吧？

答：是的，我怕啥啊？

问：那你同意测谎吗？

答：（犹豫）同意。

问：这就对了，这是测谎协议书（向他出示），你看看里面的内容，你认字吗，如果不认字我可以给你念？

答：我看看（拿着协议书仔细看了两分钟）。

问：看清楚了吧，上面写着你本人同意进行心理测试（测谎）的，主测官已经向你解释了心理测试（测谎）的原理，你本人对解释表示满意，相信心理测试（测谎）技术并对测试结果完全负责，如果没有什么异议就签字按押吧？

答：（犹豫不决）我头有点疼，等一等……

问：你怕啥啊，怎么这个事情真和你有关系啊？

答：我不怕（勉强签了字并按了指纹）。

问：既然你也把我当大哥了，我会对你认真负责的，一会儿我把测试的问题先告诉你，我不搞突然袭击，你越放松越好，我问你什么你要简洁回答“是与不是”“知道不知道”“明白不明白”……不用摇头不用点头也不用解释，每套题最少问三遍，一分钟多一点，中间可以休息，听明白了吗？

答：听明白了。

问：现在给你戴上仪器，（用了大约三分钟边戴仪器边说）这些仪器没有电也没有辐射，不要担心，一遍问题累了就可以活动活动，准备好了吗？

答：准备好了。

开始测试……

第一组：

中性　是　你是叫黄某吗？

准相关　是　关于这次测试你愿意如实回答问题吗？

准绳　否　你曾经做过见不得人的事吗？

相关　否　你知道马某是谁伤害的吗？

相关　是　马某被伤害和你有关系吗？

中性　是　你是汉族人吗？

准绳　否　你以前用不正当方式弄钱吗？

相关　否　这起案子是你干的吗？

相关　否　马某被伤害当时你看见了吗？

准绳　否　你以前做过违法不应该的事吗？

第二组：

中性　是　你是黄某吗？

准相关　是　你愿意如实回答问题吗？

准绳　否　你骂过人吗？

相关　否　是你干的这起案子吗？

中性　是　你是汉族人吗？

准绳　否　你说过谎话吗？

相关　是　你说没伤害人的是实话吗？

准绳　否　你和女朋友打过架吗？

相关　否　马某是你伤害的吗？

第三组：

首题　否　你知道马某是怎么被伤害的吗？

无效　否　？

中性　否　用手机打的？

中性　否　用拳头打的？

中性　否　用膝盖顶的？

相关　否　把头往地上撞击？

中性　否　用手撑子打的？

中性　否　用鞋踢的？

中性　否　是其他情况吗？

第四组：

首题　否　你知道马某被伤害是几种工具形成的吗？

无效　否　？

中性　否　四种？

中性　否　三种？

相关　否　两种？

中性　否　一种？

中性　否　五种？

第五组：

首题　否　你知道被伤害人有几处伤吗？

无效　否　？

中性　否　1至2处？

中性　否　6至8处？

相关　否　3至5处？

中性　否　9至11处？

中性　否　12至15处？

第六组：

首题　否　你知道被害人最后是怎么个姿势吗？

无效　否　？

中性　否　坐着？

中性　否　仰面躺着？

相关　否　侧卧着？

中性　否　趴在地上？

中性　否　跪在地上？

第七组：

首题　否　你知道凶器是在哪里弄来的吗？

无效　否　？

中性　否　买的？

中性　否　在外面捡的？

相关　否　作案人自己带的？

中性　否　被害人的？

中性　否　就地取材？

第八组：

首题　否　你知道作案人为什么伤害马某吗？

无效　否　？

中性　否　因为奸情？

中性　否　因为经济？

中性　否　发生口角矛盾？

中性　否　受人指使？

中性　否　其他原因？

第九组：

首题　否　你知道作案人是几个人吗？

无效　否　？

中性　否　6？

中性　否　5？

中性　否　4？

中性　否　1？

中性　否　3？

中性　否　2？

第十组：

首题　否　你知道作案人多大年纪吗？

无效　否　？

中性　否　40 多岁？

中性　否　50 多岁？

中性　否　30 多岁？

中性　否　20 多岁？

中性　否　60 多岁？

第十一组：

首题　否　你知道作案人把凶器怎么处理了？

无效　否　？

中性　否　不知道了？

中性　否　给别人了？

中性　否　扔了？

中性　否　藏起来了？

中性　否　烧了？

第十二组：

首题　否　你知道作案人用什么对马某进行伤害的？

无效　否　？

中性　否　用手机？

中性　否　用膝盖？

中性　否　用手撑子？①

中性　否　用头撞地？

中性　否　用拳头？

中性　否　用鞋踢？

经过一个多小时的中心测试（测试过程中，被测人有的问题不回答，但测试出的数据图像较清晰）……

综合测试结论：(1) 黄某记忆痕迹清晰，没有失忆；(2) 黄某身体状况反映健康；(3) 作案动机：经济上引起的矛盾；(4) 作案工具：倾

① 手撑子：也叫指虎，指带在手指上的一种凶器。

向于用头撞地以及自带一个随身常用物品。

问：老弟啊，今天你是回不去医院了，你也不用装病了，明白我说话的意思了吧？

答：（沉默）……

问：我给你时间你想一想吧，好吧，看看你怎么说对你有利吧？

答：我没……

问：（及时制止）你别说话，现在我让你想，等你说话时一定要慎重，明白吗？已经这样了，在我面前说谎还有意义吗？你想的时候我可以以大哥私人的身份帮你出出主意，好不好？

答：（神情沮丧，声音很低）好吧。

问：这就对了，我现在顺手就能帮到你，只要不违反原则我可以帮你出出主意，其实你不用害怕，不要以为人死就多大的事情了，其实法律上也是根据具体的情况有很大的弹性的，官司好好打，通过刚才的测试我知道你们之间确实有矛盾，但是按照平时大家反映的情况他肯定过错在先，不然你这么仗义的人怎么能急眼呢，刚刚你答应让我帮你了就已经告诉我答案了，所以，我不需要再问你别的问题了，我就想听听他到底做什么对不起你的事情了，我听听？

答：唉，他答应我一个月给我4000元钱工资的，可是两个月过去了才给我1000元，还老骂人，我比他都大说骂就骂。

问：我就说听说他那个人不咋地吧，那你怎么受的伤啊？

答：那天我们喝酒时，喝得有点多了，我们就又有点说僵了，他就把我拽到北面的马路中间了，我们坐在那里说说他就动手了，把我脑袋都打出血了，实在是把我惹急了我才还的手。

问：你是怎么还的手啊？

答：唉，他是太欺负人了，真不是我先动的手。

问：我知道你肯定是被惹急了，要不你这么老实人咋能还手呢，说说你是怎么还的手？

答：我用他的头撞地了，后来我又用我的裤腰带卡子打他脑袋了（与现场勘查相符，两种工具既有锐器伤又有钝器伤）。

问：那腰带卡子现在在哪儿呢?

答：让我偷偷扔到医院的床底下了。

问：你可不能说假话了，之前的事情我不追究了，但是你再同我说假话我可不能答应你了?

答：大哥，我说的都是真的。不信你们可以去医院找找。

问：我相信你说的话，那一共打了他多少下?

答：大哥，我真记不清楚了，本来酒就喝多了。就是把我惹急了，我也没想到他能死。

问：你现在后悔吗?

答：要知道这么严重我就不还手了，我后悔了。

问：你愿意配合公安机关把那个腰带卡子找到吗?

答：愿意。

两个小时笔录取完后，黄某配合办案人在医院的床底下将腰带卡子找到并进行了指认。

第四节 审测“确认存在”的心理影响（案例4）

确认存在：主要是对主题的涉入。

是对第二步提出的涉案关系的确认和细化，同时也是对第二步嫌疑人的否认隐瞒做出回应。

确认存在的目的：证明涉案关系。

确认存在的方法：如，你帮助他干了那么多本来不应该是你干的，没有好处你能干吗?

对抗回应表现：谎言与辩解（寻找否定隐瞒的理由）。

确认存在——主题涉入

主题涉入定义：

讯问提取的案件问题被称为主题，主题又分为单一主题和混合主题。

单一主题是以一个情节为核心的构成，可以是一个独立的案件条件；混合主题是由许多单一主题构成的组合体，一案涉及数个罪名、一案涉及同一罪名的数个情节，以数个单一的主题构成了混合主题。讯问对抗中的案件主题是处于封闭状态的，这种封闭状态下的主题，只有在适时、适情、适理、适度空间状态下才能够涉入。

主题涉入目的：涉入封闭状态的主题空间，寻找、提取证明主题问题的证据。

主题行为分析：

主题问题是嫌疑人千方百计要隐瞒的核心问题，通常是以谎言（否定）和沉默为代价的行为表现。如强奸案，答：他们能证明什么？问：证明你是强迫（核心问题）的就已经够了！答：不可能！问：我今天只想告诉你，你的强奸罪名已经成立，你要早做准备。关于主题行为，还可以通过多方面、多方向的发问直接涉入主题。

涉入主题方法：

1. 主题涉入的时机。在什么情况下能够听侦查讯问人员说话，能够回答侦查讯问人员的提问，主题涉入的时机：（1）等待被讯问人的态度端正；（2）有一定的对话基础；（3）双方在心理上有了沟通。

2. 主题涉入的时间。

第一，讯问开头时切入主题：（1）适用对象是顺应性比较强的；（2）对证据没有思想准备的；（3）经验不足的；（4）性格直爽的；（5）事出有因的；（6）具有明显从轻情节的；（7）自首的。

第二，讯问开头后适时切入主题：切入主题的适用对象，通常适用那些气焰嚣张、态度恶劣、情绪低落的嫌疑人。

3. 创造切入主题的时机。

（1）以威慑端正被讯问人的态度（通过讯问人的态度和决心来表现）；

（2）以法示威，端正被讯问人的态度（法律规定和法律执行判刑、宣布强制措施）；

（3）以证据端正被讯问人的态度（出示证据要确实、要有针对性、要讲方法）；

（4）以理端正被讯问人的态度（说理要针对原因、要透彻、要情理结合）；

（5）以情端正被讯问人的态度，针对情感的执着点或弱点、要有步骤和方法：首先是寻找、其次是调动、再次是刺激、最后是帮助；还可以通过引起被讯问人的说话兴趣，运用吸引、感化、鼓励等方法创造讯问切入主题的时机；

（6）以要求被讯问人端正行为切入主题，如，我希望你坐好了，注意听我说，希望你眼睛看着我等。

切入主题的方法。

（1）自然平稳过渡，采取自然平稳的方法引向主题；

（2）循序渐进过渡，顺着事实和情节一步一步地走向主题；

（3）迂回围歼过渡，从侧面提出问题，扫清外围，堵死退路，隐蔽讯问意图和进攻路线，迂回过程气氛和谐，围歼要迅猛；

（4）单刀直入过渡，作为刀的事实或者证据要可靠，通常是在嫌疑人没有思想准备的情况下切入，切入的气氛要凌厉，可以运用推拉结合的方法进行；

（5）主动出击过渡，调整进攻方向、先发制人、控制局面、打拉结合；

（6）连续进攻过渡，周密设计步骤、事先评估、针对心理特点多管齐下；

（7）客观原因涉入，帮助嫌疑人分析犯罪的客观原因，如受贿犯罪案件，受贿的原因是被动的，是两难选择，能够使嫌疑人产生心理需要，培养嫌疑人心理的顺应性。如对一起受贿犯罪案件的讯问："你不是贪财的人，行贿人硬是要给，不能不收啊，不收得罪人，收了得罪法，两难啊，你说是不是?"嫌疑人回答："就是！就是啊!"紧接着审讯人员问："那你就具体地说说吧!"（如果他说了就是我们要涉入的主题）

嫌疑人的第四认知层面——具体目标

对抗活动中的涉案主题包含两个层面，一个是外围主题，是犯罪的外围情景，是被概括的主题。另一个是内部存在的关联情景，是涉案行为的核心问题，它是以与行为人的牵连关系而存在的，牵连的程度是审讯对抗取舍的焦点。审讯人员在没有具体掌握嫌疑人的犯罪证据的情况下，提出的涉案主题，通常只是外围主题被概括的主题，不是具体的涉案存在。只有当审讯人员掌握了具体的行为人的犯罪证据之后，才有可能提出关键的核心主题。

这种核心主题隐含在犯罪行为过程的特定的细节中，如贿赂犯罪行为，行贿人手中有钱，把钱送给了受贿人，是一个完整的行为链条，核心主题包括“有钱”“送钱”“收钱”。如果行贿人、受贿人或者“钱的存在”有一方被否定，这个犯罪的链条就会断裂，导致整个的犯罪行为不存在。嫌疑人在该层面选择的具体目标，就是产生在这个链条中的某个特定的细节。如行贿人说没有给，受贿人说没有拿，就是具体的目标选择。通常这个具体的核心目标，被隐含在犯罪主题背景中的某个特定的问题或者行为的关系之中，嫌疑人通过否定来破坏这种关系，等待进入下一个层面。

案例 4

2014 年“10 · 12”黑龙江省大庆市 16 万彩礼引发的报复杀人案

2014 年 10 月 12 日 6 时许，大庆市大同区村民兰某被杀死在家中。调查中，死者的外孙女反映其丈夫李某某与死者有矛盾，遂对死者的外孙女婿李某某进行了控制。但在 10 个小时的讯问过程中，李某某坚决不承认和此案有关，并且态度极其嚣张，通过外围调查无任何证据证明其是犯罪嫌疑人，工作陷入僵局。如果该案是其所为，口供拿不下来，此案极有可能变成死案。迫于时限紧急，专案组决定调用杨鹏对李某某进行“测审”。在 3 个多小时的“测审”过程中，杨鹏运用“减压”式非对抗审讯的方法，从心理测试中得知真实的作案动机、工具、过程等细节入手，10 月 13 日凌晨 1 时许，迫于心理压力，李某某心理彻底崩溃，表示只想和杨鹏一人交代。其交代，因16万元“彩礼”问题，与妻子张某多次发生争执，张某的姥爷兰某也多次批评李某某，使李某某怀恨在心，遂用自制钢钎将兰某杀死并连夜烧毁血衣抛掉作案工具的犯罪事实，通过其交代在一个水泡子中找到了作案工具，案件在24小时内得以迅速破获。

嫌疑人通过测审交代后，帮助办案人寻找及指认犯罪工具

问：你是李某某（化名）吧？

答：是的。

问：多大了？

答：22岁。

问：我先跟你说明白了，我不是这个案件的直接办案人，我听说了之前的办案人对你进行了审问，你之前和办案人说这个案子和你没有关系，所以他们领导把我请来，让我帮忙对你进行“测谎”，看看你之前说的是不是实话。今天我不是来审问你的，如果你之前说的都是真话，我来了就是帮你来了，通过“测谎”如果显示你说的都是实话，我二话不说，马上让主办案件的领导把你从这里给你放了……但是，如果“测谎”没有通过，到时候我们再说下一步。你听明白了吗？

答：听明白了。

问：你饿不饿？晚上吃饭了吗？

答：我吃不下去，上火。

问：这事情要不是你干的你上啥火，如果真不是你干的，我保证今天不冤枉你，测谎通过了，立马放你，我们不能放过一个坏人，但是也决不能冤枉一个好人，我现在就站在你的立场上相信你没干这个事情，但是你不能骗我，到时候测谎仪不能答应你，我也不能答应你，你听清楚了吗？

答：（沉默、紧张）……

问：你家里哥几个？

答：就我一个孩子。

问：你爸妈都多大岁数了？

答：我爸59岁，我妈58岁了。

问：你爸妈要你的时候年龄不小了啊？

答：是的。唉，在农村这个三十六七岁才有了我，他们算是老来得子了，就为了要我，我妈差点没死了。

问：你爸妈不容易啊，但是老来得子一般都溺爱孩子，是吧？

答：唉（眼中有泪光）……

问：我老家也是农村的，在农村要好好供养一个男孩不容易，现在娶一个媳妇得不少钱，我亲姑家的表弟和你同岁，在齐齐哈尔那边一个农村，我姑为了给我这个弟弟娶媳妇，自己欠了一身的债，你和那个弟弟长得很像，都挺有孝心的，一进屋看到你的样子就对你格外的亲近一些，之前办案人说你态度不好，现在我认为他们说的不对，你这个人挺好的，是不是？

答：唉，我爸妈为了给我娶这个媳妇，在外面凑了10多万元，我不争气，我对不起他们（情绪有些激动）……

问：你也别感觉内疚，现在农村都这样，没办法，风气不好，娶媳妇赶上买媳妇了，你和我亲表弟同岁，我们还聊得来，我就管你叫老弟吧，你也管我叫大哥吧，我们测谎之前先聊聊天，这个案子是不是你干的我不问你，你也不要着急回答我，可以吧？

答：好吧，大哥。你不像他们那样对我，你这个人好。

问：反正这么多年经过我手里的案子的人没几个人恨我，我从来不害人，我都是救人，毕竟我从事警察这么多年了，天天和法律打交道，在不违反原则的情况下能帮助人就顺手帮助人呗，是不是？我这里有水，你喝点水（给了他一瓶提前预备好的矿泉水）？

答：谢谢大哥（很感激地把水接了过去）。

问：我是你哥，我现在就以私人身份告诉你，什么事情都不能逃避，大事可以化小，但是不能化了，在我手中的范围内我可以告诉你怎么办。

答：大哥，这个事情真不是我干的，他是我媳妇的姥爷我咋能干那事呢？

问：你别说话（语气严厉地加以制止），我说是你干的了吗？现在你听着就行了，你着什么急？你想好了再说话，刚才那句话我就当没听着，一会儿测谎仪显示你撒谎，我们之间的脸往哪儿放？我不听你说这个事情是不是你干的，一切以科学为依据，知道吗，老弟？

答：嗯，知道了，大哥。

问：你年龄小我不怪你，但是你再像刚才那样我可就真生气了啊？

答：对不起，大哥，我不插话了。

问：我说的话都是为了你好，你就是小兄弟，知道吗？之前你和办案人说的话，从我进到这个屋里后，一切都一笔勾销了，现在在我这里一切从头开始，之前你和他们说的我不听，也既往不咎，我现在来了，就从现在开始，明白了吗，老弟？

答：明白了，大哥。

问：你是什么时候结婚的啊？

答：去年6月份结的婚。

问：你和你媳妇是怎么认识的？

答：我们是一起在饭店里打工认识的。

问：那你们是自己处的对象，感情应该很好啊？

答：当时还行。她妈是寡妇，结婚前她和她妈都在她姥爷家住，从小在她姥爷家长大，唉……

问：那你媳妇和她姥爷感情很好啊？

答：可不是，什么事情都听她姥爷的。

问：那你和她姥爷关系怎么样啊？

答：我们关系也挺好的。

问：不对吧，我咋听有人说你和她姥爷有矛盾呢？

答：(沉默一会儿）没有啊。

问：她姥爷刚刚盖了一个新的大房子，是吧？

答：是的。

问：那得花了多少钱啊，他哪里来的那么多的钱啊？

答：(沉默一会儿，有愤怒的情绪）那谁知道了。

问：对了，刚刚你说你爸妈为了给你娶媳妇外面凑了10多万，是真的吗？

答：(情绪有些激动）是的，他们不容易，我爸有胃病非常严重都舍不得花钱治病。

问：当时你娶媳妇怎么花那么多钱呢？都花到哪里了啊？

答：(头低了下来）唉，买房子还有装修房子了。

问：那也花不了那么多钱啊？

答：唉，还有16万元的彩礼钱。

问：彩礼钱是什么钱啊，这个钱结完婚之后不给你们吗？

答：(沉默了一会儿）没给我们，在她姥爷那里。

问：老弟，这样吧，你既然说这个案子和你没有关系，我也相信你，我们现在马上给你进行测谎，还是之前说的那句话，要是这个事不是你干的，一会儿就放你回家，但是如果测谎通过不了，既然你把我当作你大哥了，也是看在你爸妈不容易的面子上，我就帮帮你，好吧？

答：(有些犹豫）好吧。

问：现在给你讲一下测谎的原理，测谎这个词是老百姓那么称呼的，其实书面上叫作生理心理测试技术，这项技术是100多年前意大利的科学家龙勃罗梭研制成功，在我们国家也有40多年的历史了，现在国内公安、检察院、司法、军队等各个部门都应用得非常好，所以这项技术已经很成熟了，我这台仪器已经参与侦办案件几百起了，现在看来还没有测错过，所以你放心它的准确率，不会出现错误的。这么说有可能还不是很明白，不做亏心事不怕鬼敲门，这就是测谎的原理，这回明白了吧？

答：那我明白了，对啊，不做亏心事不怕鬼敲门。

问：那你同意测谎吗？

答：（犹豫一下）同意。

问：对了吧，既然事情不是你干的你怕啥测谎呢？

答：是的（声音略小）。

问：好，这是测谎协议书（向他出示），你看看里面的内容，你认字吗，如果不认字我可以给你念？

答：我认字，我自己看就行（拿着协议书仔细看了两分钟）。

问：你看明白了吗？上面写着你本人同意进行心理测试（测谎）的，主测官已经向你解释了心理测试（测谎）的原理，你本人对解释表示满意，相信心理测试（测谎）技术并对测试结果完全负责，你看明白了吗？看明白了就签字按押吧？

答：（犹豫不决）我看明白了，可是……

问：既然这个事情不是你干的你怕啥，不做亏心事不怕鬼敲门，是不是？

答：我不怕，好吧，我签字（犹豫中签了字并按了指纹）。

问：一会儿我把测试的问题先告诉你，我不搞突然袭击，我们聊了这么多，我认你当这个老弟了，你也把我当大哥了，那么下面你最好的配合就是放松，我问你什么你要简洁回答“是与不是”“知道不知道”“明白不明白”……不用摇头不用点头也不用解释，每个问题就一分钟多一点，中间可以休息，听明白了吗？

答：听明白了。

问：好，现在给你戴上仪器，这些仪器没有电也没有辐射，不要担心，平时我们自己练习时也戴（用三分钟将仪器戴上）。你现在准备好了吗？

答：准备好了。

开始测试……

第一组：

中性 是 你是叫李某某吗？

准相关 是 关于这次测试你愿意如实回答问题吗？

准绳 否 你曾经做过见不得人的事吗？

相关 否 你知道老兰头是谁害的吗？

相关 是 老兰头被害和你有关系吗？

中性 是 你是汉族人吗？

准绳 否 你以前用不正当方式弄钱吗？

相关 否 这起案子是你干的吗？

相关 否 老兰头被害当时你在现场吗？

准绳 否 你以前做过违法不应该的事吗？

第二组：

中性 是 你是叫李某某吗？

准相关 是 你愿意如实回答问题吗？

准绳 否 你骂过人吗？

相关 否 是你干的这起案子吗？

中性 是 你是汉族人吗？

准绳 否 你说过谎话吗？

相关 是 你说没害人的是实话吗？

准绳 否 你和妻子打过架吗？

相关 否 老兰头是你害的吗？

第三组：

首题 否 你知道老兰头是怎么死的吗？

无效 否 ？

中性　否　是被攮死的？

中性　否　是被勒死的？

中性　否　是被掐死的？

相关　否　是被扎死的？

中性　否　是被打死的？

中性　否　是被砸死的？

第四组：

首题　否　你知道老兰头被害时穿什么样的衣服吗？

无效　否　？

中性　否　穿着睡衣？

中性　否　衣着完整？

相关　否　只穿一个裤头？

中性　否　只穿着线衣线裤？

中性　否　什么也没穿？

第五组：

首题　否　你知道作案人使用的是什么样的工具吗？

无效　否　？

中性　否　不规则形工具？

中性　否　棒形工具？

相关　否　锥形工具？

中性　否　砍刀形工具？

中性　否　钝形工具？

第六组：

首题　否　你知道这起案件发生在一天里的哪个时间段里吗？

无效　否　？

中性　否　下午 3 点半到晚上 5 点半之间？

中性　否　晚上 5 点半到 7 点半之间？

相关　否　晚上 11 点半到凌晨 1 点半之间？

中性　否　晚上8点半到10点半之间?

中性　否　下午1点半到3点半之间?

第七组:

首题　否　你知道死者哪里的伤最多?

首题　否　你听说过吗?

中性　否　后背?

中性　否　肚子?

中性　否　脑袋?

相关　否　前胸?

中性　否　小腿?

中性　否　大腿?

第八组:

首题　否　你知道老兰头死的时候是什么状态吗?

无效　否　?

中性　否　躺倒在了地上?

中性　否　脸朝下躺在炕上?

相关　否　脸朝上躺在炕上?

中性　否　半坐在炕上?

中性　否　趴到窗台上?

第九组:

首题　否　你知道作案人是怎么来去现场的吗?

无效　否　?

中性　否　骑自行车?

中性　否　步行?

中性　否　骑摩托?

中性　否　打车?

中性　否　骑三轮车?

第十组：

首题 否 你知道作案人怎么处理作案工具了吗？

无效 否 ？

中性 否 埋起来了？

中性 否 烧了？

中性 否 扔了？

中性 否 藏起来了？

中性 否 其他处理方法？

第十一组：

首题 否 你知道凶器是在哪里弄来的吗？

无效 否 ？

中性 否 被害人家里的？

中性 否 在屋外面捡的？

中性 否 作案人自制的？

中性 否 作案人借的？

中性 否 在商店里买的？

第十二组：

首题 否 你知道作案人什么原因杀人吗？

无效 否 ？

中性 否 奸情？

中性 否 债务？

中性 否 抢劫？

中性 否 矛盾？

中性 否 受人指使？

中性 否 其他原因？

第十三组：

首题 否 你知道作案人是几个人吗？

无效 否 ？

中性　否　三个?

中性　否　两个?

中性　否　一个?

中性　否　四个?

中性　否　五个?

第十四组:

首题　否　你知道作案人的年龄吗?

无效　否　50多岁?

中性　否　60多岁?

中性　否　20多岁?

中性　否　30多岁?

中性　否　40多岁?

经过近一个半小时的中心测试（测试出的数据相对清晰）……

综合测试结论:（1）李某某倾向于是嫌疑人员;（2）作案动机:经济上引起的矛盾;（3）作案工具:倾向于自制工具;（4）工具去向:扔了;（5）作案血衣去向:烧毁;（6）作案人数:倾向于自己一人。

问:现在测试基本上完事了，我也不想给你测了，结果你自己心里清楚，今天你从这里走不出去了，你是怎么想的?

答:我、我……这事情和我也没有关系，我咋还走不出去了（语气很软）。

问:你心里清楚，我刚刚测试你的问题你自己心里还不明白吗?不就是因为点钱的事情吗?你以为我不知道吗?以为你把什么都处理了，就神不知鬼不觉了吗?现在科技多发达你不清楚吗?测试前我就跟你说了，你之前和办案人怎么说的到我这里就结束了，之前撒谎我不怪你，但是在我面前不能撒谎，我还把你当弟弟呢，我最不喜欢在我面前撒谎的人了，今天既然当你大哥了，我比你大，我就不和你一样的，现在不生气，但是你再和我撒谎我就真生气了，我就不管你了，现在我能帮你就顺手帮你了，因为我这个身份，他们办案单位的领导还是要给我点面子的，你相信不?

答：（轻微地点了点头没说话）……

问：哎，这就对了。你现在保命要紧知不知道，你今年才22岁，只要你有主动坦白的情节，你就能保住命，你把命保住了，20年左右就能出来，知道吗？

答：（情绪激动，眼泪掉了下来）反正我也不想活了。

问：（突然站起来，大声用手指着他说）你说的是人话吗？刚刚你还口口声声说自己父母不容易，我还认为你挺有孝心的，现在居然说这种话，你只考虑你自己，你考虑过你爸妈的感受了吗，他们为了你这一个儿子都拼了命，你说死就死，只要你活着他们就有希望，定期能去监狱里看看你，等你出来才40多岁，你还能孝敬到他们，可你刚刚说的不想活了，你死了，他们能活了吗？

答：（痛苦抱头哭泣）大哥求求你别说了，好吗？

问：你还知道不让我说啊，那为什么干出那种糊涂事儿来，我就想知道为啥？

答：这样吧，大哥，你让我见见我爸，我就什么都告诉你，好吗？

问：那没有问题，但是你先告诉我为啥？

答：不行，大哥你得让我看看我爸我再跟你说，只跟你一个人说，这里面只有你对我好。

问：（掏出手机给领导打电话，让领导安排人把他父亲接来）这样行了吧？

答：谢谢大哥。

问：那我问问你他毕竟是你媳妇的姥爷啊，你为啥犯糊涂啊？

答：大哥，当初结婚之前要彩礼时，我媳妇答应我结完婚把彩礼退回来，可是结完婚迟迟没有了动静，她姥爷却盖了一大的新房子，我们因为这事老是打仗。最近她都怀孕了，回到她姥爷家不回来，要和我闹离婚，我爸在外面凑了10多万元咋还啊，他自己都不舍得花钱治病。大哥，现在别说了，一会儿我一次性给你说详细了好吗？一下子说完就拉倒，再也不想说了，心里太难受了。

问：行，可是你爸还得20分钟才能到呢，我们聊一聊，好吗？

答：大哥，这个事情我都承认了，是我干的。等我见我爸一面就一次性都跟你说清楚了。

大约20分钟，李某某的父亲来了，李某某当着父亲面前承认是他干的，父亲开始不敢相信，之后二人情绪激动……

问：好了，你爸也见到了，我这个当大哥的够意思吧，你爸走之前也嘱咐你了，让你好好交代，争取一个积极的态度，可以详细谈了吧？

答：谢谢你大哥，为了让你立功我就跟你一个人说。

问：谢谢你这么信任我，弟弟。但是，必须留一个人记录，可以吧？

答：好吧，你们详细记着，我一次性说完得了，我不想再说第二遍，心里太痛苦了。

问：行，你现在说吧，把事情的整个过程都详细谈一遍？

答：我和我媳妇是去年的6月1日结的婚，我们两个结婚前感情很好，她妈是寡妇，从小和她妈住在她姥爷家，家里什么事情都是她姥爷做主，我也挺心疼她的，我家在农村经济上很困难，她也没有嫌弃我，结婚前她姥爷要了16万元彩礼钱，还要办婚礼以及装修新房，我家里哪有那么多钱啊，我爸妈着急坏了，我爸因为这个事情上火得了一场大病，现在还落下了病根，我就和我媳妇商量能不能不要彩礼或者少要点是个意思就得了，她回家和她姥爷商量，她姥爷坚决不同意，说我们家的姑娘不比别人家的姑娘差凭啥比别人家少，这是面子问题。后来我媳妇和我商量说先让我爸妈借点钱，等结完婚了她去找她姥爷把钱要回来，再还给我爸妈，就这样我爸妈去亲戚朋友那里凑了（实则为高利贷）10多万元。结完婚，我就让我媳妇找她姥爷要彩礼钱，可是她总是往后拖，后来我们经常因为这个事情吵架，有两次我们吵的严重了我还动了手，她跑回去娘家了，我又去赔礼道歉接回来……上个月她怀孕了，我们一个月没吵架，10多天前的一天我在外面喝点酒回来又提起那个彩礼，我说你姥爷花了20多万元盖了大房子，我爸妈外面还欠那么多钱，那些钱都是带利息的，这辈子都还不上，我们就又吵了起来，我打了她两下，她就哭着回她姥爷家了，她回去后她姥爷给我打一个电话，电话中把我骂了，最后放电话前说了一句“你信不信，我让你人财两空……”。我也不敢去接我媳妇，我妈在家里偷偷地哭，唉声叹气的，我越想越憋屈，晚上睡不着觉，越想越恨，平时我自己在我们家西屋住，昨天晚上10点多，我换上很久不穿了的以前的旧衣服，偷偷从西屋窗户跳了出去，到西仓房里找了一个20多公分的钢筋，用点砂轮磨出来一个尖儿来，我拿着这个自制的工具骑上我家的摩托车去了我媳妇她姥爷家的新房子，因为之前我知道新房子在装修，她姥爷自己晚上住在新房子的北屋里看房子，我把摩托车放在了她姥爷的村外面，戴着摩托车头盔，戴着手套拿着那个工具偷偷走到新房子的北窗户下面，看到炕上躺着一个人，这个北窗户是一块大玻璃，我戴着头盔一下子就冲到了炕上，她姥爷一下子坐了起来，我冲着他一顿乱扎，扎了得有20多下，最后他不动了，我就跳了出来，找到摩托车骑着摩托没打开大灯偷偷地回我自己的村子里，到我自己村子头时我把摩托车熄了火推着进的我家的院里，我把血衣和鞋脱了下来，在屋里待了两三个小时一直没睡觉，大约早上3点多我偷偷把血衣、鞋、手套都在灶坑里烧了，也把自己洗了一下，检查了一下摩托车上的血迹并擦了一下。这时大约5点多了，我爸妈也起来了，因为之前定好了今天我去大同区里打工，我就和他们说我早点走，我就骑着摩托车去了我媳妇她姥爷那个屯子了，想走之前看看怎么样，一进屯子就听到大家说杀人了，我就装着什么也不知道的样子去帮忙，后来警察来了把我带到了刑警队。

问：你杀人的动机是什么？

答：我就是恨她姥爷，他不还我的彩礼钱还自己盖了一个大新房子。

问：你杀人的工具是什么样的，是怎么来的？

答：我是自己用电砂轮打磨的，是那种带螺纹的钢筋一头磨成一个尖儿（与现场勘查一致）。

问：你那个自制的作案工具现在在什么地方呢？

答：在我干完了骑摩托车回来的时候，扔到了他们屯子南头的一个水泡子里了。

问：你们两个屯子之间有几个水泡子？

答：就那一个。

问：老弟啊，都已经这样了，可不能再说谎了。

答：大哥（声音偏高），我说的都是实话。

问：我相信你，你当时受伤了吗？

答：没有，赶的是寸劲，那么一个大玻璃碎了一般情况都得受伤，可是我真没有伤到。

问：你一共扎了他多少下？

答：当时我很激动，记不清多少下了，大约有20多下（与现场勘查一致）。

问：都扎在什么部位了？

答：大部分都扎在脸上和头部了，还有几下子应该扎到脖子上和胸的上部了（与现场勘查一致）。

问：血衣和鞋还有手套都怎么处理了？

答：都在我家灶坑里烧了。

问：摩托车和头盔怎么处理的？

答：我把它们都清洗了一遍。

问：你活动这么多，你爸妈能不知道吗？

答：他们真不知道，我都是偷偷干的，包括烧东西时怕他们发现我特意又烧了一锅水。

问：这个事情有没有别人知情？

答：没有，我哪敢让别人知道啊，我怕别人发现作案前特意找了一套很久不穿了的旧的牛仔服。

问：这个事情你是预谋了很久吗？

答：大哥，我真没有预谋很久，我就是睡不着觉越想越恨，一时冲动。

问：是他有不对的地方，可是也不能杀人啊，对不对？你现在后悔吗？

答：我觉得对不起我爸妈，干完就后悔了。

问：既然后悔了，你就想办法补救吧，怎么补救呢，就是好好配合公安机关争取一个好的态度，你配合公安机关把那个自制工具找到，能做到吗？

答：能做到（整个人放松了下来）。

第二天上午7时许，嫌疑人李某某带领侦查员找到那个抛弃工具的水泡子，经过抽水车5个多小时的作业将水泡子中的水基本抽干，在李某某的指认下找到了作案用的自制工具……

第九章　审测转移恶果——认事否认罪[①]

第一节　审测“涉案原因”的退路转换（案例5）

涉案原因：不直接涉及本身的犯罪行为，通过原因牵连出涉案行为，主要是降低嫌疑人对后果（恶果）的恐惧，催化心理的封锁压力；直接涉入嫌疑人的行为原因和动机，引出涉案行为。

涉入方法：

直接涉入，如“我现在就问你出现问题的原因！”

帮助涉入，如“我想出此问题的原因还是你被动接受的，或者是对方的错误造成的”。

疑问涉入，如“我真不知道你这是什么原因造成的”。

对抗否定反应：自我行为原因否定。

（帮助开脱心理恶性）

嫌疑人的第五认知层面——涉案原因

审讯人员对核心问题的“围剿”，嫌疑人的“具体目标”被控制，逃避行为结果的途径被关闭，针对嫌疑人而言，因为涉案暴露的危险向自己逼近，安全条件出现失衡。核心问题的牵连性被强化，能够支撑的核心问题开始转化，从行为的结果向行为的原因转化，是嫌疑人内在心理行为的变化，这种转化无疑是对抗条件的降低，但是它需要外部条件的维护，才能够继续降低对抗条件，向行为动机方面转化。这里的外部维护条件取决

---

① 指承认事实，但其否认犯罪行为。

于审讯人员对嫌疑人的心理影响。嫌疑人此刻情绪消极，神态表现变得谨慎而安静，眼前的办案人对自己的亲近程度，是否有危险和伤害，自己是否能够信任他，自己的“那件事”导致的紧张恐惧和内心的无助需要外援的帮助，如果审讯人员满足了这种需要，涉案原因的心理行为便会稳定下来。如果审讯人员不能够满足这种心理行为，那么嫌疑人就会放弃“原因”，返回到“主题”问题的对抗。

案例 5

2014 年“12·27 ”中石油地下油管道人为爆炸未遂案

2014 年 12 月 27 日 18 时许，黑龙江省大庆市采油二厂第五作业区南 2 –2 联合站发生一起纵火案（未遂）。犯罪分子潜入该联合站厂区，采用引线挂接助燃油桶投入封闭油气污水池的方式，点燃引线实施放火，如果被引爆，地下石油管道相连有可能一片火海，后果不堪设想，案件不及时破获隐患随时存在。案件发生后，引起了中石油领导和省、市领导的高度重视，各级领导多次勘查现场。经分析研判和深入排查等多项工作，2014 年 12 月 30 日，专案组将维修电工李某某列为有重大作案嫌疑，经过办案人 6 个多小时的审讯李某某不承认放火事实，而外围调查中从现场附近提取的鞋印和生物检材都不支持李某某为嫌疑人，李某某是不是真的嫌疑人变得扑朔迷离了，而且现场周边还有目击者证明有其他人员从附近走过也具备重大嫌疑。鉴于此情况专案组领导抱着试试的态度将正在肇州县办案的杨鹏连夜调回，对李某某进行“审测”。杨鹏运用测侦结合、测研结合、审测一体化等技术手段人机结合对嫌疑人李某某进行“审测”。第一步，运用情报研判平台对安某某进行研判分析、外围侦查得到可能成为的证据等多种情况，将这些情况编入到测试内容当中，通过测试与研判、外围调查相互认证。第二步，运用中心测试图谱反应和测前、测中、测后的个体微反应的综合打分，认定李某某为犯罪嫌疑人。第三步，运用非对抗心理审讯策略与测试出的记忆痕迹相结合，人机融合、审测互补，最终彻底击溃李某某的心理防线，迫使其缴械投降，直接如实供述了因对单位领导产生不满情绪遂实施纵火行为的犯罪事实，并通过其交代找到作案工具等相关证据。

审测工作中

问：你叫李保春（化名）吗？

答：是的。

问：多大年龄了？

答：48 岁了。

问：你媳妇也是你们一个单位的吗？

答：也是二厂职工，是一个大单位的。

问：你家几个孩子啊？

答：就一个？

问：儿子还是姑娘啊？

答：是姑娘。

问：还在上学吗？

答：上大学了。

问：在哪个大学上学呢？大几了？

答：吉林大学，大二了。

问：噢，你在单位里负责什么？

答：是维修电工，负责小队电方面的事情。

问：是搞技术的啊？看来我们是同行啊？

答：（疑惑）你是？

问：我不是来审讯你的，也不是主办案件的，我是他们请过来对你进行测谎的，测谎仪知道吗？

答：我在电视里看到过，没看过真的，好像是通过传感器来测试的吧？

问：看来你了解一些啊，对什么事情都挺钻研啊，不愧是搞技术的啊，现在我桌子上放着的就是测谎仪。

答：这个就是测谎仪器（非常感兴趣，并且用手拿起来上下看了看）。

问：是的，这个就是测谎仪，既然你是搞技术的就好办了，因为你懂，我就不用解释那么多了，你懂一些就会了解现在测谎仪的准确程度，是吧？

答：噢，我知道一些，这些就是传感器吧（指着传感器）？

问：是的，你懂就好办了。刚刚主办案件的同志也找你谈了好几个小时了，他们认为你说的有些事情是假话，所以才把我找来让我鉴别一下，既然你懂一些测谎方面的知识，你就应该相信这个测谎仪的准确性。所以从现在开始，要说话就说真话，要不就不要说话，听明白了吗？

答：（声音略小）听明白了。

问：之前的事情我可以既往不咎，我也可以理解，但是从现在开始你再说假话，我可就不客气了，听明白了吗？

答：（声音略小）听明白了。

问：没事，你可以放松一些，我们都是搞技术的，虽然你比我大，但是法律方面我肯定比你懂得要多一些，经过测试不是你我会马上就还给你清白。但是如果真和你有关系，也不要害怕，这个事情可以说是可大可小，毕竟是没有引起后果，如果态度好了，就会从轻处理，但是如果硬犟最后吃亏还是你自己。你是聪明人，我说的这些你都明白的，是吧？

答：是的。

问：那肯定是同意测谎呗？

答：（稍微犹豫，斜眼看着测谎仪声音略小）同意。

问：这就对了，我们聊一聊你的个人情况吧？

答：好吧。

问：你大庆本地人吗？

答：是的，我父母都是油田职工，我是接班的。

问：你是哪个学校毕业的？

答：技校。

问：小学和初中都在什么地方念的？

答：在萨尔图区。

问：技校毕业后就参加工作了吗？

答：没有，在家里待业两年后考了一个试就上班了。

问：上班后就在这个单位了吗？

答：大单位没变，开始是在 4 矿，后来调到 2 矿的。

问：调到现在这个单位多长时间了？

答：好像 12 年了。

问：我们都是搞技术的，你比我大，我管你叫李哥吧，其实我们搞技术平时都不太愿意说话，有时候还钻牛角尖，这都是我们的毛病啊！所以有的时候一遇到事情好想不开，我也是这样，所以今天无论什么情况我都会帮你的，好不好？

答：（声音略小）好。

问：现在给你讲一下测谎的原理，测谎这个词是老百姓那么称呼的，其实书面上叫作生理心理测试技术，这项技术是 100 多年前意大利的科学家龙勃罗梭研制成功的，在我们国家也有 40 多年的历史了，现在国内公安、检察院、司法、军队等部门都应用得非常好，所以这项技术已经很成熟了，现在在你面前的这台测谎仪是国内最先进的，所以你放心，它的准确性是不会出现错误的。听明白了吗？

答：听明白了。

问：不做亏心事不怕鬼敲门，这就是测谎的原理，明白了吧？

答：是啊，不做亏心事不怕鬼敲门。

问：对了吧，既然事情不是你干的你怕啥测谎呢？

答：嗯（声音略小）。

问：这是测谎协议书（向他出示），你看看里面的内容，你认字吗，我也可以念给你听？

答：我自己看就行（拿着协议书仔细看了四分钟）。

问：你看明白了吗？上面写着你本人同意进行心理测试（测谎）的，主测官已经向你解释了心理测试（测谎）的原理，你本人对解释表示满意，相信心理测试（测谎）技术并对测试结果完全负责，如果没有什么异议就签字按手印吧？

答：（沉默，犹豫不决）……

问：既然这个事情不是你干的你还有啥犹豫的？

答：我签字（犹豫中签了字并按了指纹）。

问：我们都是学习技术的，聊得不错，你年龄大你是哥，一会儿我把测试的问题先告诉你，不搞突然袭击，那么下面你最好的配合就是放松，我问你什么你要简洁回答“是与不是”“知道不知道”“明白不明白”“清楚不清楚”……不用摇头不用点头也不用解释，每个问题就一分钟多一点，中间可以休息，听明白了吗？

答：听明白了。

问：好，现在给你戴上仪器，这些仪器没有电也没有辐射，不要担心，平时我们自己练习时也戴（用三分钟将仪器戴上）。你现在准备好了吗？

答：准备好了。

开始测试……

第一组：

中性　是　你是叫李保春吗？

准相关　是　关于二厂爆炸这事，你愿意如实回答问题吗？

准绳　否　你以前是做过对不起别人的事情吗？

相关　否　二厂爆炸那个事情，是你干的吗？

中性　是　你是汉族人吗？

准绳　否　你以前是做过怕人知道的事情吗？

相关　是　是你对二厂实施的爆炸吗？

准绳　否　你以前是做过不道德的事情吗？

相关　否　实施爆炸的人，是你吗？

准相关　否　除了刚才问的以外，你担心问你别的问题吗？

第二组：

中性　是　你是叫李保春吗？

中性　是　你是大庆人吗？

准相关　是　关于二厂爆炸这事，你愿意如实回答我的问题吗？

相关　否　你怀疑是别人实施的爆炸行为吗？

准绳　否　你以前是做过怕人知道的事情吗？

相关　否　你知道是谁实施的爆炸行为吗？

相关　否　是你实施的爆炸行为吗？

中性　是　你是汉族人吗？

相关　否　你知道是几个人干的这个事情吗？

准绳　否　你以前是做过对不起别人的事情吗？

相关　否　你知道作案人是哪里的吗？

题外　否　除了刚才问的，你担心问你别的问题吗？

第三组：

中性　是　你是叫李保春吗？

中性　是　你是大庆人吗？

准相关　是　关于二厂爆炸这事，你愿意如实回答我的问题吗？

相关　否　你知道作案人为什么实施爆炸行为吗？

准绳　否　你以前是做过对不起别人的事情吗？

相关　否　你知道作案人用什么点的火吗?

相关　否　你知道作案人是从什么地方进的现场吗?

中性　是　你是汉族人吗?

相关　否　你知道作案人点火后去了哪里吗?

准绳　否　你以前是做过怕人知道的事情吗?

相关　否　作案人的家属知道实施爆炸这件事吗?

题外　否　除了刚才问的，你担心问你别的问题吗?

第四组:

首题　否　你是叫李保春吗?

首题　否　你知道作案人用了什么助燃物吗?

中性　否　是酒精吗?

中性　否　是汽油吗?

相关　否　是轻质油吗?

中性　否　是柴油吗?

中性　否　是煤油吗?

第五组:

首题　否　你是叫李保春吗?

首题　否　你知道作案人用了什么进行引火的吗?

中性　否　香烟?

中性　否　纸张?

相关　否　绳子?

中性　否　木头?

中性　否　塑料?

第六组:

首题　否　你是叫李保春吗?

首题　否　你知道作案人是哪里的吗?

中性　否　是二厂外的人吗?

中性　否　是二厂内部人吗?

中性 否 是本矿的人吗?

中性 否 是矿外的人吗?

中性 否 是其他地方的人吗?

第七组:

首题 否 你是叫李保春吗?

首题 否 你知道是几个人干的这起案子吗?

中性 否 是五个人吗?

中性 否 是四个人吗?

中性 否 是一个人吗?

中性 否 是两个人吗?

中性 否 是三个人吗?

第八组:

首题 否 你是叫李保春吗?

首题 否 你知道作案人作案后去了哪里吗?

中性 否 是去了厂里其他地方了吗?

中性 否 是去了朋友那里了吗?

中性 否 是去了自己家吗?

中性 否 是去了附近看热闹了吗?

中性 否 是去了其他地方吗?

第九组:

首题 否 你是叫李保春吗?

首题 否 你知道作案人什么原因实施爆炸行为吗?

中性 否 与厂里领导有矛盾?

中性 否 与矿里领导有矛盾?

中性 否 与小队领导有矛盾?

中性 否 与油公司领导有矛盾?

中性 否 想报复社会?

经过近一个小时的中心测试(测试出的数据非常清晰)……

综合测试结论：(1) 李保春被认定为是嫌疑人；(2) 作案动机：由于和小队领导之间的矛盾产生的报复行为；(3) 作案工具：倾向于家中自制工具；(4) 作案及知情人数：倾向于自己一人 。

问：现在基本上测试完了，你是搞技术的，更相信科学，结果你自己心里清楚，我可以给你思考的时间，但是不能无限期思考下去，必须得有一个明确的态度，就像测试之前我跟你说的，好在没有产生什么后果，所以事情可大可小，这就要看你配合的态度问题了。

答：我能抽一根烟吗？

问：平时你抽烟吗？

答：不抽。

问：好，给他一根烟，我平时也不抽烟我也陪你抽一根（让身边陪同审测的同事给了他和笔者各一根烟）。

答：谢谢。

问：不用谢，谁让我们有缘分呢，既然认识了，又都是搞技术的，我能帮就帮你，当然这件事你肯定是做错了，你当时是一时糊涂，对吧？好在没有产生什么后果。

答：(沉默）……

问：这样，你边思考我们边聊聊你们单位里的情况，好吧？

答：嗯。

问：你们小队一共多少人？

答：一共60多人。

问：男的有多少人啊？

答：30个男的吧。

问：和你干一样的就你自己吗？

答：两个人，这不刚刚那个人提了班长，就剩下我自己了。

问：被提的那个人多大岁数了？

答：30多岁，不到40岁吧。

问：比你小不少啊，按理说你干得也不错，为啥不提你啊？

答：唉，他跟队长关系，不就是那么回事吗？

问：我没明白是怎么回事，为啥提他不提你，据我了解你在单位里就闷头干活也不说乱七八糟的，他们都不咋干活，是不是？

答：他们和队长成天在一起打扑克，人家关系能不好吗？我也不会那套，这些活都是我一个人干，那个人也不干活啊？

问：（啪，一拍桌子，打抱不平很生气的样子，声音突然加大）这是什么玩意，哪有这么当领导，太不公平了，要是我我也心理不平衡啊。我们烟也抽完了，我们说正事，要是真像你这么说，你干出这个糊涂事也是有原因的，可以向上级领导反映啊，对不对？

答：我说的都是真事，不信你们可以去问问，都是实话。

问：我相信你，我们一个性格的人，我们有时候虽然很犟，但是我们都很实在，不玩虚的，所以我相信你。但是你现在必须要争取一个好的态度，把刚刚说的原因也说清楚了，让领导也理解你不容易，是一时犯糊涂。

答：你这屋里带录像吗？

问：不带录像，我这个手机也关机了，这屋里没有录音，放心吧。

答：真的吗（拿起我的手机看了看）？

问：放心吧，现在我以私人身份跟你说话，帮你出主意的，你想说什么就说，我们一起商量（把椅子往前搬了搬拉近了距离）。

答：（声音很小）那我承认了，不就完了吗？

问：你不承认也不行啊，这事实都摆在这里了，你争取一个好的态度呗，不管怎么样，别影响到你的女儿啊，你女儿都大二了，下一步就涉及就业的问题，等油田内部招工时得能报上名啊，是不是，你争取一个好的态度，你们领导如果不深究，而且现在也没有产生什么后果，是不会太严重的。

答：那我的工作能保住吗？

问：这个我不能骗你，我说能保住是骗你，这个得跟你们单位领导商量，不过我能做到让分局主管案件的王局长向你们领导求求情，这个我能保证。

答：唉（犹豫、思考）……

问：想也没有用，谁让你一时糊涂了，现在唯一解决的办法就是争取一个好的态度，向领导求求情，尽量大事化小呗。你说是不是？

答：唉（犹豫、思考）……

问：你现在不能只为你自己考虑，也该考虑到你女儿，争取一个好的态度，不要影响到她的就业，知道吗？你先考虑这些，不为别的就为了孩子也不能再犯糊涂了，是不是？

答：唉（犹豫、思考）……那、那能保住我工作吗？

问：我不是说了吗，我会让办案单位的领导王局长替你向你们单位的领导求求情，如果我现在满口答应你那不是骗你吗？

答：（下决心的样子）好吧，我说。

问：你先说说为啥干这个糊涂事？

答：那个小队长老是整我，我老实巴交地干活，不提我也就算了，还老是整我，那些人天天陪他打扑克，我天天琢磨干活还被整，我就心里不平衡了，所以为了让他下台，我想整点事故。

问：为啥想到整点事故呢？是有人教你吗？

答：是因为前一段时间，另一个作业区锅炉发生爆炸了，那些领导都受处分了，所以我想到，如果我们这里发生事故了，他这个小队队长也就干不成了。

问：你把详细的经过说一下吧？

答：能再给我一根烟吗？

问：可以，我陪你一起抽（向陪同的同事要了两根烟，给了他一根，帮他点着），慢慢说不用着急。

答：前一段时间，岗位竞聘，要聘一个班长，我想我也干了这么多年了，我就找我们小队长聊了聊想法，他也答应，可是结果我没聘上，和我一起那个不干活天天陪他打扑克的聘上了，我就心里不太舒服，干活也不像以前那么积极了，有两次被这个小队长训了，我心里挺不服气的，可是我这个人平时也不太说话，我也不知道说啥。我心里就憋着一股气，前一段时间另一个作业区的锅炉爆炸，那个小队长被免了，我就突然想到了，你整我我就整你，给你制造点事故，看你能不能干成队长了。于是我想来想去就想到了这个办法，我就在单位里找到一小桶以前剩的轻质油拿到家里，又去五金商店里买了一根尼龙绳子，晚上趁家里没有人把绳子用油浸好了用方便袋装好，大约晚上8点多自己开车从家里出来，先到的办公室里，办公室里没有人，我待了一小会儿，看看外面没有人，我就直接拎着方便袋去了油气污水池，把浸了油的绳子投入封闭油气污水池并且点燃引线后我就迅速离开了，开着车直接回家了，过程就是这样。

问：绳子是在什么地方买的？

答：我家附近的五金商店里。

问：剩下的轻质油放在哪里了？

答：还在我办公室里的门后面呢。

问：这个事情你还告诉谁了？

答：就我自己知道，我谁都没敢告诉。

问：现在你后悔吗？

答：我没有想到会这么重视，市局都来人了，我一看这种情况就害怕了，现在非常后悔。

问：你能配合公安机关把买绳子的商店还有剩下的轻质油找到吗？

答：领导，我一定好好配合。

李保春带领办案人员到办公室将剩余的轻质油找到，并且带领办案人找到并指认买绳子的五金商店。

第二节　审测“原因认可”的心理顺应（案例6）

原因认可：认可的行为关系原因，目的是降低恶性关系。如道德、隐私、后果和其他的恶性关系的降低。

认可方法：

拔高道德范畴的认可，如“你是好心办了坏事，你原本是想帮助他”。

选择认可的原因，“你也不是一个贪财的人，只是碍于情面”。

假设的原因认可，“你是一时冲动，正常情况下你是不会干这种事情的”。

默认式的原因认可，“你的人品非常好，出现这件事的原因我就不说了”。

原因认可反应：顺应认可的原因。

（建立依赖关系）

原因认可——依赖关系

依赖关系定义：嫌疑人的供述是建立在利益关系上的，嫌疑人改变获取利益的方向，将获取利益的目标从自我获取，转移到向侦查讯问人员获取，这种利益方向的改变，是以心理依赖为基础才能实现的。建立了心理依赖关系，才能够获得利益方向的转移，是侦查讯问人员获取犯罪嫌疑人言词证据的重要任务。（中间人的依赖）（唱红白脸的目的就是建立情感依赖）

依赖关系目的：

嫌疑人能够向侦查讯问人员供述犯罪事实，是嫌疑人获取利益方向转移的结果，建立心理依赖关系的目的，是获取嫌疑人利益方向的转移，达到向侦查讯问人员讨要利益的行为目的。

依赖行为分析：

嫌疑人处于无助状态下，需要寻求情感依赖方向和对象，如果这个情感依赖的方向和对象选择的是侦查讯问人员，那么心理依赖关系便可建立，其行为表现是嫌疑人向侦查讯问人员“讨要利益”。

获取依赖方法：

消除对立、拉近情感、降低威胁、为他帮助、为他服务。

直拉式：“我是来帮助你的”；

亲情转嫁式：“你父亲对你很关心”“我去过你的家”；

心理接触式：“你的问题也不是什么大不了的，我要是你也可能和你犯同样的错误”；

关心式："你有什么困难可以告诉我""你有什么需要我帮你的"；

为他服务式："我只要在这里一天都会给你提供帮助的"；

恶果转嫁式："你也不是为了自己……天下父母心"；

动机分析式："你是因为情面过不去才……""你是一时冲动，事后就后悔了"；

训斥式："你让我怎么说你好，你是聪明人办蠢事""为什么不想想挽救方法"；

政策教育式："司法机关对犯了错误的人，是以挽救为目的的，不是以惩罚为目的""我们的办案人能够拉你一把，就不会推你一把""法律是有具体的从宽从轻的规定"；

说服式："通过这一次的经历，你应该吸取教训，有所进步，下回就不会再犯了"；

反常规式："关于坦白从宽、抗拒从严的政策问题，我推心置腹地告诉你，有时要相信，有时就不能够相信。什么情况下不能相信呢？也就是说哪些事情不能够交代！司法机关没有掌握证据的事情不能够交代，不能够相信坦白从宽、抗拒从严的政策。不交代他们不知道，没有证据他们就奈何不了你，如果你交代了必死无疑。哪些事要坦白呢？司法机关已经掌握证据的事，不能抗拒要坦白交代，而坦白交代得越快越好，越彻底越好，因为，不交代照样按照刑法定罪，交代了就有态度好的从宽处理的条件。所以……"；

昵称式："张局长，你先喝口茶，我们再聊！"；

抬举式："老百姓都说你是好官，为人正直、真诚、事业心强、办事爽快，三十岁不到就是县处级干部，你德才兼备前途无量啊"（这里解决的是人格基调问题）；

许诺式："你受贿的时候你儿子在场，我们应该找你儿子取证，但是我们没有去，避免你上大学的儿子受到影响"；

从宽情节分析式：对你的问题我们来探讨一下，你现在的涉案数额已经达到了刑罚规定的极限标准，是要判重刑的，反正现在是要判重刑了，如果能够再主动交代犯罪事实，就能够获得从轻处罚，你自己分析如何对你有利？”。

嫌疑人第六认知层面反映——消极评价（他人过错——自我过错）

审讯发展到嫌疑人自我行为结果的消极评价的层面，根据嫌疑人的认知转变过程，针对审讯人员指出的某一特定的“那件事”产生的消极评价的认知，首先是审讯人员提出的“那件事”，尽管不具体还是对自己不利，自己不知道怎样回答才能保护自己。其次是“那件事”的出现，产生了自我对品德颜面的担忧，外界的评价和看法是认知的核心。最后是对审讯人员的帮助持怀疑态度，同时为了避免自己的情绪变化，不愿意受到审讯人员的语言影响，而保持消极的自卫，即消极对抗。

案例 6

2014 年“11·18”黑龙江省大庆市肇州县系列盗取家畜引发恐慌案

2014 年入冬以来，肇州县多个乡、镇连续发生几十起鸡鸭鹅等家禽被盗案，并且在一个案件中将追赶的受害人用砖头将头部打伤，盗窃案件已经升级为抢劫案，任其发展下去命案随时可能发生。春节将至，这种情况严重打破了整个农村的正常生活秩序，整个县城的农村人心惶惶，用当地县公安局局长的话说“这个案件比一个杀人案件影响要大得多，案件不破整个县城的年都过不好……”。11 月 18 日下午，在设卡堵截过程中发现一辆挂假牌捷达车后备厢内有鸡鸭鹅等家禽残留下来的羽毛及粪便可疑物品，但驾驶员李某认为公安机关没掌握其犯罪证据，经过多次审讯都拒不承认参与盗窃家禽，只能按照无证驾驶对其行政拘留 7 日。7 日之后如果放其出去还可能继续作案，会给人民群众心理造成更坏的影响。临近拘留期限届满，经请示市局领导，决定对李某进行“审测”，笔者经过踏查现场、被害人谈话、翻阅卷宗等一系列的周密准备，对李某进行了“审测”，确认了李某具备重大作案嫌疑，经过近三个小时的“审测”彻底击溃了其心理防线，李某供认了自 2014 年入冬以来，伙同青山堡屯有同类前科人员郝某驾车流窜于肇州县、肇东市、肇源县等地入户盗窃鸡鸭鹅等家禽共作案30余起的犯罪事实。案件破获后，当年整个县城再也没有发生过家禽被盗案件。

问：你是李忠（化名）吗？

答：是的。

问：多大了？

答：38岁了。

问：是属龙的吗？

答：是的，你也属龙？

问：是的，你是几月份的生日？

答：9月份的。

问：我是5月份的，大你4个月啊，看来你得管我叫哥了。你家是哪儿的？

答：肇东市昌五镇的。

问：我表弟在肇东市公安局治安科工作，以后有什么需要帮忙的可以找他，我们是同龄人，这个事情过去后就是朋友了。

答：谢谢了，大哥。

问：你家孩子多大了？

答：15 岁了。

问：在哪儿上学呢？

答：在肇东市里，他奶奶帮着看着呢。

问：你媳妇是干什么的？

答：我离婚了，早就不联系了。

问：你一个男人也挺不容易的，但是大哥我也得说说你，再不容易咱们也不能违反法律，知道吗？

答：我、我……

问：（及时制止）不要说别的，你是因为什么被行政拘留的？

答：因为没有驾驶证开车被拘留的。

问：噢，你认为只是因为这一个事情吗？

答：拘留证上写着拘留原因是无证驾驶。

问：那只代表这七天行政拘留的原因。

答：那是什么意思？难道还要接着拘留吗？

问：你说呢？就一个小小的无证驾驶难道还需要我来吗？

答：（疑惑的表情）你是？

问：我是大庆市公安局的测谎专家，今天不是来审讯你的，测谎听过吗？

答：没有。

问：测谎仪呢？

答：好像在电影里看过。

问：既然在电影看过就知道测谎仪的厉害了吧，只有重大案子才能用，你们这个案子不大不小，说大呢也对，因为现在马上过年了影响太大，领导很重视……说小呢也不错，因为就是偷点农村的家禽能值几个钱对吧？至于案子大、小就看你的态度了，你也挺幸运，遇到了我这个同岁的大哥，马上就要过年了，看在我们是同龄男人的份儿上，我会帮你的，但是前提条件是从现在开始不能再和我说谎了，之前你怎么和办案人说的，我既往不咎，这样可以吧？

答：（低头沉默、思考）……

问：这样吧，我也给你一次机会，进行一下测试，如果你通过了测试今天我就还你清白，行政拘留完了我让县局放了你。但是，要是测试没有通过，我也会给你一次机会，谁让我们是同龄人呢，我还是你哥呢，我也会帮你出出主意看怎么让这个事情大事化小，怎么样，够意思吧？

答：谢谢大哥。

问：那就是同意测谎呗？

答：（声音略小）同意。

问：现在给你讲一下测谎的原理，书面上叫作生理心理测试技术，在我们国家也有40多年的历史了，这项技术是100多年前意大利的科学家龙勃罗梭发明的，这项技术已经很成熟了，这台仪器是国内最先进的，所以你放心，它的准确率没问题。听明白了吗？

答：（声音略小）听明白了。

问：对了，不做亏心事不怕鬼敲门嘛，是吧？

答：那是啊。

问：我们要签一个书面的协议书，这是测谎协议书（向他出示），你详细看看里面的内容。

答：（拿着协议书仔细看了三分钟左右）好吧，在哪儿签字？

问：我再跟你说一遍协议书的内容，上面写着你本人同意进行心理测试（测谎）的，主测官已经向你解释了心理测试（测谎）的原理，你本人对解释表示满意，相信心理测试（测谎）技术并对测试结果完全负责，意思明白了吧？

答：（声音略低）明白了……

问：在协议书下面被测人那里签上你的名字和日期并且按上指纹，好吧！

答：（稍微犹豫签了字并按了指纹）是这里吧，大哥。

问：你是老弟，一会儿我会照顾你，把测试的问题先告诉你，不搞突然袭击，这样可以吧？

答：谢谢大哥。

问：我问你什么你就放松地简洁回答“是与不是”“知道不知道”“明白不明白”“清楚不清楚”……不用摇头不用点头也不用解释，知道吗？

答：知道了。

问：好，现在给你戴上传感器（用三分钟左右的时间将仪器戴上）。你现在准备好了吗？

答：准备好了。

开始测试……

第一组：

中性　是　你是叫李忠吗？

准相关　是　关于近期肇州乡下家禽被盗这事，你愿意如实回答问题吗？

准绳　否　你以前是做过对不起别人的事情吗？

相关　否　近期肇州乡下家禽被盗这事是你干的吗？

中性　是　你是汉族人吗？

准绳　否　你以前是做过怕人知道的事情吗？

相关　是　近期肇州乡下家禽被盗作案人，其中有你吗？

准绳　否　你以前是拿过不属于自己的东西吗？

相关　否　是你干的肇州乡下家禽被盗的事情吗？

准相关　否　除了刚才问的以外，你担心问你别的问题吗？

第二组：

中性　是　你是叫李忠吗？

中性　是　你是肇东人吗？

准相关　是　关于近期肇州乡下家禽被盗那个事情，你愿意如实回答我的问题吗？

相关　否　你怀疑近期肇州乡下家禽被盗那个事情是别人干的吗？

准绳 否 你以前是做过怕人知道的事情吗?

相关 否 你知道肇州乡下家禽被盗那个事情是谁干的吗?

相关 否 肇州乡下家禽被盗那个事情是你干的吗?

中性 是 你是汉族人吗?

相关 否 你知道那些被盗的东西吗?

准绳 否 你以前是做过对不起别人的事情吗?

相关 否 你知道是几个人做的这些案子吗?

题外 否 除了刚才问的,你担心问你别的问题吗?

第三组:

首题 否 你是叫李忠吗?

首题 否 你知道都有哪些地方家禽被盗了?

中性 否 吉林松原?

中性 否 肇源?

相关 否 肇州?

中性 否 肇东?

中性 否 明水?

中性 否 安达?

中性 否 其他地方?

第四组:

首题 否 你是叫李忠吗?

首题 否 你知道肇州都在哪些地方家禽被盗了?

中性 否 朝阳沟?

中性 否 朝阳?

相关 否 双发?

中性 否 兴城?

中性 否 永乐?

中性 否 丰乐?

中性 否 二井子?

中性　否　榆树？

中性　否　永盛？

中性　否　新福？

中性　否　托古？

中性　否　其他地方？

第五组：

首题　否　你是叫李忠吗？

首题　否　你知道参与盗窃的人一共几人吗？

中性　否　2人？

中性　否　3人？

相关　否　4人？

中性　否　5人？

中性　否　5人以上吗？

第六组：

首题　否　你是叫李忠吗？

首题　否　你知道那些被盗家禽卖到哪里了吗？

中性　否　大庆外其他地、市？

中性　否　大庆外其他县里？

中性　否　肇州县里？

中性　否　大庆市里？

中性　否　大庆其他县里？

经过近40分钟的中心测试（测试出的数据相对清晰）……

综合测试结论：(1) 认定李忠为盗窃家禽的嫌疑人；(2) 作案人数：两个人；(3) 作案地点：肇州、肇源、肇东三个地方的农村；(4) 赃物去向：已经卖了出去。

问：老弟啊，测完了，结果你应该能想到吧，你也知道测谎仪的厉害，所以你想不想我管你了吧，刚刚测试之前说了很多，我也给你留了机会，结果不理想我也一样帮你，需不需要我管你了吧，给一个痛快话？

答：（沉默）……

问：有啥难的，又不是杀人放火，再说又不是你一个人干的，对吧，嘴又不长在你一个人身上，到时候人家都推到你的身上，麻烦就大了，你现在还有机会把事情提前说明白，一个小偷小摸的恶，争取一个坦白立功的机会，再说了，鉴定结果已经在这里了，是不是？这样，我问你是你把人打伤的吗？

答：（急忙回答）不是我。

问：那是谁干的？

答：肯定不是我干的。

问：这个事情我相信，那说明你不是主事的了？

答：（犹豫了一下，声音略小）我就是跟着。

问：谁负责开车？

答：我开车。

问：你这个态度是对的，争取一个主动的态度说明你很聪明，还是那句话你说话要注意，你可以不说话，说了就说实话，不能说假话，刚刚你也说了你是负责开车的，打人也不是你干的，我可以相信你，可是除了你之外的人你必须说清楚，不然现在这种情况你就变成了主犯，到时候我想救你都没有机会，我说的话你听明白了吗？

答：（低着头点点头）我明白，大哥，我都承认了，就别再说别人了吧。

问：没看出来啊，你还挺讲义气啊，当然我不会逼你，你愿意说就说，不愿意说对我们来说也无所谓了，刚刚你也承认了，这些案件你都参与了，这里是同步录音录像也都记录下来了，你要是不说其他人，你就自己担着，对我们来说也无所谓，案件也可以告破了，到法庭上你也无非就是多判个几年而已，为了哥们义气多判几年也算讲究，到时候你自己在里面多遭罪几年，你家里人和孩子在外面多受点苦，是不是，何去何从你自己选择，脚上的泡是自己走的，既然你对你自己和家人都不负责，我这个刚刚认识的大哥也就不用对你负责了，一会儿我出一个鉴定报告，加上你刚刚的交代，我就完成工作，我也没必要再管你？

答：（低头满脸通红不说话）……

问：你不说话也没有问题，我就明白了，我可以不管你了（站起来假装要收拾仪器）。

答：（焦急地看着笔者犹豫一会儿）大哥，我说吧，这个事情我真不是主要的，我就是个开车并且帮着放哨的，大哥我都说实话了，你就帮帮我吧。

问：（生气的样子）之前我都说要帮你了，可是你怎么做的，还想一个人扛着，讲义气，你对人家讲义气，你对媳妇孩子和父母讲义气了吗？你考虑过他们吗？你在里面多待一年，他们在外面就难受一年，你现在最应该讲义气的对象是你的亲人，而不是所谓的狐朋狗友，到时候他可不会对你讲义气，他肯定都推到你的身上，如果那个时候你可就被动了，知道吗？

答：（低头想了想）大哥，我知道你是为我好，既然已经这样了我就都说了吧。

问：你愿意说就说，没有人求你，现在是你求公安机关，争取一个好的态度，下一步对你有好处，你知不知道？

答：（低着头，声音略小）知道了大哥。

问：（生气的样子）你能说就说，我没有时间陪你磨叽，要说快说，不说拉倒？

答：（连连点头）大哥，我说，求求你大哥帮帮我吧。

问：你要是说清楚了，我可以帮你，要是说不清楚我没法帮你，要说快说，不说拉倒？

答：大哥，我们就两个人，另一个叫王雪峰（化名），家是肇东昌五的。

问：你们怎么分工的？

答：我主要负责望风和开车，他负责去抓。

问：你们一共偷了多少起？

答：大哥我真的记不清楚了，大约三十来起吧。

问：都是在什么地方偷的？

答：主要是肇州乡下，在肇东和肇源也偷过。

问：这个态度还可以，放心，既然我答应你了，就会帮助你，我会向办案的领导好好做材料，会对你有利的，一会儿你把你们做的这些案件整个过程包括地点和数量，已经卖到哪里了，都好好想清楚了，我让办案人员给你仔细做一份笔录，好吧？

答：谢谢大哥，我一定配合好。

第三节 审测“降低恶性”的缓解恶性（案例7）

降低恶性：主要是降低心理恶性认知的困扰，降低道德的属性，对颜面、荣誉的维护，尤其职务犯罪的嫌疑人对名誉看得比较重，以此帮助其解脱这种压力，排除心理障碍。

降恶方法：

直接对后果的弱化，如“你行贿也是出于无奈；你收钱也是被动的；你并不想杀他；你并不是为了贪财；如果我是你也会做出这种举动”。

分析原因降低恶性，如“出现这件事的根本原因是酒惹的祸；发生这种事情是你太讲义气了”。

替嫌疑人设想辩解理由，如“一定是对方的过错；都是为了工作”。

回应表现：默认接受（默认了自己的行为，接受帮助拉近距离）。

嫌疑人的第七认知层面——原因说明（冲动）

满足行为人趋利避害的心理需要，目的是获取认同。嫌疑人对后果的感知压力被降低，隐瞒的对抗能力也相应被削弱，能够促进说明原因的语言冲动。

首先是上“台阶”，只有上了这个“台阶”才能够解决问题的困境。

其次是继续上“台阶”，自己对犯罪的自我行为的重新思考，降低了问题的严重性，排除了阻力。

最后是上“台阶”的阻力产生的对他人的过错和自己的经历的思考，如受贿是社会风气，受贿是别人主动给的，是行贿人的过错，还有自己的社会贡献等。意识结果的动力是“反正自己的过错也不是那么严重”，向“台阶”的最高峰发展。

案例 7

2015 年“10·17”黑龙江省大庆市杜蒙县半截项链引发上访的抢劫案件

2015 年 10 月 17 日 21 时许，杜蒙县他拉哈镇喜洋洋歌厅内发生了一起群体性打架斗殴事件，在斗殴过程中王某价值近 4 万元人民币的黄金项链丢失，王某报案称被抢劫并指认对方其中一女子谢某（女，34 岁，杜蒙县他拉哈镇人）将其项链抢走，谢某因为斗殴事件已被杜蒙县局行政拘留，工作人员多次提审谢某，其拒不承认拿走项链，现场周边的视频也无法看清项链丢失情况，且谢某行政拘留的期限马上届满，案件陷入僵局。

鉴于此情况，县局经研究决定上报市局申请对嫌疑人谢某进行“审测”，以验证其叙述的真实性，防止受害人一方上访。测谎专家杨鹏在经过翻阅卷宗、踏查现场、报案人回访、主办案件人员介绍案情等多项工作的基础上对嫌疑人进行“审测”。由于被测人经过多次审讯心理压力较大，以沉默来表达不配合，于是工作人员运用共情技术、测试谈话、观察体态语、问答时身体微反应等非对抗审讯的谈话技巧，结合心理测试得出有效结论，经过三个多小时的“审测”，逐一突破被测人的心理防线，最终谢某交代了在打架的混乱过程将部分项链拿走后藏在自家猪圈棚顶里的事实，并通过其交代情况将赃物找回，案件得以告破。

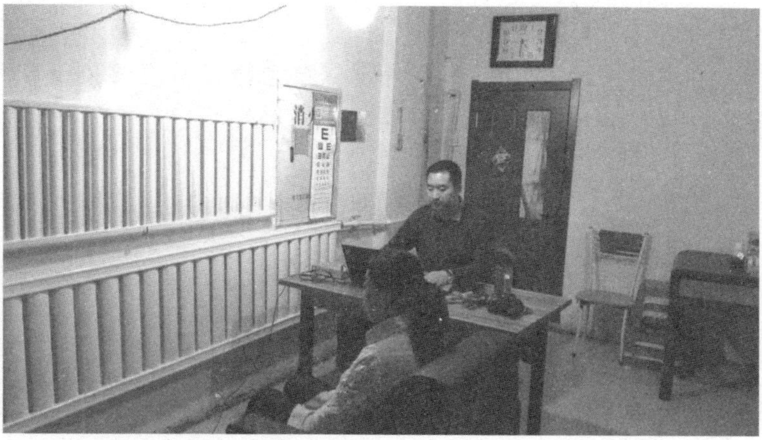

审测工作中

问：你是谢华（化名）吗？

答：嗯（低头神情紧张并声音很小）。

问：来，看着我说话，好吗？我好像也比你大，这样也算尊重我一下？

答：（略微抬了一下头）……

问：我看到资料你是1982年出生的吧？

答：嗯（声音很小）。

问：你和我大姑家妹妹是同岁，是属狗的吧？

答：（抬起头看了我一眼）是的。

问：我大姑家是嫩江县的，听说你老家也是嫩江的？

答：（神情明显放松了一下）我娘家是嫩江的。

问：我大姑家是嫩江镇的，你娘家在哪个地方啊？

答：我家在伊拉哈镇。

问：伊拉哈好像离县城不远吧？

答：挺近的。

问：我小时候去过几次，那里产大豆，有“大豆之乡”的美称，是吧？

答：是，家家都种大豆。

问：那你是什么时候来的杜蒙县啊？

答：我是嫁过来的，我和我丈夫是一起在嫩江县里打工认识的，结婚后就回他的老家杜蒙他拉哈了。

问：哪年过来的？

答：我怀孕那年过来的，孩子12岁了，都12年了。

问：要是这么说我也算是你的娘家哥哥，看来今天你走运了，也许今天我真能帮上你。聊了半天，我还没有自我介绍呢，我不是杜蒙县局的，我是大庆市公安局的，专门负责测谎工作，今天也不是来审讯你的，我也知道这几天杜蒙县局审讯了你好几次，今天县局领导请我来不是审讯的，他们说你态度不好，一直不配合工作，所以把我请来对你进行测谎，不过刚刚我们聊了一会儿，才知道我还算你娘家哥哥，你一个女孩子又在农村，法律方面的知识肯定不如我，我毕竟干了十六七年的警察，所以今天我作为娘家哥哥必须帮你把这个事情大事化小，杜蒙县局领导这个面子还是给我的，毕竟他们经常找我过来帮忙啊，所以我说你今天走运了，我说的对不对？

答：大哥，你是大庆市局的啊。

问：对啊，怎么不像吗？

答：不是，我说你和他们说话不一样。

问：有啥不一样？

答：你不横，他们老是吓唬我。

问：那是角度不一样，这个你不能怪杜蒙县局的同志，如果把你们互相调换一下角色，你也会生气的。一问三不知，也不说话，换作谁谁不生气，他们跟我说怎么问你都不说话，你一个女同志，打不得骂不得，都把他们县局的一把手乔局长气坏了，你毕竟要在杜蒙县生活，你把县公安局长都得罪了，你不傻吗？还好今天你遇到我这个娘家哥哥了，我顺手就帮帮你吧，谁让我们有缘分呢，听说你丈夫也在拘留所里呢，我这次帮你们了，等他出来让他陪我喝两盅，可以吗？

答：（不太相信的表情）行啊……

问：测谎你听说过吗？

答：没有。

问：测谎仪你听说过吗？

答：噢，好像电视上听过。

问：啥时候看的电视啊？

答：不记得了，很久以前了吧。

问：测谎顾名思义就是测测你说的话是否是假话，是否有所隐瞒，这回明白了吗？

答：噢，明白了，我这点事情还用上测谎仪吗（表情略微紧张）？

问：你说对了，你这个小案子，我不想来，案子太小了，坐在我前面的不是杀人就是放火的，你这个事情算个啥事情，这不是人家被打的上访了吗？换作你你也憋屈啊，被打一顿不说，好几万元的项链还整丢了，谁心理能平衡啊，换作你你答应啊？你说是不是？

答：（沉默）……

问：不是今天聊到我也算是你娘家大哥，我今天肯定就不管你了，我就负责测谎，干完我的活我就走了，一出结果任务就完成了，何必磨叽这么半天呢，对不对？不过你一个人从嫩江嫁过来，这里娘家也没有一个亲人，也挺可怜，关键时候也没有一个娘家人帮帮，就冲这一点我今天才和你说这么多，不然这是公事，我干完就走得了，何必给自己找麻烦呢？你说我说的有没有道理？

答：大哥，你说的我懂。

问：既然你管我叫哥了，我可得管你了，不管怎么回事，你必须要说话，不能一整就不说话了，和别人行，跟我不行，听着了吗？

答：我听着了，大哥。

问：老百姓常说的一句话是不做亏心事不怕鬼敲门，测谎也是这个原理，你既然没做，就不要怕测谎，对吧？

答：大哥，我这点事情不要戴测谎仪了吧？

问：我认为也不用，可是这个事情总得解决吧，不能这么拖着啊，是不是？

答：不行，我也拿不出来一整条项链啊，不行我赔他钱呗，多少钱我都认赔。

问：为啥要赔钱啊，你没拿人家项链为啥要赔钱啊，赔钱现在不需要，现在需要的是你的态度问题，你的态度好了再说下一步，我作为娘家哥哥帮你出主意，你首先要向领导承认错误再说下一步的事情，你都不承认错误，你为啥要赔别人钱啊？

答：（犹豫）那、那我错了。

问：既然你承认错误了，那你说说你错在哪里了吧？

答：我不应该找人打架。

问：打架肯定是不对了，但这是其中一个小错误啊，你们两口子现在都被行政拘留就是作为打架这个事情的处罚。如果仅仅是这一个错误，何必三番五次地提审你啊？你说说还有啥错误？

答：因为打架对方的项链丢了？

问：可不是仅仅因为打架，对方项链不小心丢了那么简单吧？对方报案可是抢劫案，你知道抢劫是什么概念吗？如果真是抢劫，你们三五年都出不去了啊，但是要是其他情况，只要主动把项链交出来，根据情节，也可以定不是抢劫，但是前提是你把项链交出来，之后承认一下错误，把事情过程详细说清楚了，取得对方和公安机关的谅解，这才行，不然就算你赔钱也不行。

答：大哥，我认赔五万元行不行，也可以再多点？

问：那不行，你得说明白了，再说下一步赔偿的事情。

答：可是，大哥我拿不出来项链怎么办啊，再说了，对方就想整我，如果我真拿出来，对方肯定按抢劫找人判我，我要是进监狱了，我儿子可咋办啊，他奶奶和爷爷还身体有病，谁能伺候他上学啊（掉眼泪了）。

问：好了，别哭了，我不是说过帮你了吗？你也不容易，就是那天酒喝得太多了，一时冲动犯了错误，我说的对不对？

答：对。

问：我也不要求你拿出一整条项链，那天那么混乱，掉在哪里也正常，但是你手里有多少也必须要交出来，少的那部分，如果实在找不到我们可以再商量，好不好？

答：（思考状态沉默）……

问：这样吧，你现在也不要犹豫了，我们先做一个测谎鉴定。咱们根据鉴定结果再说下一步，好吧？

答：（犹豫）好吧。

问：这是测谎协议书（出示协议书），你看看里面的内容，你认字吗，如果不认字我可以给你念？

答：我不太认字，就会写自己的名字。

问：那我读给你听，你仔细听？上面写着你本人同意进行心理测试（测谎）的，主测官已经向你解释了心理测试（测谎）的原理，你本人对解释表示满意，相信心理测试（测谎）技术并对测试结果完全负责，你听明白了吗？

答：（犹豫不决）听明白了，我签字（犹豫中签了字并按了指纹）。

问：一会儿我把测试的问题先告诉你，我不搞突然袭击，我们聊了这么多，下面你最好的配合就是放松，我问你什么你要简洁回答"是与不是""知道不知道""明白不明白""清楚不清楚"……不用摇头不用点头也不用解释，累了可以休息，听明白了吗？

答：听明白了。

问：好，现在给你戴上仪器，这些仪器没有电也没有辐射，不要担心，平时我们自己练习时也戴（配合测谎的女侦查员用两分钟将仪器戴上）。准备好了吗？

答：准备好了。

开始测试……

经过近 40 分钟的中心测试（由于紧张，测试出的数据相对清晰）……

综合测试结论：（1）谢华的主观目的是打架，排除抢劫；（2）项链去处：部分项链被其藏到家里；(3) 不敢拿出来项链的心理：怕拿出来被定为抢劫而判刑；(4) 知情人：倾向于丈夫知情。

问：现在测试马上就要测完了，什么情况我也清楚了，放心吧！绝不会冤枉你的，你手上有多少项链就拿出来多少，你的主观目的又不是抢劫，所以你可以放心，把东西拿出来，把事情说明白了，可以不按抢劫定。

答：大哥，你也测出来了，我手上只有半截项链啊，如果拿出来真不定我为抢劫吗（焦急地看着我）？

问：从我的角度认为应该没有问题，这样吧，我现在跟杜蒙县公安局一把手乔局长打一个电话，你在电话里把事情经过跟他说清楚，但是一定要先承认错误，态度要好，行不行？不行我就不管你了。

答：(一拍大腿，声音略大) 大哥，我就相信你了。

问：这个局长的女儿跟你差不多，心地善良，但是你一定要先承认错误，之前他亲自问了你两三次，你都没说，所以你必须要先承认错误，明白我的意思了吗？

答：大哥，我听你的。

问：(掏出手机，给乔局长拨通了电话) 您好乔局长，是这样，小谢啊这个孩子承认错误了，要和你通个电话跟你道个歉，她把事情的整个经过详细跟我说清楚了，我姑家也是嫩江的，我和小谢也算是老乡，您也给我个面子，别和她一样的，不知道你现在接电话是否方便？噢，好、好，我让她接电话……

答：(谢华接过电话) 对不起乔局长，前两次你和我说了，我和你女儿年龄差不多大小，你就把我当作孩子吧，别跟我计较，我错了，那个项链是我拿的，但是只有一半，另一半没在我这里，不过我可以赔偿。

问：(乔局长让她把过程详细说一下) ……

答：那天晚上，我们家干活，邻居都来帮忙，在家里请喝完酒，就去镇里的喜洋洋歌厅唱歌去了，当时我喝白酒有点喝多了，我在歌厅走廊里给我老公打电话时，过来一个脖子上带着大黄金项链的男的，给我打招呼，喊"靓妹……"，我也不认识他就把他骂了，他也没说好听的，我就在电话里跟我老公说了，不一会儿我老公开车拉了一车人就来了，进屋找到那个人，屋里还有一个男的，就把他们拽出来打了。在歌厅南侧的空地上，打的时候我也上去了，挠那个人的脸时顺手把项链拽掉了半截，我就是顺手揣到兜里了，因为酒喝多了，过后都忘了，第二天酒醒，我一摸兜发现有半截项链，我想送回去，可是派出所就来了，说报案罪名是抢劫，我就害怕得不敢拿出来了，趁着上厕所的时候，我偷偷把那半截项链藏到了猪圈的棚顶上了。现在还在那个地方，你们可以去取。

当晚，办案人到谢华家猪圈棚里找到了那半截黄金项链。

第四节　审测"转换恶果"的路径疏通（案例8）

转移恶果：嫌疑人的对抗动机来源于行为后果的惩罚性即恶果，其对抗行为是围绕着即将承担的恶果而展开的，降低嫌疑人对后果的恐惧，削弱隐瞒的内在动力，从整体上降低冲突压力场，提高揭发的效果。由此将嫌疑人的恶果的注意力，转移开来，帮助建立新的后果，其对抗的支点也会随之转移，在新后果的条件平台上，嫌疑人会重新组织应对方法，达到对原有旧的对抗行为的放弃。

转移方法：

合理认可的转移，如"受贿人把钱还给了行贿人"。

降低恶果的转移，如"取得被害人的谅解，恶果自然减轻了"。

趋利避害的转移，如"我们并不想让你交代全部的受贿，只需要你的认识态度，交代一小部分，说明你有态度，你是愿意交代全部，还是一部分，你自己决定"。

（退路的选择）

认错谅解法（强奸案件否定自己使用暴力，选择向被害人赔礼道歉取得谅解为退路选择）；

退还补救法（受贿犯罪案件，把收的钱退还了，还可以补救）；

趋利避害法（说了总比不说好、保护这个办案组对于保护你自己有利）；

心理需要法（现在还没有人知道你被传唤，你必须抓紧时间出去，说完抓紧回去，趁还没有人发现被传唤，这样就结束了）；

亲情借助法（你的家人对你非常关心，希望你能够配合调查，取得谅解）；

轻重失衡法（哪头轻哪头重你自己掂量，这样再拖下去，外面的损失就难以弥补了）；

逻辑推理法（你们家有三口人，你家的巨额财产从哪里来的，不能说都不知道吧，总会有知道的人）。

转移恶果反应：一种是默认接受，另外一种是新后果的权衡或者怀疑。

嫌疑人的第八认知层面——置换需要

置换需要的定义：置换即更换，将嫌疑人当前困守的对抗需要，更换为新的利益需要。（把没有强奸换成取得谅解）

置换需要的目的：讯问对抗活动中，嫌疑人困守的对抗需要，是自我依赖隐瞒犯罪事实，取得最大的利益保护。讯问的最终目的就是消除这种隐瞒犯罪事实的对抗行为，实现实话实说的供述行为。置换需要就是这种以新的利益需要关系，来置换嫌疑人困守的对抗需要，这个用于置换的新的利益需要，包含的核心内容是以供述为前提条件，满足于新的利益需要关系，侦查讯问人员替嫌疑人设置新的利益需要关系，并且帮助嫌疑人实现需要的利益。侦查讯问人员帮助实现的利益，是空间的心理利益，而不是客观存在的利益。

置换需要分析：

审讯人员针对嫌疑人对获取新的利益的需要，是以置换旧的需要，成功地完成对旧的需要的否定，帮助嫌疑人建立新的需要，嫌疑人供述的动机趋向才能进一步得到发展。讯问对抗活动中嫌疑人的对抗行为，是嫌疑人为了维护利益，经过理性的认知过程产生的对抗隐瞒的行为需要，面对嫌疑人的这种对抗的认知需要，侦查讯问人员如果没有新的需要来取代嫌疑人对抗的需要，那么嫌疑人就会固守自己的对抗需要，成为讯问活动中嫌疑人顽强的抵抗行为，最终导致讯问的失败。反之，侦查讯问人员提供给嫌疑人的利益需要，超越嫌疑人顽强抵抗的自我认知的需要，就会放弃用对抗隐瞒的方法，采纳新的利益需要，以此达到置换对抗消除对抗的目的。

置换需要方法：

首先是对对抗条件的否定（犯罪事实已经暴露，赖以对抗的条件已经丧失，对抗已经失去意义）；

其次是对以对抗方式获取利益方向选择的否定（将获取利益的方向选择在自己的身上，这里嫌疑人已经无法实现利益的需要，只有转移获取利益的方向，才能实现利益的需要）；

最后是对对抗认知的否定（否定嫌疑人选择对抗的错误认知，聪明人应当如何选择获取利益的方法），然后取出替嫌疑人准备好的新的利益需要，让嫌疑人欣然接受，以此取代嫌疑人对抗的需要。例如强奸案件的犯罪嫌疑人以被害人自愿与其发生性行为，自己没有强迫进行抗审，侦查讯问人员运用信息条件对其进行否定，然后为其准备了新的利益需要和获取利益的新方向，以“向被害人赔礼道歉、取得被害人的谅解”为利益需要的方向，置换犯罪嫌疑人的对抗需要。这里向被害人的赔礼道歉，取得被害人的谅解的行为中，必然地要涉及自己的行为是违背被害人意志的行为，在赔礼道歉中表述出客观事实，就是如实供述的犯罪事实。

案例 8

2015 年“11·15”黑龙江省双鸭山市特大涉密案件

2015 年 11 月 15 日，黑龙江省双鸭山市发生一起特大涉密案件，该案件的发生引起了省委、省政府、省公安厅领导的高度重视，黑龙江省厅刑侦总队领导牵头成立了专案组迅速展开工作。经外围走访、内部调查、视频侦查等多项工作，案件中仍然有多名当事人无法排除嫌疑。

鉴于此情况，省厅领导研究决定调用笔者对三名嫌疑人员进行“审测”，以验证其叙述的真实性。接到省厅调用通知后，笔者带领徒弟小韩于同年11月22日驱车前往双鸭山市协助办案，经过实地勘查现场、回访当事人、翻阅卷宗、结合视频侦查等多项准备工作，笔者通过三天的时间对三名当事人进行了“审测”，11月25日综合排除了三名当事人蓄意人为作案的嫌疑，性质由“案件”转化为“事件”，为专案组下步工作提供了准确方向，专案组根据“事件”性质及时调整工作重点方向，第二日“事件”便宣布告破，为国家及时消除了不良影响。

嫌疑人之一：王猛（哈尔滨司机）：

问：王猛（化名）是吧？

答：是的。

问：多大了？

答：38岁了。

问：你是哈尔滨人吗？

答：是的，我是哈尔滨土生土长的。

问：结婚了吗？

答：结婚了，都有孩子了。

问：媳妇是干什么的啊？

答：是小学老师，挺忙的。

问：男孩儿还是女孩儿啊？孩子也不大吧？

答：是男孩儿，才5岁。

问：这个时候的孩子最好玩了你要多陪陪啊。你在单位里是专职司机吗？

答：是的，专门负责跑哈尔滨到佳木斯和双鸭山这条线的。

问：你参加工作多长时间了？

答：我参加工作15年了。

问：你跑这条线多长时间了？

答：8年了。

问：你们一个车上几个人？

答：三个人，另外两个是押车的，都是老同志。

问：你几天一个班啊？

答：三天。

问：三天一个班，一个来回接近一千多公里啊，挺辛苦啊？

答：都习惯了，也没啥。

问：工资待遇如何？

答：（没有犹豫）还行，每个月全加在一起大约5000元多点。

问：那还不错，你是毕业分配回来的还是当兵转业回来的？

答：我是当兵转业回来的，是工人编。

问：我看你就像部队出身，有军人的气质，我是省警校毕业的，也是半个军事化，这么说来我们也算是半个战友啊？

答：噢，警校确实是军事化管理，也很严格。

问：既然是战友了，我就当真人不说假话了，今天找你来知道是什么事情吗？

答：就是我们车内丢了一件非常重要的包裹吗，就是这个事情吧？

问：是的，就是这个事情，你对这个事情怎么看？

答：我也不清楚，不过我认为我们三个人不能干这个事情啊？

问：战友啊，你也是在部队里待过的人，你是一名军人出身，可不要干糊涂事啊，即使你不干，他们要是干了你也必须报告啊，在部队里这是铁的纪律，我说的对吗？

答：（态度真诚）这是对的，我要是知道肯定要报告啊。

问：聊了一会儿了，我还没有自我介绍，我是省公安厅的测谎专家，刚刚说了我是省警校毕业的，所以我也是半个哈尔滨人，今天我来呢不是对你进行审讯的，你也知道丢失的物品非常重要，我今天来是看看丢失的物品是不是人为造成的，也就是说你王猛是否主导或者参与了这起案件，如果你参与了，可以说你遇到我就是倒霉了，但是你要是根本不知情，那么今天你遇到我就是幸运了，因为我能帮你证明清白，听明白了？

答：（双手互搓着，表情紧张）这个事情跟我真没有关系，您就多费心了，还我一个清白吧。

问：还是那句话，要是你干的你也逃不过，要不是你干的，我肯定会还你清白的，即使最后鉴定结果是你干的，刚刚说了我们既是半个战友，又是半个老乡，我也会帮你出出主意看如何大事化小，怎么样，够意思吧？

答：（表情紧张）谢谢，这个事情我真不清楚，也不知道怎么就出了这么大一个事情了。

问：不用紧张，你尽量放松就好了，不是你干的你怕啥，不做亏心事不怕鬼敲门，对不对？

答：是的，不做亏心事不怕鬼敲门。

问：好，凭你这个态度，我就想帮你，只要这个事情和你没有关系，今天我就还你一个清白，但是如果测试后显示和你有关系，你可得好好配合公安机关工作，不为别的，好不好？

答：好。

问：那就是同意测谎了呗？

答：同意。

问：你以前知道测谎吗？

答：不知道。

问：现在给你说一说测谎的原理，测谎是一项技术，叫作生理心理测试技术，老百姓俗称为测谎。测谎顾名思义在字面上就是测试你到底说没说谎，实际上测谎是测试你的记忆痕迹，也就是你的心理变化会带动你的生理变化，生理变化会通过这些传感器体现在我电脑上，我通过技术鉴定判断出真实情况。听明白了吗？

答：听明白了。

问：100多年前意大利的科学家龙勃罗梭研发了这项技术，在我们国家也有40多年的历史了，现在国内公安、检察院、司法、军队等部门都应用得非常好，所以这项技术已经很成熟了，在你面前的这台测谎仪也参与过几百起案件，从来没有出现过失误，所以你不用担心出现什么错误，你听明白了吗？

答：明白了。

问：其实用老百姓的一句话刚刚也说了就是不做亏心事不怕鬼敲门，也是这个道理。

答：嗯。

问：一会儿做测试时你就尽量放松，好好配合？

答：我一定会好好配合的。

问：这是测谎协议书（向他出示），你看看里面的内容，你看不懂我也可以给你读出来？

答：我自己看吧（拿着协议书仔细看了一分钟多）。

问：这上面写着你本人同意进行心理测试（测谎）的，主测官也就是我已经向你解释了心理测试（测谎）的原理，你本人对解释表示满意，相信心理测试（测谎）技术并对测试结果完全负责？

答：是这个意思，我签字？

问：在下面被测人那里签字，写上日期和按上指纹。

答：快速签了字并按了指纹（正常人微反应）。

问：你这就对了，越放松对你越有好处，一会儿我把测试的问题先告诉你，你越放松越好，我问你什么你要简洁回答“是与不是”“知道不知道”“明白不明白”……不用摇头不用点头也不用解释，中间累了可以休息，听明白了吗？

答：听明白了。

问：现在给你戴上仪器（陪同测审侦查员帮忙用了大约两分多钟戴上仪器）。这些仪器没有电也没有辐射，对人体没有伤害不要担心，现在可以开始测试吗？

答：可以了。

开始测试……

经过近一个小时的中心测试（测试过程中，被测人积极配合，测试出的数据图像较清晰）……

综合测试结论：(1) 排除其参与案件；(2) 对丢失物品的具体情况不知情；(3) 没有内外勾结的情况。

问：(进一步审测微反应判断) 现在基本上测试完毕了，结果我心里有数了，你明白我的意思吗？

答：(疑惑) 不明白啊。

问：(突然声音加大) 你参没参与你自己心里没数吗？

答：(情绪激动) 我真没参与啊，你测得准不准啊，我没参与怎么能说我参与了呢，我家里有老婆孩子的，我能参与那个事情吗，那是多大事情啊，我能不知道吗？

问：你激动什么，我现在正式报告还没有出来，现在还给你机会，你如果主动一点，我可以帮你找主办案件单位的领导给你求个情，给你一个立功的机会，你要不要这个机会？

答：（情绪依然很激动）我什么也没干啊，我也没参与啊？

问：你激动什么，我问你，你激动什么？这么大的事情发生了，你当司机的没有责任吗？

答：我有啥责任啊，即使是我有责任，也不是啥大责任吧，我就负责开车，不是有负责装卸和保管的人吗？

问：你当司机就没有责任吗，你们一车三人都是有责任的，明白吗？只是责任大小的问题，你激动什么，这样吧，我先让办案人员把你带下去冷静一下，想好了再来找我，看在半个战友的分上我还会帮你，你下去好好想一想，何去何从。（笔者给办案人打电话，让办案人将其带走）

嫌疑人之二：张丘（押运员）：

问：你就是张丘（化名）啊？

答：是的。

问：多大年纪了？

答：55岁了，这次跑完我就退休了。

问：你以前一直是这趟线上的押运员吗？

答：不是，我以前在火车上押运了，还差4个月就退休了，这里缺人手，就让我帮最后这几个月，谁知道还出了这么大的事情了。

问：这个事情可不小啊，你这次确实摊上大事了，看你的状态也没有休息好吧？

答：休息啥啊，上火啊，天天在宾馆里也不让回家，都四五天了，这么大的事情估计我得被开除了，这是最后一趟车，之后我就退休，这也太倒霉了。

问：倒霉不倒霉这不全是命运，还有平时工作的认真态度，所以你虽然上火，但是你也应该反思一下自己，以前你在火车上也许安全责任也不大，你没有出什么事情，可是这次出了这么大的事情你作为其中一个押运员责任是在所难免了，只不过你的态度决定领导怎么对你处分，你要是态度好，积极帮助单位挽回影响，这件事情还是有转机的，你说是不是？

答：我肯定要好好配合的，已经这样了，我还能不配合吗？我就是上火，真的很上火。

问：上火也解决不了问题啊，现在需要做的事情就是尽快把丢失的重要物品找到，这是眼下需要解决的事情。想其他的事情没有用啊，我理解你现在的心情，可是你现在能做到的就是好好配合，尽快把东西找到，我说的对吗？

答：对，唉，我会努力配合的。

问：这就对了，你媳妇在什么地方上班啊？

答：她以前是哈尔滨塑料厂的，早都买断了，现在帮女儿看孩子。

问：你是哈尔滨当地人吗？

答：我是双城出生的，后来工作到的哈尔滨。

问：你上学也是在双城上的吗？

答：是的，我在双城上的学。

问：你家几个孩子啊？

答：就这一个女儿。

问：女儿都有孩子了，在哪儿工作啊？

答：她自己做小生意，在地下卖服装。

问：丈夫是干什么的啊？

答：丈夫自己养出租车。

问：他们的孩子是男孩儿还是女孩儿啊？多大了？

答：男孩儿，刚刚18个月。

问：你这都当姥爷了，听说你家有海外亲属是真事吗？

答：噢，我侄女儿在日本留学，之后留在那里工作了。

问：你侄女最近和你联系了吗？

答：没有，我们平时不怎么联系，过年过节时才能给我打一个电话。

问：这件事情你怎么看？

答：（非常郁闷的样子）我也挺纳闷的，按理说不能自己掉出去啊，你们也做实验了，车后箱门很重，轻易开不开啊，再说了我也上锁了，自己掉不出，谁能偷那个包裹啊？我真的很纳闷，我这些天也是睡不着觉就想这个事情了。

问：听你这么说就是这个事情你不知道内情了呗？

答：我确实不知道啊，我都要退休的人了还能干那糊涂事情吗？

问：你的意思也就是这个事情你肯定没有人为地参与是吧？

答：我肯定没有啊。

问：你参没参与，不是你自己能说了算的，必须要有证据证明你是清白的，我说的对吧？

答：我真没参与，不过我也没有什么证据能证明啊？

问：你相信科学吗？

答：我相信科学。

问：只要你相信科学就好办了，现在有一个科学的方法，能证明你是否参与这件事情，不知道你是否想通过这个科学方法鉴定一下，如果你没有参与肯定能还你清白，但是如果你参与了，肯定也跑不了你，刚刚你非常肯定地说你这个事情和你没有关系，现在给你证明你是否清白的机会，不知道你是否需要这个机会？

答：太好了，我想证明自己，但是我没有听过这种方法啊？

问：测谎听过吗？

答：没有啊，没听过。

问：测谎仪在电视里听说过吗？

答：好像在电视里听说过。

问：发生了这么大的事情，你也挺上火的，只要不是你人为参与的，我能帮到你的就尽量帮你，真和你没有关系我就还你一个清白，但是如果测试后显示和你有关系，你可就必须要好好配合公安机关工作了，行不行？

答：行，我一定认真配合。

问：那就是同意测谎了呗？

答：同意，我一定好好配合。

问：我现在给你说一说测谎的基本原理，老百姓俗称为测谎，测谎是一项技术，叫作生理心理测试技术。测谎顾名思义在字面上就是测试你到底说没说谎，实际上测谎是测试你的记忆痕迹，也就是你的心理变化会带动你的生理变化，生理变化会通过这些传感器体现在我电脑上，我通过技术鉴定判断出被测人的真实记忆情况。我说的你理解了吗？

答：大概理解了。

问：测谎是100多年前意大利的科学家龙勃罗梭研发的，在我们国家也有40多年的历史了，现在国内公安、检察院、司法、军队等部门都应用得非常好，在你面前的这台测谎仪也是参与了几百起案件的，所以这项技术已经很成熟了，你听明白了吗？

答：明白了。

问：不做亏心事不怕鬼敲门，这句话你听说过吧？

答：听说过，对啊，不做亏心事不怕鬼敲门。

问：你就尽量放松，好好配合，只要这个事情和你没有关系就会还你清白。

答：非常感谢，我一定好好配合的。

问：这是书面的测谎协议书（向他出示），需要你在上面签字的，你要仔细看看里面的内容，你看不懂我也可以给你读出来？

答：（拿着协议书仔细看了一分钟多）我能看。

问：这个书面的协议书上写着主测官也就是我已经向你解释了心理测试（测谎）的原理，你本人同意进行心理测试（测谎），你本人对我的解释表示满意，并对测试结果完全负责，看明白了吗？

答：看明白了，需要我在哪里签字？

问：在协议书下面被测人那里签字，写上日期和按上指纹？

答：（没有犹豫）签了字并按了指纹。

问：一会儿我把测试的问题先告诉你，你越放松越好，我问你什么你要简洁回答“是与不是”“知道不知道”“明白不明白”……不用摇头不用点头也不用解释，这期间累了可以休息，听明白了吗？

答：听明白了。

问：这些仪器没有电也没有辐射，对人体没有伤害不要担心，现在给你戴上仪器（陪同测审侦查员帮忙用了大约两分多钟戴上仪器）。准备好了吗？

答：准备好了。

开始测试……

经过近50分钟的中心测试（测试过程中，被测人积极配合，测试出的数据图像较清晰）……

综合测试结论：(1) 排除其参与此案件；(2) 对丢失物品的具体情况不知情；(3) 没有内外勾结的情况。

问：测试完了，但是老张你也要有一个心理准备，不是我不帮你而是你不和我说实话我真帮不了啊，你明白我的意思吗（进一步微反应测试）？

答：(疑惑地抬头看了看) 我不明白什么意思啊，这事情我肯定有责任，但是我可没有故意把那个包裹拿走或者弄丢。

问：(突然声音加大) 你说的真话还是假话在我这里能过关吗？你心里没有数吗？

答：(面部情绪激动) 可我真没参与啊，我这最后一趟车就退休了，我有必要做这个事情吗？我都上火死了。

问：这个事情你有责任你不委屈吧？

答：责任肯定是有的，可是我不是人为故意的啊。

问：现在心理测试（测试）的正式报告我还没有递给领导，你还有机会，我可以帮你找主办案件单位的领导给你求个情，给你一个主动坦白的机会，这个机会你要不要，给我一个痛快话？

答：(情绪激动低头不语) ……

问：不说话代表就是想要这个机会了呗？

答：我是有责任，可是我不能瞎说啊，我真没有人为故意参与啊。

问：既然你还没有想明白，我也没有太多的时间管你了，这样吧，我先让办案人员把你带下去冷静一下，想好了再来找我（笔者给办案人员打电话，让办案人员将其带走）。

嫌疑人之三：高凯（押运员）：

问：你是高凯（化名）吗？

答：是的。

问：多大年龄了？

答：48 岁了。

问：长得挺年轻啊，不像啊？

答：我是没心没肺的人，不操心。

问：孩子多大了？

答：22 岁了。

问：儿子还是女儿啊？

答：儿子。

问：现在还在上学吗？

答：大三了，马上毕业了。

问：你媳妇是哪个单位的啊？

答：我们离婚了，我自己一个人过。

问：啥时候离的啊？

答：都七八年了。

问：因为啥啊，能过就在一起过呗？

答：感情不和，她说啥也要离婚。

问：行啊，你也有那么大的儿子了，马上就要大学毕业了，也没有什么负担了，也不错。你在这个单位具体负责什么？

答：就是汽车押运员，跑哈尔滨到佳木斯和双鸭山那条线的。

问：这个工作干多少年了？

答：这个汽车押运员我干了 10 年了，之前哈尔滨那头的大库了。

问：时间不短了啊，以前遇到过类似的情况吗？

答：没有，从来没有，这么多年也没有听说过哪里出现过这种事情，开始我都以为记错了呢，就回到佳木斯那头找，结果没有找到。

问：这个事情确实不小，你应该明白这其中的利害关系，不是金钱所能解决的，你懂吧？

答：唉，（双手插到头发里）我懂，我都干了10年押运员了能不知道这里面的吗？

问：这个事情无论如何你都脱不了干系，而且责任还很大，我说的对吗？

答：我有责任。可是我现在一直很迷糊，怎么就没了呢？谁能拿那个东西啊？

问：这话是应该我问你的吧，你是当事人，是应该最知情的啊？

答：唉，可是我真不知道啊，愿意怎么处理就怎么处理吧，反正我没有拿。

问：哈哈，你倒心挺大，先不说你拿不拿的事情，即使你没拿，你也有很大的责任啊，你属于押运员，保管物品是你最重要的责任，你现在应该主动积极地配合好工作，说白了，我们大家在努力工作，也都是为你工作，明白这个道理吗？

答：我懂，这几天我也一直在想啊，可是真的想不明白为啥东西就没了，我也着急上火啊，可是着急上火没有用啊。

问：关于这件事情你是怎么看的啊？

答：我也说不清楚，开始我以为卸错地方了，可是后来没有找到，我就迷糊了，按理说不会掉出去啊，因为门不会轻易开的，即使没有插好那个门不会轻易开的，再说了到双鸭山开车厢门时，门是关着的啊，所以我也搞不懂到底是怎么回事了。

问：听说你海外有亲属？

答：我姐现在在加拿大定居。

问：你们最近有联系吗？

答：联系啊，平时我们老是打电话，前几天没出事之前还通电话了呢。

问：这个事情她知道吗？

答：应该不知道，出事之后，我的电话被扣了，不让同外界联系，我们就没有通过电话。

问：这个车上加上司机一共三个人，所以说你们三个都是有嫌疑的，你也知道我们不止找你一个人了，希望找你不是找的最后一个人，你明白我的意思吗？

答：明白。

问：刚刚聊了一会儿了，我忘了自我介绍了，我姓杨，是省公安厅的测谎专家，所以我今天来不是审讯你的，知道了吧？

答：知道了，测谎是干吗的？

问：一会儿我会告诉你测谎是干嘛的，你刚刚跟我聊了那么多，其实也想证明自己没有人为地去参与这个事情，想证明自己的清白，我说的对吧？

答：（被理解的表情）对啊，我就是想证明自己的清白，我没有拿那个东西。

问：可是口说无凭啊？

答：我也只能口说啊，也没有其他证据啊？

问：也是，这样的事情也真拿不出来其他证据，你相信科学吗？

答：当然相信科学了，这个社会谁不相信科学啊？

问：刚刚你问的测谎是干吗的，其实测谎就是科学，既然你相信科学就会相信测谎，测谎是一门技术，书面上叫生理心理测试技术，很多人从字面上理解为测试谎言，也就是看你说没说谎，其实不只是那么简单的，生理心理测试技术主要是测试人的记忆痕迹的，就是你干过的事情，通过测试能看出你干过这个事情的整个过程的，所以刚刚你一直想证明自己的清白，可是只有自己来证明自己，感觉自己百口难辩，是不是？

答：是的。

问：现在科学发达了，我们可以通过这种测试方法来证明你是否真的人为参与了这件事情，如果你真没有干，通过测试马上就能证明你的清白，但是如果和你有关系，你也别想逃过去，明白吗？

答：我真没干，可以给我测试吗？

问：可以，你要是真的没有参与，肯定想快点通过测试来证明自己的清白，我说的对不对？

答：是啊，我真的想要证明自己的清白。

问：你这个态度是好的，既然你同意测谎，我就给你一个机会来证明自己，但是丑话说到前面，这个事情要是和你有关系，肯定也跑不了你，在没有出测试的鉴定结论之前，可以给你一个坦白立功的机会。

答：这个事情我真没有干，你就测我吧，这样就能证明我的清白了。

问：测谎仪你听说过吗？

答：在电视里听说过。

问：不做亏心事不怕鬼敲门，对吧？

答：对啊，我没做亏心事不怕鬼敲门啊。

问：测谎也是这个道理，我现在给你说一说测谎的基本原理，测谎是一项技术，叫作生理心理测试技术。实际上测谎是测试你的记忆痕迹，也就是你的心理变化会带动你的生理变化，生理变化会通过这些传感器体现在我的电脑上，我通过技术鉴定判断出你的真实记忆痕迹。这些话你听明白了吗？

答：大概理解了。

问：生理心理测试技术是100多年前意大利的科学家龙勃罗梭研发的，我们现在这项技术在国内公安、检察院、司法、军队等部门都应用得非常好，我带来的这台测谎仪也是参与过几百起案件，还没有出现过任何失误，所以你放心还是那句话，只要你没有人为地参与就会还你清白，但是如果这个事情和你有关系，我还是奉劝你一下不要抱有侥幸心理，主动把事情说清楚，大事化小，我还能帮帮你，你现在有什么要说的吗？

答：（无奈的表情）我真没有干，还是测试吧。

问：那我们就看看测试的结果了，这是书面的测谎协议书（向他出示），你仔细看看里面的内容，你看不懂我也可以给你读出来？

答：我自己能看（拿着协议书仔细看了一分钟多）。

问：你看完了，我也要口头上给你解释清楚协议书上的内容，这个书面的协议书上写着主测官也就是我已经向你解释了心理测试（测谎）的原理，你本人完全同意进行心理测试（测谎），对我的解释表示满意，你本人对测试结果完全负责，我说的内容对吧？

答：对，我看明白了，需要我在哪里签字？

问：看清楚了就在协议书下面被测人那里签字，写上日期和按上指纹？

答：（没有犹豫）签了字并按了指纹。

问：你不用紧张越放松越好，在问你问题之前我把测试的问题先告诉你，你要简洁回答“是与不是”“知道不知道”“明白不明白”“清楚不清楚”……不用摇头不用点头也不用解释，如果累可以休息一下，你要做的就是放松，听明白了吗？

答：（略微紧张）听明白了。

问：这些仪器我们自己也经常做实验戴，所以没有电也没有辐射，对人体没有伤害不要担心，现在给你戴上仪器（陪同测审侦查员帮忙用了大约两分多钟戴上仪器）。你坐好了，两脚自然落地，两个手手心冲上分别放到椅子两侧的扶手上，目视前方，好就这样，开始测试了，可以吧？

答：可以了。

经过近一个小时的中心测试（测试过程中，被测人积极配合，测试出的数据图像较清晰）……

综合测试结论：(1) 排除其参与此案件；(2) 对丢失物品的具体情况不知情；(3) 没有内外勾结的情况；(4) 有其他不想认知的行为，但是与本案无关。

问：现在基本测试完了，高凯啊，你有什么事情你心里不清楚吗（进一步微反应测试）？

答：（惊慌地看了看）这个事情真和我没有关系啊，别的事情我不敢保证，这个事情我绝对保证和我一点关系都没有。

问：（突然声音加大）那什么事情不能保证，你说说？

答：（面部情绪激动，犹豫）这个事情和我没有关系就行了呗，别的事情你还管啊？

问：管不管不是你说的算，知道吗？

答：我保证这个事情没有参与。

问：我告诉你现在正式的鉴定报告还没有出来，你还有一个主动坦白的机会，你说用不用我管你了吧？

答：（情绪依然激动）可是我真没干啊，我是什么都不知道啊。

问：好吧，还是让办案人员来吧，你和他们说清楚吧，我的事情做完了（笔者给办案人员打电话，让办案人员将其带走）。

第十章　审测推进涉案情景、确认事实要件

第一节　审测“退路选择”的更换支点（案例9）

犯罪嫌疑人选择退路是以摆脱后果为条件的

后果条件：退路选择转移恶果降低危害的条件，是帮助嫌疑人设立新后果的条件，设立的新后果是能够让嫌疑人接纳的轻于旧后果的恶性程度的条件。

设立方法：

恶性后果的趋利条件，如“你早说早回家趁着外界还不知道你在这里，如果等到明天，那你的事情就会被铺天盖地就传开了，那对你的影响就大了”“自己主动说是自首，别人替你说那后果就麻烦了”。

挤对式涉案条件，如“你的那套房子我们准备没收，如果不是你敲诈来的，那后果就不一样了”“你在这里耗时间，直接影响你儿子的高考，抓紧时间回去，也不至于影响你儿子的前途”。

目的满足式的涉案条件，如“你的心理压力大我知道，你害怕背着受贿的罪名，你现在主动把钱主动退出来，这个压力不就解脱了吗！你想不想退？想退多少？”。

回应表现：沉默顾虑，顺台阶下“想退”。

嫌疑人的第九认知层面——利益来源

嫌疑人面对自己当前的处境，以及需要自己承担的处罚后果，进入了“我该怎么办？”的困境，出路在哪里？

首先是自己除了选择抗拒还有更好的方法吗？自己目前采用的方法审讯人员并没有相信！自己需要更好的方法来保护自己。结果是未知数。

其次是自己需要在审讯人员身上找到对自己有利的方法，需要外援的支持。

最后是审讯人员能否给自己带来利益？审讯人员的态度自己将作何理解呢？自己是否可以相信审讯人员呢？认知不稳定需要观察，以此寻找来源。

（侦查讯问人员提出的解决条件对自己有利可以采纳）

案例 9

2015 年东北某知名大学原党委书记职务犯罪案

2015 年 1 月据黑龙江省纪委消息：经黑龙江省委批准，东北某知名大学原党委书记侯某某（正厅级）因涉嫌严重违纪违法，被立案侦查。侯某某虽然已经退休，但仍然担任博士生导师，被立案侦查时还带有 7 名博士。2015 年 2 月笔者接到通知，协助反贪部门办理此案。笔者通过详细准备后，在反贪部门李处长的配合下经过对侯某某 4 个多小时的“审测”，让被谈话一个月都无动于衷的侯某某痛哭流涕，彻底放下心理负担，认识到并承认自己的错误。第二日，全国各大网站宣布对其批准逮捕。

笔者通过前期了解到侯某某在 1999 年便提为正厅级实职干部，并且身体健康，博学多才，反应灵敏，曾经和年轻的教职员工进行仪器测试反应速度比赛，其比常人反应速度高出近一倍，即使退休了依然带有多名博士进行课题研究。笔者在“审测”之前交代好配合的李处长，在前 20 分钟不要理他，就让他看着我们两个人正常聊天。

（侯某某被带到笔者和李处长对面坐下后，笔者和李处长没有理他，侯某某一直挺着腰板正面看着我们，我们当作他不存在的样子自顾自地聊了 20 分钟，聊得热火朝天。之后笔者突然转过头直视侯某某）问：侯书记吧？

答：（一愣）是的。

问：什么级别？

答：正厅级。

问：哪年提的？

答：1999 年提的。

问：说句实话，你这个事情我不愿意来，知道为什么吗？

答：（不解地看着笔者）……

问：因为事情太小了。

答：（非常不解地看着笔者）……

问：你还挺纳闷，我一个正厅级干部还小吗？告诉你，在我前面坐着的在我这里不分级别，分的是下一步是生还是死，也就是坐在我前面的不是杀人犯就是黑社会大哥，基本上都是够死的，最起码也是个无期啊，你这一个小贪污受贿的职务犯罪，最多能判多少年啊，在我眼里这个案子太小了。

答：（侯某某的腰板明显弯了下来，气势明显下来了）……

问：听说现在还带 7 个博士的吧？

答：是的，我还带 7 个学生做科研。

问：告诉你老侯别看你是博士生导师，你的年龄也比我大很多，可以说也经历过很多大风大浪，但是你见过的杀人犯和黑社会大哥跟我比可差远了，因为我天天就是对付这些人的，我说的对不对？

答：那是啊，我基本上都是在学校里工作了，社会上很少接触的。

问：那也不是，据我所知你的交往还是很广泛的，但是基本上不是当官的就是生意人，那些人相对来说还是比较文明的，也是讲道理的，你老侯也属于这种人，对吧？

答：都是普通人，相比一些人愿意多读读书而已。

问：人最难弄的，你知道是什么人吗？是那种不要脸的“滚刀肉”，像你这样有身份有地位的是讲理的，不会耍臭无赖，所以我和你谈话没有难度。我说的对吗？

答：（直直看着我，沉默）……

问：你看着我是想知道我多大年龄了，对吧？可以告诉你，我和你女儿是同岁，她不是在北京工作吗，是博士毕业吧？我还可以告诉你你女儿对你也很气愤，你应该知道原因。

答：唉，她也生我的气，说我不管她。

问：她离婚了吧？

答：离婚了，她太有个性了。

问：她对你气愤，和有没有个性没有关系，你明白我的意思，你今年63岁了，按理说你要是不犯错误，还轮不到我说你，但是你确实做了一些错事，即使你不承认，但是事实摆在那里，谁也赖不掉，真的假不了，假的真不了，估计你也知道我今天是来干吗的了。

问（李处长）：这是咱们省里的测谎专家，专门负责大要案的，这次特意把专家请来也可以看出来领导多重视你的这个事情了。

问：李处长说的对，我是省里的测谎专家，也就是说我今天来不是来审讯你的，你听明白了吗？

答：测谎就是心理测试，不能作为证据使用，但是能坚定信心。

问：要不说和你谈话好谈，因为你什么都懂，一点就通。你知道的越多，我们下一步工作就越顺利，我最怕遇到不识字的农民，因为我跟他说什么他都不懂，我还得慢慢想办法解释，你就不一样，刚刚一说测谎的事情你就懂，既然你知道测谎的科学性就好办了，因为科学是不能骗人的，对吧？

答：（眼神里含有一丝畏惧）我知道，但是不知道准不准啊？

问：你想想准不准，不准能有100多年的历史，美国大部分州都当作证据使用，你说准不准？

答：应该是准的，就看操作的人怎么样了。

问：你面前的这台测谎仪已经测试了好几百起案件了，可以说是战功斐然啊，迄今为止还没有失误过。而且也可以明确告诉你，反测谎也是不可能的，我们常实验，都没成功过，据说美国的间谍经过反测专业训练一年以后才有极少数能通过反测。所以你也不用抱有幻想。

答：我没有想那些啊。

问：没想最好了，想了也没有用。因为我和你女儿同岁，从这个角度上看，你也算是我的长辈了，所以只要你配合好了，我可以照顾你，听明白了吗？

答：谢谢，我现在是一个废人了，以后也没办法报答你了。

问：报答倒不需要，只不过也不用那么悲观，该你承担的责任你是必须要承担的，不该你承担的，今天我也可以帮你向领导证明。这样够意思吧？

答：太谢谢了，我就是纳闷了，我这个级别怎么也得先到纪检部门吧，怎么就直接到检察院了呢？

问：你说的这些不是什么问题，因为在法律方面你不专业，就是明显构成犯罪了，就不需要经过纪检部门了，直接到反贪部门，这是很正常的。只是你认为你毕竟是正厅级干部，为了国家也付出了很多，怎么也得给一个机会啊，怎么直接就到了司法机关，心里很委屈而已，我说的对吧？

答：反正我不理解。

问：这说明现在不同以往了，党的十八大开完以后，我们国家反腐力度加大了，至于你说的直接到检察机关，现在来说这是很正常的事情。你难道没有注意到吗？

答：（低头沉默）……

问：其实侯书记你这么多年确实为这所大学做出了很多贡献，我也知道你现在也是桃李满天下，很多学生都走到重要岗位上了，所以你感觉很委屈，为国家培养出来那么多人才，最后怎么能落到这个下场呢？这些我们也理解，但是你放眼全国看一看，党的十八大之后落马的比你级别高的，比你位置重要的不是太多了吗？功是功，过是过，在法律面前不能用功来抵过，这些你应该很清楚，可以说那些落马的高官比你厉害的不是有的是吗，但是最后哪个逃过去了，不是都最后伏法了吗，可是如果你注意一下就会发现受贿数额相差并不是很大，有的人最后判得就很重，有的人就判得比较轻，这是为什么呢？你说说？

答：我也没有那么大的事情啊，我也不清楚啊。

问：你有多大的事情得看事实，看证据，不是我说你有多大事情就有多大的事情，明白吗？侯书记，刚刚说了受贿数额差不多，为什么有的人就判得比较重，有的人就判得比较轻呢？不是法院找人了就轻一些，可以说现在都是公开化，全国人民都看着呢，谁也不敢做得那么明显了，轻重的原因取决于你个人态度问题知道吗？态度好了，可以从轻，如果能检举其他违法犯罪事实，还可以减轻，这是现在法律上有明文规定的，这回你知道为什么有的人判得较轻有的人判得较重了吧。其实领导没有给移交外省去办案已经是照顾你了，这个问题你发现了吗？

答：我也不懂啊。

问：你不懂就对了，别看你博学多渊，又经历了那么多的事情，见过很多大场面，但是在这方面你还真不一定有我专业，我毕竟从事了20来年的法律方面的工作了，我天天研究的就是人和法律，所以我一眼就看出领导对你还是网开一面的，毕竟你为国家培养了那么多的人才，所以这个时候你要好好想下一步怎么走下去，是见好就收呢还是坚持和组织对抗到底呢，这些你要仔细掂量，今天我说了我不是来审讯你的，摆在你面前的这台测谎仪是我们下一步工作的重点，因为我和你的女儿同岁，你这个人平时口碑也很好，所以我们既然有这个缘分我就要尽量用我的经验和我现在所处的位置帮帮你，我身边的这位是反贪部门的李处长，他也是个好人，如果不违反原则的前提下他也会同意我帮帮你，对吧李处长？

问（李处长）：我同意专家的意见，我们能帮你的还是要帮你的，只是你自己也要有一个好的态度对不对？

答：我都这样了，还有啥态度啊。

问：其实侯书记你是否想过一件事情，如果你态度一直很不好，对抗组织的后果是什么？从党的十八大以后网上公布过的那些涉嫌严重违纪违法的高官有一个平安落地的吗？我可以负责任地告诉你一个都没有，最后没有一个不被判刑的，恰恰对抗组织的没有一个轻判的。所以刚刚我问你你想过你对抗组织的后果是什么吗？你不敢想，我可以告诉你后果是因为这个专案组办事不力，换人，把你移交到人生地不熟的外省去，到那个时候可不由你了，现在你最好的出路就是大事化小，但是化不了，能不牵扯的人尽量不要牵扯，例如跟你好的那个姓黄的处长，例如跟你生活了一辈子的老伴，例如你的亲女儿等这些都是你的亲人和朋友，你想过吗？如果我们真想往死了整你，这些人都会被牵扯进来，你拖的时间越长，上面的领导不满意了，她们被牵扯进来的概率就越大，你想过吗？

答：（低下头，眼睛湿润了）唉，我已经是废人了。

问：我说的这些都是以我私人身份跟你说的，其实我就负责测谎，我也不是来审讯你的，干了这么多年我帮了很多人，可以说没有一个人恨我，为什么？因为我这人心地不坏，看到你这情况我就想顺手帮帮，对我来说无非耽误点时间，可是对你来说有可能就帮你渡过了一生中最大的一个难关，我说的对不对？

答：（低着头点头，眼睛依然湿润）您说的对。

问：我们以前也不认识，可以说是往日无冤近日无仇，在不违反原则的前提下，我能帮你一下就帮你一下，可以说你在外面风光时多少人想请你吃饭都请不到你，现在落难呢，都不是躲得远远的吗，这个时候我要是帮了你，可比在外面请你吃十次饭更值得你感激我，我说的对吗？

答：（低着头点头，眼睛依然湿润）对、对。

问：（突然大声）可是老侯，我作为一名党员，虽然级别比你低，年龄比你小，我也得说说你……现在你已经被监视居住近一个月了，这么长的时间晚上睡不着觉你也应该反思了这么多年自己都犯了哪些错误，你的具体错误我不想说，你自己心里有数，但是现在你失败的不是因为你进来了如何，而是因为在你现在有难的时候，你的老伴和女儿一点都没有质疑司法机关审查而替你喊冤，反而认为这是早晚的事情，认为你因为那个女人早晚得出事，连这个世界上和你最亲的家人都认为没有抓冤枉你，你说你今天走到这一步是不是很失败？

答：（低头眼泪掉了下来，用右手擦眼泪）唉，我现在也没什么脸了。

问：（递给他两片纸巾）没有脸可是你自己说的，人都有犯错误的时候，连世界上的伟人都有犯错误的时候，何况你我啊，你虽然很优秀，从一个普通工人家里，一步一步走到今天，1999 年你就被提到正厅级，这些既是你的努力也是我们祖国对你的培养的结果，可以说这也说明我们这个国家好，你这样没有背景的人靠自己的努力就能当上这么大的领导，还是著名的博士生导师，难道你不应该感恩这个国家吗？虽然你为国家做出了很多贡献，但是国家不也给了你相应的级别和待遇了吗？也有很多人为国家默默付出着，甚至有的人付出的比你都要多得多，可是也不一定有你这个待遇和级别，你走到今天是你自己走出来的，不好听一点也是那句话“脚上的泡都是自己走出来的”，国家对不对得起你，你心里应该有数，现在审查可以说没有冤枉你，现在你说说你的委屈从何而来？（声音加大）你现在就给我说说你的委屈从何而来？

答：（双手掩面痛哭流涕）唉，我都是自找的，和别人没有关系，是我自己犯的错误，我认罪。

问：认罪是对的，可是怎么个认罪法，你说说？

答：唉，你们问我啥我就说啥，我好好配合还不行嘛！我这个心里太难受了。

问：刚刚李处长也介绍我了，我是省里的测谎专家，今天也不是来审讯你的，刚刚聊了很多，你的态度也好了很多，如果你真想配合好工作，一会儿可以跟办案人员说可以吧，我们现在先测谎，通过测谎我要知道你和办案人员之前说的有多少真和假，以及你在生活和经济上犯的错误还有多少没有和办案人说，我们现在就解决这个问题，可以吧侯书记？

答：（抬起头有些犹豫）好、好吧。

问：刚刚听你说的意思，对于测谎技术你还是有所了解的，是吧？

答：在书上和电视上都看过介绍，就是略知一二，具体什么原理还真不知道。

问：其实你知道一些是最好了，这样你就更明白测谎技术的科学性了，就会更信任测谎技术了，对吧？

答：是的，这本来就是科学的，可是在中国不能当作证据用啊。

问：你说的是鉴定结论直接当作证据，现在在中国确实不行。但是我们可以通过测试结论来找到证据和证人，还有可以作为判断其他证据的依据，这些作用在后续的工作中不亚于证据了，例如你受贿的资金去向我可以通过测试知道，你受贿的渠道也可以通过测试知道，有些女人是否和你有不正当男女关系也可以通过测试知道，也就是我测试的不仅仅是你的语言是否说谎，我是要测试你的记忆痕迹，你的记忆痕迹是抹不掉的，你是做学问的人，这个我不说你也应该懂的。所以在我这里不存在侥幸，明白了老侯？

答：（声音略小）这些我还真不清楚。

问：侯书记，其实你一生中经历好多事情，可是个人发生了这么大的事情，也应该是头一次，是吧？

答：是啊，这次是废人了。

问：我也理解你，你也挺上火的，放心只要你配合好了，我会在不违反原则的前提下尽量帮你，这就看你的实际行动了？

答：我一定认真配合。

问：那就是同意测谎了呗？

答：同意呗，不同意也不行啊。

问：既然你自愿同意测谎，我现在给你说一说测谎的基本原理，老百姓俗称为测谎，其实这项技术叫作生理心理测试技术。测谎顾名思义在字面上就是测试你到底说没说谎，实际上测谎是测试你的记忆痕迹，也就是通过我的问话，你的心理记忆就会被唤起，心理的变化会带动你的生理变化，生理变化会通过测谎仪的这些传感器体现在我电脑上，我通过技术鉴定判断出被测人的真实记忆情况。这就是测谎的基本科学原理，我一说你就会很清楚。

答：（声音略小，情绪低落）我听明白了。

问：100 多年前意大利的科学家龙勃罗梭研发的测谎，后期在美国和日本应用得非常好，美国大多数的州都可以当作证据用了，在日本重要秘密部门，例如核部门的重要岗位聘任人员时都是需要测谎的，通过了才能录用，通不过坚决不用。在我们国家也有40多年的历史了，现在国内公安、检察院、司法、军队等部门都应用得非常好，所以这项技术已经很成熟了，你听明白了吗？

答：明白了。

问：不做亏心事不怕鬼敲门，这句话你听说过吧？

答：知道。

问：你现在要做的就是尽量放松，好吧？

答：好的。

问：既然你同意测谎，这是书面的测谎协议书（向他出示），你要仔细看看里面的内容，看完了，同意你就在上面签字。

答：我看看（拿着协议书仔细看了三四分钟把协议书递给了我）。

问：看完了，我再跟你说说这个书面的协议书上写着的主要内容，主测官也就是我已经向你解释了心理测试（测谎）的原理，你本人同意进行心理测试（测谎），你本人对我的解释表示满意，并对测试结果完全负责，是这样吧？

答：是这样。

问：你有异议吗？

答：我不太懂对测试结果完全负责是什么意思？

问：你是怕结果不准确吗？

答：有点，因为任何仪器都有误差，你这个测谎仪肯定也有误差啊。

问：你说的对，任何仪器都有误差，这台测谎仪的准确率也是只有98%，不可能是100%，其实这样已经很高了。所以我在测试时采用多套题来进行测试，我进行综合分析判断才能出结论，这样就尽量避免了概率很小的误差的出现，我这么说你能明白吗？你毕竟是见过世面的领导，平时也是知书达礼之人，不会因为害怕找借口不敢测的，这也不是你的性格，我说的对吧？

答：（沉默犹豫了一会儿）在哪儿签字？

问：在协议书下面被测人那里签字，写上日期和按上指纹？

答：（慢悠悠地，仔细地）签了字并按了指纹。

问：一会儿测试之前，我把测试的问题先告诉你，你越放松越好，我问你什么你要简洁回答“是与不是”“知道不知道”“明白不明白”“清楚不清楚”……不用摇头不用点头也不用解释，你年龄大了，这期间累了可以休息，听明白了吗？

答：没事，我身体还行，测吧，早测完早利索。

问：马上给你戴仪器，这些仪器没有电也没有辐射，对人体没有伤害不要担心，现在给你戴上仪器（笔者和配合的李处长用了大约三分多钟戴上仪器）。准备好了吗？

答：准备好了。

经过近一个半小时的中心测试（测试出的数据图像较清晰）……

综合测试结论：（1）有利用职权受贿的事实；（2）受贿数额：1000万以内；（3）账款去向：大部分给其情妇黄某某，少部分自己挥霍和用于家人；（4）利用职权的倾向性：办学生入学、基建工程和单位人事调整等方面；（5）外地有多处房产；（6）最在乎担心的人：情妇黄某某；（7）知情人：情妇黄某某部分知情。

问：基本上测试完了，什么结果侯书记您应该很清楚吧？

答：（低头沉默）……

问：李处长之前你也见过，刚刚我测试时李处长也看到我的电脑屏幕了，你的哪个方面有变化，我也指给李处长看了，可以说你的身体状况确实不错，反应很正常，一目了然。是不是李处长（侧过头来和李处长说话）？

问（李处长）：侯书记，测谎呢我确实不懂，但是刚刚专家测试时指给我看了电脑上的曲线变化了，你的身体确实不错，可以说是图谱很清晰，所以说真实的情况通过测试已经很清楚了，这也出鉴定报告的，你现在的态度也很重要，你这么高级别的领导也知道你的态度决定了下一步的走向问题，可以说有些事情现在已经瞒不住了，瞒不住的事情早点主动说了也算对你有所帮助，其他我们没掌握的事情也会对你网开一面。

答：（低头沉默）……

问：来喝点水吧（递给他一瓶矿泉水）。

答：（抬起头，伸手接过水）谢谢您。

问：你边喝水边想一想，下一步何去何从，你要想我们两个帮你啊，就得和我们说实话，不然你外面的家人以及朋友想帮你也帮不上，外面的人找来找去也深入不到专案组的核心，现在我们哥俩在这也是个机会，能帮你的肯定帮你，测谎也完事了，放下身份以私人的感情帮你出出主意，毕竟我们在专案组的核心圈，具体情况我们都掌握，也从事法律工作20来年了，这件事情下一步怎么办看的比你自己要明白得多，你说对吗？

答：那是啊，这方面你们肯定比我要懂啊。

问：你这种情况想全身而退是不可能的了，只能想办法把事情影响的范围缩到最小，大事尽量化小，明白我的意思吗？

答：你说的意思我明白，我已经是废人了，也不想牵扯太多的人了。

问：这么多年你也确实付出了很多，你从吉林一个普通工人家庭里走了出来，没有任何背景，靠着自己的努力留校任教，之后一步一步走到正厅级领导的岗位上，任主要领导那么多年，可以说你付出得肯定比普通人要多得多，我说的对吗？

答：（情绪有些激动，低下头）唉，那些都是过去的事情了，说那些已经没有用了。

问：刚才说了，功是功，过是过，虽然功不能顶过，但是也不能抹杀功劳，是吧？这是客观事实，你侯书记虽然犯了错误，可是还会有很多人记得你的好，人孰能无过啊，古今中外那些伟人都犯错误，何况我们普通人呢，人的一辈子就是从错误中走出来的，我现在坐在你的对面夸夸其谈，难道我就不犯错误吗？很肯定地告诉你，我经常犯错误，但是犯了之后，我认识到了就要承认，错误犯了不要，要紧的是你能否在认识到错误之后有勇气主动承担下来，你说我说的对吗？

答：唉，你说的都对，这个错误可是不小啊。

问：态度是最重要的，毕竟你为了国家曾经作出了那么多的贡献，付出了那么多，只要你有一个好的态度，领导会考虑到给你政策的，我们哥俩也会帮你说说好话，对不对，人孰能无过啊，态度很重要，你现在还是我们共产党的一员，只要承认了错误组织上也会考虑从轻或者减轻的，不会不管你的，但是你老是和组织进行对抗，任何人都不会有好果子吃的，你说对不对？

答：（声音略小）我也知道这次肯定是废了。

问（李处长）：你也不要那么悲哀，毕竟你没有那么大的罪，实话实话就行，有些事情你上火后悔也没有用，刚刚省里的专家也说了，我们哥俩在这里对你来说是最后的机会了，不然真的把领导惹急了，你想想对你能有什么好的结果吗？

问：李处长说的很对，你现在不要想别的事情，就是要争取一个好的态度，让上面的领导对你表示认可，你才有机会，对吧？我现在不问别的就问问你，你是不是错了？你就回答是不是错了？

答：（低头沉思了一下）我错了。

问：（声音略大）错在哪儿了？

答：拿了不该拿的钱了。

问：都拿了哪些不该拿的钱了？

答：我得慢慢地想，有时候帮人家办事，给我点好处费，都是办完之后，有时候有的人找我想干点基建工程的活，我就把他介绍给我当厂长的学生，后来过年过节给我拿一些礼物和好处费，其他的我得慢慢地想。

问：你这个态度就对了，我给你想的时间，就在这里想，我马上让办案人来，想起一件就记一件，好不好？

答：好吧，有一笔 20 万元的现金藏在我老家吉林的那个平房里了，放在房子地窖里了，有一个密码箱，就算给专家这次来的礼物吧。

问：谢谢侯书记对我们的信任，我和李处长会把这个事情反馈给办案领导的，到时候给你单独取一份笔录，也算你主动坦白的材料，在以后有可能能用上。（让李处长把办案人找来）这样吧，就按照你这样的态度和办案人坦白，不要着急，慢慢想，我们还有见面的机会，我和李处长就先回去了，好不好侯书记？

答：（要站起来表示感激）谢谢您杨专家和李处长，等有机会我再表示感谢吧。

第二节　审测“涉案情景”的供述选择（案例10）

涉案情景：涉案条件被接受以后回牵与案件相关联的情节，是跨越行为事实的桥梁，是纲举目张中的“目”，抓住被接受的新条件的“纲”，把“目”张开，呈现案件情景。

讯问方法：

以“纲”追“目”，如“那个钱你想不想退？我想退！你怎么退？退多少？”。直到将基本的涉案情景追出来为止。

利弊追踪，如“是你索要的还是他主动给的？”。

因果动机，如“你当时是怎么想的？”。

反应表现：能够说出部分的涉案情景，仍有隐瞒。

促进涉案情景供述的方法：

引导过渡，帮助嫌疑人消除顾虑；

最后通牒，帮助嫌疑人进行趋利避害的选择；

转变角色，加大动机的推动力；

接话牵引，强化嫌疑人的赞同选择；

时空界限，过了这个村、没有这个店、这是唯一的机会了；

注意陷阱，嫌疑人在大量的供述过程中，难免会掺杂谎言，这里应当注意纠正嫌疑人再次出现的谎言。（谎言的微表情反应）

嫌疑人的第十认知层面——倾向动力

在新出现的条件下，根据审讯人员的指向，产生了行为的倾向动力。

首先是在“困境”的作用下，采纳审讯人员的“指向”，能够解决当前的困境。如谎言被揭露，审讯人员追讯为什么说谎！嫌疑人只能说出说谎的原因，才能够解脱说谎的困境。再如强奸案，嫌疑人身处强奸他人被指控的困境，在审讯人员指向的被害人的谅解条件下，产生了取得被害人谅解的心理趋向。

其次是审讯人员给出的新条件，需要与嫌疑人自身处境的心理意识和心理趋向相吻合，才能够被采纳产生动力倾向。无论是信念对抗还是侥幸对抗都有特定的自我心理认知，通常都能够通过在审讯交流的空间反映出来，这也是嫌疑人提出的问题，需要审讯人员解决的，审讯人员的“指向”就是解决的方法。如作为情妇的犯罪嫌疑人共同受贿的一套房子，审讯人员提出的条件是“没收房子”，嫌疑人拒绝没收，审讯人员追讯拒绝的原因，嫌疑人辩解房子是自己用青春换来的！审讯人员追讯“怎么用青春换的”，嫌疑人道出了受贿的全部经过。

最后是嫌疑人是否需要审讯人员的“指向”，决定于嫌疑人当前的意识行为，嫌疑人认为，对当前自己的处境非常满足，就不可能选择审讯人员的“指向”。审讯人员只有破坏嫌疑人对当前处境的满足，其“指向”才能够被采纳，新的趋向动力才会产生。

案例 10

2018 年“5·29”黑龙江省大庆市预谋持刀抢劫案

2018 年 5 月 29 日 3 时 22 分，大庆东光分局接到李女士报警称：在建城小区某栋单元门前被人持刀抢劫。接警后，值班领导王局长第一时间赶赴现场，了解案情，并上报市局。分局和市局各部门通力协作，通过大量的工作，最终锁定了犯罪嫌疑人的藏匿地点，历经 10 个小时，于 29 日 13 点 30 分，在光明小区内将嫌疑人谢某抓获。

犯罪嫌疑人谢某到案后经过了 20 余小时的审讯，其拒不交代犯罪事实，气焰十分嚣张。由于被害人不具备辨认条件，按照现有的证据，经过与法制部门沟通，即使涉嫌犯罪将其刑事拘留后也无法批准逮捕，案件陷入僵局。市局领导指示“审测”专家杨鹏立即支援分局。正在哈尔滨出差的杨鹏驱车赶回大庆，下高速后直接前往东光分局，历经了近5个小时“审测”，就让这个有8年入狱前科的累犯谢某缴械投降、如实供述了犯罪事实，并连夜带着杨鹏找到和指认赃物，此案成功告破！

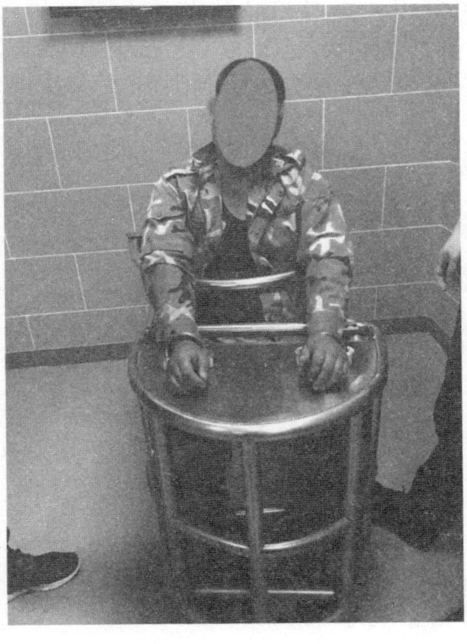

问：谢某吧？

答：（腰板坐得很直，直视笔者，声音洪亮）是的。

问：多大了？

答：28岁了。

问：哪儿的人啊？

答：安达万宝山的。

问：什么时候来大庆的？

答：这次来了有3年左右了。

问：这次来了有3年左右是什么意思啊？

答：这次来大庆之前我在监狱待了8年，判刑之前我也在大庆了。

问：你没怎么在安达待着啊？

答：我上完小学不念了就随我母亲来大庆了。

问：你母亲在大庆？

答：我父母离婚了，我妈改嫁到大庆了，所以我从小就过来了，安达我都不怎么回去了。

问：我给你介绍一下，我身边这位是东光分局的陈大队，你见过吗？

答：（仔细看了看陈大队）没见过。

问（陈大队）：我是分局办案大队的大队长，刚刚和你说的这位是市局的测谎专家，是全省的测谎专家。

答：原来是专家啊，谁来都没用，我太懂你们了，什么该说什么不该说我心里清楚，我在监狱待了8年，后几年我就是“二劳改”负责出去买东西，你们警察那套我太清楚了。

问：哈哈，就怕你不清楚，既然清楚就好办了。刚刚陈大队介绍我了，说我是测谎专家，这是真事，我也告诉你我今天来不是审讯你的，我就是来测试你几个问题，通过测试看看我们疑惑的地方到底是怎么回事，明白我的意思吗？

答：明白，随便测，我不怕。

问：好，这就好。但是在测谎之前我们要先聊一聊，其实这次测试主要的目的不是确认这次抢劫是不是你干的，这次抢劫是你干的已经定型了，很多证据放在那里呢，现在都是什么年代了，雁过留声人过留名啊，现在城市里的高清摄像头，晚上就跟白天一样照得那么清晰，还有一些高科技手段，我不直接说想必你也清楚，还有被害人指认，有了这些证据你不承认不要紧知道吗？所以说这次测试目的不是测试这次抢劫是不是你干的，很肯定地告诉你这次抢劫是你干的，怎么干的，所有证据已经一清二楚了，拘留手续已经办好了。

答：（疑惑的目光）那我还有啥事啊？

问：去年你们小区发生一起抢劫你不是不知道吧？现在已经有证据表明那起抢劫也是你干的，我就是想通过测试看看那起抢劫是怎么回事，还有这起抢劫你把被抢的东西放到哪儿了，还有抢劫用的工具放到哪儿了，一会儿就测试这些问题。

答：（声音突然加大，有些气愤）去年被抢的那个是我姨，我妈的同事，我怎么能抢她呢？再说了，大家都知道是怎么回事，她在外面有不正当男女关系，东西让人家拿走的，她跟前的人都知道。

问：都谁知道啊，你告诉我，我让人去问问？

答：那我不记得了。

问：既然没有实在的证据，你说的话也没有人来证明啊，就只能通过测谎来鉴定到底是不是你干的了。这个一会儿再说，我现在想问你一个事情，你要如实回答？

答：（疑惑）问吧。

问：我想知道这次你到底是为了什么抢劫，因为我听说你的女朋友明明哭着说是她把你逼的，不然你不会去干傻事的……

答：（着急的样子）跟她有啥关系啊……

问：（大声及时制止）我说完话你就说话，我让你说话了吗？你懂不懂规矩？还说你自己在监狱里待了8年，这8年待的连这点规矩都不懂吗？我问你我让你说话了吗（瞪眼睛直视着谢某）？

答：（不服气的样子，摆了摆头同样直视着笔者）……

问：（大声说）你看我干什么，你认为你有理吗？我告诉你，是你女朋友自己跟我们哭着说的，都是因为头一天她妈过生日，她找你要钱，你没钱要卖手机，后来她没让卖，自己去找人借了500元钱，她认为这些才把你逼着去干傻事了，她不跟我们说这些我们能知道你要买手机的事情吗（前期我们只是了解到她女朋友的妈要过生日，他要卖手机，说明急需要用钱，但女朋友并没有说是她逼的这些事情）？（无中生有、制造矛盾）

答：（疑惑）她找人借钱了，她什么时候找人借钱了，我咋不知道呢？

问：你知道不知道我不清楚，但是她找人借了500元钱的事情是真的，她自己说的。

答：（有些着急的样子）这事和她没有关系。（默认）

问：（告诉你）和她有没有关系不是你说的算，听说你女朋友17岁时就为你打了胎？

答：（非常气愤的样子）她妈不是人，要是我女朋友年龄到18周岁，我就去告她了，那不是祸害人吗，孩子都8个多月，哪有那么干的，当时我把安达的医院都找遍了。

问：没有找到吗？

答：找到了也不行，她妈就认钱，只要给钱就让跟我。

问：什么意思，还开出价钱了呗？

答：要80万元，谁给她80万元，大姑娘就给谁，说老二等到时候要100万元。

问：老二是什么意思，就是还有一个二姑娘呗？

答：是的，还有一小的。

问：多大了？

答：才10岁。

问：（表现出气愤，同情）要是听你这么说，你女朋友那个妈可真不怎么的啊，这不是卖姑娘吗？这都什么社会了，还这么干呢？看来你女朋友和你感情挺深的，不然还能和你同居吗？其实你女朋友怎么都脱离不了干系，睡得再怎么沉，你半夜出去那么长时间能不知道？即使没参与，知情不报就是犯罪（进一步促其默认）。

答：她睡觉沉，睡着了什么都不知道，本来她还是个孩子。

问：你还知道她是个孩子啊？既然你说她没有参与和知情，就说说你到底为啥干这个事情？

答：（不看笔者）不为啥。

问：既然不为啥，那你就跟我说说经过吧？

答：（不看笔者）我没干。

问：（大声制止）我问是不是你干的了吗？刚刚还聊得不错，看来你还是不太懂规矩，我问了是你干的了吗？我问你呢？你现在就回答我？我问了是不是你干的了吗？

答：（晃着头不说话，气势已经有所颓废）……

问：怎么？不敢说话了吧？告诉你，不要在这里给我装不懂规矩，这里什么规矩你应该懂吧？你之前进监狱是哪个单位办的？

答：是肇东刑警大队办的。

问：因为什么事情？

答：因为团伙盗窃光缆。

问：你是主犯还是从犯？

答：都是共犯。

问：你们一共几个人，你排第几？

答：四个人，我排第四。一个无期，一个 15 年，一个 10 年。

问：当时惹的事情不小啊，我说你怎么这么硬气呢，那你还算最轻的了？

答：当时我不是未成年吗？

问：你们已经出来两个了，你们见面了吗？

答：见到了，还有一个也马上出来了。

问：当初肇东刑警大队难道没告诉你进来之后的规矩吗？说话什么时候该说什么时候不该说吗？

答：（想了想）我出来去找主办案件的队长了，他不在了，好像调走了。

问：你找办案队长是什么意思？

答：没什么意思。

问：（突然大声，发怒的样子）你什么意思？怎么？难道你认为警察怕你报复吗？我告诉你，我亲手办的案子被枪毙的没有一百个也有几十个了，我难道怕你这个吗？5年前就有一个和你同名的人买了一辆赃车，进来跟我同事老嚣张了，一了解是武警出身，身体素质非常好，原来曾经打死过两次人，都是伤害致死。那能怎么的，后来一样也被我制服了，服服帖帖地把事情说清楚了，也没有多大的事情。后来在商场里遇到我还主动要替我买单呢，当然我不会用他了，在外边那么牛的人，可是见到我毕恭毕敬的。干我这行难道还怕你报复吗？你刚刚跟我那些话什么意思？你说说你说的那些话是什么意思？

答：（瞪眼睛仔细看了笔者一下低下头）没啥意思，我就是瞎说的。

问：我告诉你，我们分局的同事跟你谈了20多个小时，我听说了这家伙把你狂的，仰仰个脖子，好像大家都欠你似的，怎么的，在监狱里待8年给你待牛了，我现在就不以一个警察的身份跟你说话，我比你大10岁，就以一个大哥的身份说说你，你这么好的身体，又高又大的，去哪儿打个工每个月还不得挣个3000元或者5000元的，头脑还灵活，慢慢一点点都能自己当上老板，现在国家政策多好啊，你还干这么蠢的事情，现在都什么年代了，遍地高清摄像头，什么事情看不到？你以为你自己做得神不知鬼不觉的，在录像里看你就像一个小丑一样，感觉自己设计得很缜密，又提前预伏，又提前准备的，你要把这些都用到正事上，你什么能干不成？何必走到今天这步，你抢到什么了，我问问你？你说说？

答：（低头沉默）……

问：不好意思说话了吧？挺大个人，我都替你不好意思，还号称在监狱里待8年，我告诉你，你在监狱里白待了8年，如果待明白了，能干出这么蠢的事情来？你就说说这个事情干得蠢不蠢，你说说？

答：（低头沉默）……

问：把脑袋抬起来，我问问你妈在千喜福冰棍厂干了几年了？

答：（抬起头，不敢看笔者）都是10多年了，我们和老板有点亲属关系。

问：你们和郑老板是亲属啊？什么亲属啊？

答：前进村老家那头亲属，啥亲属也白扯，我在他家前进村那个砖厂里干了一段时间，和别的工人一样待遇，也不少干活，挣不几个钱还好像多大人情似的，干了一个月我就不干了。

问：是亲三分向啊，怎么也是亲属啊，既然你和郑老板是亲属，看来我还真得帮帮你了，我和郑老板很熟，每年都去他家吃杀猪菜，他侄子是我的同学，他们都在一起住，对吧？

答：（突然充满希望看着笔者）是的，他就一个侄子，对，和你年龄差不多。

问：他们家族都在冰棍厂前面办公楼的楼上住，我以前经常去他家吃饭，看来有这层关系我还真得帮帮你，你管郑老板叫什么？

答：他是我爷爷辈的，他辈分高。

问：那看来我得管你叫大侄子了，既然这样我就实话告诉你，这次抢劫的事情是无法否认了，各种证据在这里，还有被害人指认，零口供定你是没有什么问题的，前几年网上炒得沸沸扬扬的那个夫妻两个都是明星的儿子因为轮奸的事情被判了10年，在法庭上两个同案，也是我们北方人，判缓刑当庭释放，你知道这个事情吧？

答：（很感兴趣）知道啊，不是说那两个人比那两个明星家背景还深吗？

问：那是瞎说的，真正的原因是那两个人给受害人进行了赔偿，取得了被害人的谅解，就判缓刑了，而那个女明星不认为自己家儿子能干出来这件事情，必须要求律师打无罪的官司，第一个律师因此不干了，后来又换了律师，她就是犟，最后律师费没少花，因为没有取得被害人的谅解，被判了10年实刑。

答：那你这么说他是被他妈给害了。

问：是啊，就是被他妈给害了，他妈那是要面子吗，硬犟吗？结果代价是让自己的儿子在监狱里面待了10年，最好的10年要在监狱里度过。我说的这些不是看笑话，是要告诉你，你的这个事情也和那个一样，犟到最后就是结果会给你判得很重，就高不就低，你现在还属于累犯，就会更麻烦，你出来3年属于累犯？

答：（有所信任）应该属于累犯。

问：大侄子，反正我该说的不该说的都说了，你好好想想吧，我本来想来测谎的，测测去年的案子是不是你干的，还有这次抢的赃物在哪里，可是有这层关系我就得多说几句了，别看你在监狱里待过8年，可是你对法律还是半懂不懂，你要是真懂你就不能犯这个糊涂，知道吗？你想想下面怎么办，是我把分局的领导找来，我替你求求情吧，毕竟他们经常找我帮忙，这个面子还是要给我的，尽量大事化小，你把事情说明白了，让分局按照你主动坦白的情况给你重新取一份材料，你琢磨一下，这是很好的机会啊？

答：（低头想了一下）去年的案子不是我干的，那不能把去年的案子往我头上赖啊，那是我姨，和我妈是同事，我都去过她家吃过饭，我咋能去抢她啊？

问：去年的事情可以先放一下，先把这次的事情说清楚了，好不好？

答：这样吧，你先给我测一测，我就想着证明一下去年的事情不是我干的，我想抽一根烟，还想去一趟厕所。

问：厕所可以让你去，烟现在不行，这里全程监控不让吸烟，等你说清楚了，一起找一个地方让你抽烟。（笔者让办案队的人陪他厕所，大约去了三四分钟）

问：怎么样，你是先说还是测完之后再说？

答：测完再说吧。

问：测完再说是什么意思？

答：就先给我测测证明去年那个事情不是我干的。

问：可以，但是测完之后你能不能把这次抢劫的事情和我说清楚了？

答：（犹豫一会儿）行，你测吧，测完了我说。

问：我也算是你的长辈了，既然你这么着急证明去年那起案子不是你干的，我就网开一面，先给测试，但是测完了，不管那起案件结果如何，刚刚你答应了要把现在这起抢劫案说清楚了，告诉你我这是在帮你，没人强迫你说，你这是在救自己知道吗？

答：测完后，我就说清楚了。

问：测谎你以前听过吗？

答：在监狱里听过，但是没有看过。

问：你相不相信测谎的准确性？

答：相信，那肯定是准啊。

问：既然你这么相信测谎就说明啊你还是很聪明的。测谎之前我们要签一个书面的测谎协议书，可以吧？

答：可以，我签。

问：我先给你讲一讲测谎的科学原理，测谎这个词是老百姓那么称呼的，其实书面上叫作生理心理测试技术，这项技术是100多年前意大利的科学家龙勃罗梭研制成功的，在我们国家也有40多年的历史了，现在国内公安、检察院、司法、军队等部门都应用得非常好，所以这项技术已经很成熟了，我这台仪器已经参与侦办案件几百起了，现在看来还没有测错过，所以你放心它的准确率，不会出现错误的。听明白了吗？

答：大概明白了。

问：这么说有可能还不是很明白，不做亏心事不怕鬼敲门，这就是测谎的原理，这回明白了吧？

答：不做亏心事不怕鬼敲门我明白了。

问：好，这是书面的测谎协议书（向他出示），你仔细看看里面的内容，如果看不懂我可以给你念？

答：我先自己看就行（拿着协议书仔细看了两分多钟）。

问：你看明白了吗？

答：大概明白了。

问：那我再给你说一下里面的大概内容，上面写着你本人同意进行心理测试（测谎）的，主测官也就是我已经向你解释了心理测试（测谎）的原理，你本人对解释表示满意，相信心理测试（测谎）技术并对测试结果完全负责，你明白了吗？明白了就在下面被测人那里签字按指纹吧？

答：好的（非常痛快签了字并按了指纹）。

问：大侄子，一会儿我把测试的问题先告诉你，不搞突然袭击，你最好的配合就是放松，我问你什么你要简洁回答"是与不是""知道不知道""明白不明白""清楚不清楚"……不用摇头不用点头也不用解释，每个问题就一分钟多一点，中间可以休息，好吧？

答：好的。

问：现在我给你戴上仪器，不用紧张这些仪器没有电也没有辐射，不要担心，平时我们自己练习时也戴。

答：我不紧张，没事。

问：这就对了，越放松越好（在陈大队的配合下用了三分钟左右的时间将仪器戴上）。仪器截得紧不紧，怎么样？现在可以测试了吗？

答：可以了。

开始测试……

第一组：

中性　是　你是叫谢某吗？

准相关　是　关于抢劫这事，你愿意如实回答问题吗？

准绳　否　你以前是做过怕人知道的事情吗？

相关　否　在光明小区，你是抢过他人吗？

中性　是　你是汉族人吗？

准绳　否　你以前是做过对不起别人的事情吗？

相关　是　在光明小区，一个女的被你抢了吗？

准绳　否　你以前是做过不道德的事情吗？

相关　否　在光明小区，抢劫那个女的的人，是你吗？

准相关　否　除了刚才问的以外，你担心问你别的问题吗？

第二组：

中性 是 你是叫谢某吗？

中性 是 你是安达人吗？

准相关 是 关于那个女的被抢这事，你愿意如实回答我的问题吗？

相关 否 案发当晚，作案人是路过案发现场吗？

准绳 否 你以前是做过怕人知道的事情吗？

相关 否 作案人是一个人进入房子里吗？

相关 否 作案人是从窗户进入现场的吗？

中性 是 你是汉族人吗？

相关 否 作案人是先进入的厨房吗？

准绳 否 你以前是做过不道德的事情吗？

相关 否 作案人是拿刀了吗？

题外 否 除了刚才问的，你担心问你别的问题吗？

第三组：

中性 是 你是叫谢某吗？

中性 是 你是安达人吗？

准相关 是 关于抢劫一事，你愿意如实回答我的问题吗？

相关 否 作案人是拿刀威逼被害人了吗？

准绳 否 你以前是做过怕人知道的事情吗？

相关 否 作案人是用枪威逼受害人了吗？

相关 否 作案人是什么也没拿吗？

中性 是 你是汉族人吗？

相关 否 作案人是把被害人强奸了吗？

准绳 否 你以前是做过不道德的事情吗？

相关 否 作案人是没有强奸被害人吗？

题外 否 除了刚才问的，你担心问你别的问题吗？

第四组：

首题 否 你是叫谢某吗？

首题　否　你知道那个作案人是从什么地方进屋的吗？

中性　否　卧室窗户？

中性　否　楼道单元门？

相关　否　阳台窗户？

中性　否　屋里的防盗门？

中性　否　小屋窗户？

第五组：

首题　否　你是叫谢某吗？

首题　否　你知道作案人作案后是从什么地方出去的吗？

中性　否　卧室窗户？

中性　否　阳台窗户？

相关　否　屋里防盗门？

中性　否　小屋窗户？

中性　否　不清楚？

第六组：

首题　否　你是叫谢某吗？

首题　否　你知道作案人是用什么东西威逼被害人的吗？

中性　否　棍子？

中性　否　斧子？

相关　否　刀？

中性　否　枪？

中性　否　锤子？

第七组：

首题　否　你是叫谢某吗？

首题　否　你知道作案人拿走了什么吗？

中性　否　现金？

中性　否　家用电器？

相关　否　金银首饰？

中性　否　手机？

中性　否　手表？

第八组：

首题　否　你是叫谢某吗？

首题　否　你知道作案人摸了被害人身体上什么部位了吗？

中性　否　脚？

中性　否　胸？

相关　否　腿？

中性　否　头？

中性　否　脸？

第九组：

首题　否　你是叫谢某吗？

首题　否　你知道案发时间是当天的什么时间吗？

中性　否　凌晨2点至4点？

中性　否　半夜10点至12点？

相关　否　半夜12点至凌晨2点？

中性　否　晚上8点至10点？

中性　否　凌晨4点至6点？

经过一个半小时的中心测试（由于前期长时间审讯，被测人身体疲劳，测试出的数据不十分清晰，只能给出倾向性意见，测试过程不测试当前抢劫案件的情况）……

综合测试结论：(1) 准绳测试法：去年抢劫案倾向于排除；(2) 情节测试法：去年抢劫案的情节测试倾向于不知情。

问：现在测试基本上完事了，我也不想给你测了，结果我不说你自己心里清楚，去年那起案子我先不跟你说，测试完了现在这起案子你要说就好好说？

答：(理直气壮) 是不是去年那起和我没有关系？

问：我让你说去年那起了吗，我不是没让你说去年那起吗？告诉你，我说了我是在帮你，这次抢劫的事情你要是想好好说好好说，不要给我说一半藏一半的，我最不喜欢磨磨叽叽的那种人，那种人不算男人，我看你也挺爷们的，不像是那种人？

答：（低头沉思不语）……

问：刚刚测谎时你不让测试这起案子，我也对你网开一面没有测，别的事情我先不问，我就想问问你抢的东西你扔到什么地方了？你把它给我拿回来还给人家，不管值不值钱，这是一种态度问题，不然你是被害人你不生气啊？

答：（低头小声说）拿出来，我就废了，我太懂了，抢劫案肯定就砸到我头上了。

问：你还有什么幻想吗？是你干的不砸你头上还砸在别人头上吗？自己做的事情没有勇气承担还算什么好汉？

答：（低头沉默）……

问（陈大队）：你今天挺幸运的遇到杨专家，他这个人人好，要是别人早都不理你了，人家干完自己的事情就走了，何必和你磨叽呢？

答：（抬起头看看笔者又把头低了下来）……

问：我还是管你叫侄子吧，毕竟你和郑总还是亲戚，要不是这层关系，我真就不理你，你愿意说就说，不愿意说就不说，跟你磨什么嘴皮啊，对我来说有什么意义吗？说真心话，我在你身上获取不了任何利益，于公我不会指着你这么一个小案子立功受奖，我每年破获的杀人案也得10起8起的，哪一个不比你这个大，我们每年只能让报一次功，报多了没有用，所以我用得着指着你这个小案子立功受奖吗？于私我也不指着你出来后怎么报答我，你在背后多说我点好话就够用，我能帮到你的也是在不违反原则的前提下顺手人情，也不需要我搭什么，对吧？今天你说什么不说什么对我一点影响都没有，按理说我测完谎任务就完成了，没有必要再在这里和你磨叽了，就是看到你这种情况有余地，还有郑总这层关系，你也是晚辈，所以才想帮帮你，说真心话你这样会把你的女朋友明明牵扯进来的，她对你感情很深，她一直强调你是被她逼的，再说你干案子时她就和你在一起睡觉，你说她不知情谁能相信啊？你这是把她害了。

答：（突然抬起头来）这个事情和她没有关系。

问：有没有关系不是你说的算也不是我的算，是事实摆在那里的，听说你以前还和一些社会人在一起玩，做事还挺讲究的，龙凤的李冬冬和胖子你都认识？

答：李冬冬以前不姓李，是和继父改了姓。

问：看来你们老是在一起玩，他们被我们扫黑除恶抓进来了，你知道吧？

答：知道。

问：李冬冬喝完酒就好闹事，是吧？

答：是的，不太稳当。

问：看来我听说的这些是对的，都说你办事做人都挺讲究的，之前我还真相信你，不过通过这事情我没看出来你讲究，讲究最起码要有责任感吧？该是你的责任你得担吧？说过的话要算数吧？可是你哪样都没有做到，你说说你还是男人吗？

答：（低头沉默）……

问：（声音略大）来，抬起头来看着我，是不是不好意思了，不敢看我了？

答：（抬起头，但不看笔者）……

问：我告诉你，因为你心中有愧，你想说还不一定给你机会了呢！到时候你别后悔，也别怪我不管你，听明白了吗，我已经做到仁至义尽了。我也是参加工作这么多年了，可以说阅人无数，像你这样长得挺讲究，自称挺讲究的，最后做出这么不讲究的事情的人还真挺少的（轻蔑的表情）。

答：（抬起头瞪眼看着笔者脸憋得通红）……

问：（突然情绪激动直接冲到谢某面前，声音很大的用手指着谢某）你看我干吗？我说错了吗？你是讲究人吗？你千求万求的我，让我给你测试去年抢劫案子，还你清白，说测完了就把什么都说清楚，说出来的话不算数你还是男人吗？口口声声还是讲究人，还装什么装？现在我问你，你是不是答应我的？你现在就给我回答？

答：（情绪激动满脸通红抬头瞪眼睛看着笔者，声音大且激动）我就让你看看我是不是男人，我豁出去了，那个包让我当时就扔到了附近了，隔了两栋楼，我知道我说出来就完了。

问：你说的话现在没人信了，别瞎说了。

答：（看着笔者）你不信我带你去找，就现在，我就让你看看我是不是男人，你必须跟我去，我就让你看看我是不是男人，今天要不是你我绝对不会说出来的，我知道找到被抢的包我就废了，但是我就让你看看我讲究不讲究，现在就走吧？

问：好，我就跟你去看看，到底你是什么样的人。

答：这事情和我女朋友没有关系，她真不知情。

问：放心吧，只要你配合好了，她会没事的，现在就走吧。

答：我要是找不到了怎么办？

问：（断然）必须找到。

答：（垂头丧气）唉，那走吧。

经过请示领导，笔者带领侦查和技术人员一共6名工作人员在谢某的指认下，在案发现场隔两栋楼的小区夹空处找到被抢女士挎包和包内物品。

第三节 审测“事实要件”的供述层面（案例11）

事实要件：再现的较为完整的行为事实，案件的主要事实部分，涉案的主体行为。

再现方法：

细追抽丝，如“细节的来龙去脉”“时间、地点、方法、数额”。

疑问追寻，如“房产证上是你的名字，他是怎么知道你的身份证号码的?”。

抛砖引玉，（扩大和完整行为事实）如“这是第一次还有呢！这次是在家了，另外几次是在哪里?”。

供述表现：有顾虑心理压力大，出现短期沉默，会联想行为后果需要行为人员的鼓励和推进。

嫌疑人的认知层面——要件满足

通过回忆“那些事”“那件事”与自己的牵连细节，在那些细节中还有“节外生枝”，还有不能够表露的那些“隐情”。可能会出现的情况：“可以隐瞒”“不主动隐瞒”“一定要隐瞒”。

案例 11

2016 年“3·23”黑龙江省大庆市八百垧特大杀人焚尸案件

2016 年 3 月 23 日，大庆市公安局八百垧分局接到尚某（女）报案称：其妹妹尚某某（女，40 岁，本市人）于 2016 年 3 月 21 日下午从大庆采油四厂五矿单位下班后失踪，手机关机至今联系不上，怀疑遇害，请求公安机关帮助查找下落。

鉴于案情重大，分局立即将情况上报到市局，市局领导决定对该案“立线”侦查，并成立联合专案组，围绕尚某某接触的关系人进行了详细的调查走访、信息研判、视频追踪、查找尸源等大量工作，最终锁定尚某某的情人曲某某（男，40 岁，本市人）及其同居女友丛某某（女，42 岁，本市人）有重大嫌疑，但因没有确实证据及未发现被害人尸体，无法继续深入工作。2016 年 4 月 5 日晚，专案组在红岗区银湖馨苑小区将曲某某和丛某某抓获，立即对二人开展“审测”工作，首先对丛某某进行“审测”后排除其为同案人，但认为其男友曲某某具备作案动机和时间，她本人认定曲某某就应该是作案人。结合丛某某“测审”出的情况，对犯罪嫌疑人曲某某进行了近 6 个小时的审讯，其心理彻底崩溃，供述于 2016 年 3 月 21 日下午 16 时许，驾驶橘红色奇瑞 QQ 车将被害人尚某某拉至银浪五牧场三连的偏僻土路上，在聊天期间因感情纠葛引发矛盾，怒气下用车内跳绳将尚某某勒死在车内副驾驶处，后将尚某某尸体抛到北二路

“八大罐”附近一窨井内焚烧，23日晚，因怕焚烧尸体被人发现又将尚某某尸体从窨井拽出拉至红卫星一田地地窖内进行二次焚烧并掩埋的全部犯罪事实。

“审测”丛某某（审测期间知道是抑郁症患者）

问：你是丛丽丽（化名）吧？

答：（情绪低落）是的。

问：多大了？

答：42岁了。

问：你是大庆本地出生的吗？

答：是的。

问：在哪儿上的学？

答：小学和初中在让胡路上的，之后就上技校了。

问：你是接班还是考上的。

答：我是管理局招工考上的。

问：你是管理局什么单位的？

答：物资供应公司的。

问：你在单位做什么工作。

答：我之前是做会计了，现在在综合科工作。

问：你结婚了吧？

答：结过，后来离婚了。

问：你前夫是干什么的？

答：他是采油四厂的采油工。

问：什么原因离的婚啊？

答：（低头声音略小）他外面有人了。

问：你们有孩子吗？

答：（沮丧）有。

问：男孩还是女孩？多大了？

答：女儿，11 岁了。

问：孩子谁管啊？

答：我妈帮我看着呢。

问：你自己住还是跟你妈在一起住？

答：我自己住。

问：不管什么原因离婚，可是最后遭罪的是孩子和女人。你也挺不容易的，你和我亲姐同岁，比我大了两岁，可以说我们是同龄人。听说你挺有正事的，本来有固定工作还开过网吧生意，冲这些今天我能帮你就要帮帮你。

答：（疑惑地看着笔者）谢谢。

问：你认识曲明明（化名）吗？

答：认识。

问：你和曲明明是什么关系？

答：我们是男女朋友关系。

问：你们是怎么认识的？

答：（想了想）是 4 年前通过朋友认识的。

问：是在什么地方认识的？

答：我记得是在让胡路的一次朋友聚会中认识的。

问：你们现在在同居吗？

答：是的。

问：看你精神状态不太好，是身体不舒服吗？

答：（声音略小）我一直在吃药。

问：吃什么药？

答：吃抗抑郁的药。

问：你有抑郁症？

答：是的，我刚刚从三医院（精神病医院）出院一个多月，一直在吃药。

问：你是什么时候得抑郁症的？

答：已经两年多了。

问：这是第一次住院的吗？

答：去年也住院了一次。

问：那现在怎么样？能配合我的工作吗？

答：没事，我能配合。

问：如果坚持不了，你随时跟我说，好吧？

答：好的。

问：你和我亲姐同岁，我们又是同龄人，你有什么不舒服可以随时跟我说，对你可以照顾。

答：谢谢。

问：聊了半天，还没有告诉你我是干什么的，我今天不是审讯你，我是市局专门负责测谎工作的，测谎你听说过吗？

答：没听过。

问：测谎仪听过吗？

答：好像电视上看过。

问：现在桌子上的就是测谎仪。测谎知道是什么意思吗？

答：是不是看看我撒没撒谎？

问：大概是那个意思，但也不完全是，一会儿我跟你详细介绍。现在我想问问你，你知道今天为什么找你来公安机关吗？

答：不太知道。

问：那我可以告诉你，这个和你男朋友曲明明有关系。

答：和他什么关系啊？

问：据我们掌握他不止你一个女人吧？

答：（沉默）……

问：你也不要回避，我们调查案子不是为了窥视谁的隐私，我们有纪律也不会乱说出去的，在我们面前也没有什么隐私可言，明白吗？

答：（沉默）……

问：感情方面的事情我们公安机关不管，但是因为感情引起的犯罪我们可必须管了。

答：（疑惑地看着笔者）他犯什么罪了？

问：犯没犯罪不是你我说了算的，要看客观事实，尚小华（化名）你认识吗？

答：（略微惊讶）见过一次。

问：她是干什么的？

答：她好像在哪个矿里上班吧。

问：你们什么关系？

答：我们没有什么关系。

问：你们是在什么情况下见的啊？她和曲明明是什么关系啊？

答：唉，她是曲明明的初恋女友，去年他们在同学聚会又联系上了，后来被我发现了，曲明明就跟我承认了，答应我再也不和她联系了，可是今年年初我发现他们还有微信联系，我就割腕自杀，没死成，但是抑郁症又犯了，这次住院就是因为这个事情，后来我找曲明明把她电话要来了，约她见了一面，她当面答应我再也不找曲明明了，曲明明也发誓再也不找她了。

问：你最近见过她吗？

答：（想了一下）没有。

问：曲明明见过吗？

答：我不知道啊。

问：你知道她失踪一事吗？

答：我听说了。

问：你怎么听说的？

答：好像她家里人给曲明明打电话问曲明明知不知道尚小华在哪儿。

问：曲明明怎么回答的？

答：他说不知道，已经一个多月都不联系了。

问：那你知道尚小华现在什么情况吗？

答：我不知道啊，自从上次见了面就没有联系了。

问：上次大约什么时候见的面？

答：一个月了吧。

问：你说的是真话吗？

答：是真话。

问：好，你要是能保证是真话，我们一会儿就检验一下，好不好？

答：行。

问：如果这个事情跟你真没有关系你肯定是要证明自己的清白，从我们现在谈的这些，我也认为你不是那种撒谎的人，但是口说无凭，对吧，你得拿出来证据证明自己是清白的？

答：可是我也拿不出来什么证明啊？

问：是的，让你拿出来证据确实也有点为难你，所以领导才让我来和你谈谈，刚刚说了我是测谎专家，所谓的测谎其实是一项心理测试技术，通过测试来鉴定你是否参与某件事情，也就是说这是一项科学的鉴定，你很幸运，如果放到十年前大庆还没有这项科学技术时你真的有口说不清楚了，现在不一样了，有了这项技术，你如果是清白的就完全可以给你一个科学测试鉴定，你是否想证明自己的清白？

答：（乞求地看着笔者）我想证明一下。

问：那你就是同意测谎了呗？

答：（稍微犹豫一下后果断地说）同意。

问：这就对了，不做亏心事不怕鬼敲门啊，是不是？

答：（声音略小）对啊，不做亏心事不怕鬼敲门。

问：这是测谎协议书（出示），你看看里面的内容.

答：我看看（拿着协议书仔细看了两分钟）。

问：看清楚了吗？

答：大概看清楚了。

问：我跟你再解释一下上面的内容，上面写着你本人同意进行心理测试（测谎）的，主测官已经向你解释了心理测试（测谎）的技术原理，你本人对解释表示满意，相信心理测试（测谎）技术并对测试结果完全负责，是吧？

答：（声音略小）是的，我看明白了。

问：如果没有什么异议，就在下面被测人那里签字吧？

答：（稍微犹豫一下签了字并按了指纹）……

问：既然你相信我了，我也会对你认真负责的，一会儿我把测试的问题先告诉你，我不搞突然袭击，你现在怎么样，是否能配合？

答：没事，就是有点累。

问：你站起来活动一下，喝点水（递给了她一瓶水，她也站起来活动一会儿）。

问：你越放松越好，我问你什么你要简洁回答“是与不是”“知道不知道”“明白不明白”“清楚不清楚”……不用摇头不用点头也不用解释，每套题最多问三遍，你要是累了随时可以休息，听明白了吗？

答：听明白了。

问：现在给你戴上仪器，可以吗？

答：可以。

问：（陪同的女侦查员用了大约三分钟戴上仪器）……这些仪器没有电也没有辐射，不要担心，现在可以测试了吗？

答：可以了。

经过近一个小时的中心测试（测试过程中，被测人有时回答问题时心不在焉，精神萎靡，测试出的数据图像非常乱，乱中找出有效数据）……

综合测试结论：(1) 丛丽丽不是同案人；(2) 尚某某现在情况：倾向于被害；(3) 嫌疑人指向：曲明明；(4) 抛尸地点：本人倾向于是她父母家附近（红卫星一带）；(5) 有吸毒史；(6) 生活作风方面：有过其他男人。

问：唉，现在我也不想接着测了，知道为什么吗？

答：（很疲劳疑惑地看了看我）……

问：你心里都清楚，不是吗？这样，我们先不说尚某某的事情，我先问问你，你是不是吸过毒？

答：（面露痛苦的样子，小声地回答）嗯，我一共就吸过两次。

问：你第一次是什么时间，和谁在一起吸的？

答：（痛苦并犹豫）……

问：有什么不能说的吗？

答：两年前，在我妹妹家，和我妹夫（面部痛苦得有点扭曲）。

问：没你妹妹吗？

答：（声音很小）有。

问：（进一步摧毁其意志）我再问问你，除了这个曲明明你还有别的男的吧？

答：（痛苦着摇头）求求你别问这些行吗？我把我知道的关于曲明明的事情都说出来，好吗？

问：你说吧，我看看你哪里说的不对？

答：（犹豫了一会儿，慢吞吞地说）在尚某某失踪的前几天，尚某某确实又找他了，因为这个事情我跟他又吵起来了，我那几天又睡不着觉了，他说过不行我就让她消失，我当时以为说的是气话，也没在意，后来尚某某的家里人给他打电话找尚某某，我就问他是不是他干的，他当时没回答，后来我又追问过一次，他否认了，我就没有当回事。今天你们警察找到我们，我一回忆应该是他干的，前几天，他开车去了我父母家好几次，我父母家住在红卫星的农村平房，那地方挺偏的，我现在想起来是不是把尸体扔到那附近了，唉，我也不敢相信他能干出那种事情来。

问：你的这个态度不错，能配合公安机关劝劝他吗？

答：（为难的样子）我怎么劝他啊？

问：你就劝劝他好好配合公安机关工作就行？

答：（犹豫好一会儿）唉，好吧，但是他能听我的吗？

问：你就按照我说的好好配合公安机关工作吧，好吧？

答：我一定配合，要是他干的，也没有办法了……

根据丛丽丽提供的情况，并且丛丽丽配合录像劝说曲明明，对曲明明进一步审讯，最后击溃其心理防线彻底交代了勒死尚小华并两次移尸焚尸的全部过程……

第四节　审测“证据确认”的言词证据提取（案例12）

确认证据：根据已经供述的事实条件，进一步对犯罪构成进行证据确认。

确认方法：

对供词本身进行存在的确认，针对疑问、遗漏、矛盾、不清进行确认补全。

涉案关系的核查，问清涉案关系的人和物来龙去脉，不留空白点，打好提取涉案关系的信息基础，保障获取全案证据的完整。

把握嫌疑人对笔录的确认和维护，注意嫌疑人看笔录的态度和反应，保障嫌疑人对自己真实供述的确认。

结束表现：（解决冲突）放松、解脱、（冲突依然存在）有顾虑，存在相关问题的隐瞒。

确认证据分析：

嫌疑人在确定供述的阶段，由于受到记忆情绪的影响，出现意志矛盾冲突，对供述后犯罪后果的恐惧，对犯罪的外界评价、名声、荣誉的后果惧怕，有时会出现眼睛发呆、表情发愣等走神现象，这种现象表明其在思考一个重要问题、重要情节和如何回避问题。此种行为可能是存在侥幸与幻想，要时刻注意纠正；有时还可能出现不协调的面部表情，如突然哭泣、大哭、大笑、说话哽咽等情况，此刻要注意掌握时机，不要转移话题，此刻应当是要交代的心理暗示和前奏；嫌疑人从对抗转向供述很多的时候是心理支点的崩溃，必须要供述，此时的心理压力的表现：要喝水、抽烟、要上厕所、情绪过度紧张，有时还企图逃跑、自杀、自残 ，此刻要合情合理地帮助嫌疑人减轻压力，促其选择交代。

确认证据方法：

保持讯问室内的安静，不能受到外来声音和无关的信息影响；摸准嫌疑人的脉搏消除顾虑，进行政治的、思想的、法律的、政策的、道德的方面的教育和鼓励；嫌疑人在供述阶段是非常敏感的，供述的动力也是非常脆弱的，审讯人员稍不留神嫌疑人的供述就可能中途夭折，因此审讯人员必须时刻把握语言的导向性，如“你现在想说就是一个进步”“放下包袱自己就轻松了”“说了对你有好处，你可以在许多方面获得利益”“说明你的人品还是优秀的”“以此为教训下次别再干了”“你有什么要求跟我们说的”“你需要我们给你做哪些工作”“你还有什么顾虑?”等；根据犯罪的构成要件，问清犯罪的行为细节，达到完全充分的证明犯罪的目的。

案例 12

2016 年“4·27”黑龙江省农垦总局九三农垦特大雇凶伤害案件

2016 年 4 月 27 日晚 21 时许，九三农垦管理局辖区一农场的当地居民王某某，在自家单元门口被人从身后将手掌砍断，嫌疑人逃跑，此案在当地影响十分恶劣，人心惶惶。接报案后，九三农垦公安局经过长期的秘密侦查，初步锁定此案是因承包工程项目引起的一起复杂雇凶伤害案件，该案涉及人数众多，其中一人为当地国家干部，有可能是一起涉黑涉恶案件，鉴于此案件的复杂、重大，九三农垦公安局领导报请省公安厅请求大庆市公安局“审测”专家杨鹏协助侦办此案。

同年6月18日，杨鹏带领心理测试技术人员韩彦春驱车前往九三农垦公安局协助办案。通过实地勘查现场、翻阅卷宗、结合视频资料、话单分析等多项准备工作，利用三天时间对涉案的多名当事人进行了审测工作，在测审过程中通过共情、测审互补等技术，将直接行凶砍人的犯罪嫌疑人李新柱（化名）心理彻底击溃，测审过程中被迫交代了整个犯罪过程及受人指使的犯罪动机，并通过其交代找到了作案工具，同时指认其他犯罪嫌疑人，案件整体告破。

问：李新柱（化名），是吧？

答：（镇定自如的样子）是的。

问：你是哪里人。

答：我是北安农村的。

问：噢，我听说了，你是外来这里的，你来九三多长时间了？

答：两年了。

问：你和你现在的媳妇结婚多长时间了？

答：一年多了。

问：有孩子了吗？

答：有了，刚刚8个月。

问：男孩儿还是女孩儿啊？

答：男孩儿。

问：男孩儿在农村可是爷爷奶奶的心头肉啊，可得让你媳妇伺候好了。知道为什么今天公安机关把你找来吗？

答：不知道。

问：你最近几个月干了什么违法犯罪的事情你心里不清楚吗？我可以明确地告诉你今天找你来的不是一个人，你心里应该知道我说这话的意思？

答：（很坚决的态度）我真不知道。

问：好吧，我现在不问你犯罪的事情，因为我不是你们这个案件的主办人，我是他们请来的"测谎"专家，我就是测试你到底在这个案件中起到什么作用，我只负责完成任务，至于审讯方面根据我提供的情况由当地公安机关的主办刑警大队完成。你听明白了吗？

答：（半信不信的神情）明白了。

问：不过，之前我了解到你是北安人，我就多跟你聊几句，我的舅舅家在北安，小时候我也经常去，我也可以说是半个北安人，这么说我们是半个老乡，我说的对吧？

答：也算是吧。

问：北安不是有一个制造兵器的工厂吗，我小时候，那里挺乱的，那时候还有卖枪的，我说的对吧？

答：看来你真经常去北安，我知道，我家亲属就是那个兵器厂下岗的职工，厂子黄了，大家就都下岗了。

问：我看了你的简历，你是1984出生的，我比你大6岁，可以说我们是一个年代的人，我们说什么都能说到一起去，是吧？

答：噢，我们没差几岁。

问：既然我们是半个老乡，我又比你大，我今天就在不违反原则的前提下帮帮你，好不好？

答：我没有什么事情啊。

问：我现在没有让你说你的事情，你着啥急啊，既然我说能帮到你，我就有能帮到你的道理，你信不信？

答：（沉默）……

问：你以前有吸毒前科吧？

答：那是两年前我和别人玩的时候瞎闹的，早都戒了。

问：是吗？这些问题都先放到这里，等一会儿可以用我的测谎仪来验证你说的真假，都不需要给你验尿，你相信不相信科学？

答：我相信科学。

问：对了，现在科技多发达啊，“雁过留声人过留名”你明白什么意思吗？别以为你做得神不知鬼不觉，知道吗？今天你遇到我了，你也算遇到贵人了，不然谁跟你说这么多？又不是你一个人，嘴又不长在你自己身上，这时候都“泥菩萨过河”自身难保了，到时候你不说，别人就会什么事情都推在你身上，看你这个小腰板能不能扛得住，等你进监狱了，到时候你媳妇也被牵扯进来，你那个8个多月的孩子咋办？这些我都先说给你听一下，现在不需要你说什么，你自己考虑。这些话都是我这半个老乡私下赠送给你的，我们一会儿针对一些问题进行“测谎”，测谎前你也可以和我说说心里话，不过你不能说不知道之类的话，听明白了吗？

答：我知道你为我好，可是……

问：（及时制止）打住，别跟我说没用的，你现在在我面前撒谎，一会儿测谎完了，我们两个还好意思坐在这里聊天吗？

答：那我不说了。

问：对了，从现在开始要不别说话，说话就要说真话，听明白了吗？

答：（小声）明白了。

问：明白了就好，老弟，我告诉你现在你不要把你的家人牵扯进来，你能明白我的意思吗？不为别的就为你那个8个月的孩子着想一下知道吗？这个时候孩子还要喂奶呢，如果你媳妇因为这个事情也进来了孩子怎么办？

答：大哥，别拘留我媳妇好吗？她要是进来了就没有人管孩子了。

问：那要看你的态度，知道吗？你媳妇知情不报那也是犯罪一样要拘留的，只是这个是有弹性的，你要是态度好，可以请示领导，为了8个月的孩子可以人性化执法，办一个取保候审不拘留她还是能做到的。如果你是一个男子汉就要敢作敢当，一个人承担起来，是不是？

答：（沉默）……

问：现在你不说话就已经给了我答案，不过为了让你心服口服我就用些重要问题对你进行测谎，让你彻底放弃侥幸心理，同意吧？

答：好吧，我同意。

问：既然同意我们要有一个书面协议书，这是测谎协议书（向他出示），你看看里面的内容，你认字吗，如果不认字我可以给你念？

答：我自己能看（拿着协议书仔细看了两分钟）。

问：看清楚了吧，上面写着你本人同意进行心理测试（测谎）的，主测官已经向你解释了心理测试（测谎）的原理，你本人对解释表示满意，相信心理测试（测谎）技术并对测试结果完全负责，如果没有什么异议就签字按手印吧？

答：（稍微犹豫一下）好，我签字并按了手印。

问：这就对了老弟，其实测不测试你我心里都明白结果。但是我为了对你认真负责，给你一个科学的鉴定。一会儿我把测试的问题先告诉你，我不搞突然袭击，你越放松越好，我问你什么你要简洁回答“是与不是”“知道不知道”“明白不明白”……不用摇头不用点头也不用解释，每套题最多问三遍，一分钟多一点，中间可以休息，听明白了吗？

答：听明白了。

问：现在给你戴上仪器，（用了大约三分钟边戴仪器边说）这些仪器没有电也没有辐射，不要担心，一遍问题累了就可以活动活动，准备好了吗？

答：准备好了。

开始测试……

第一组：

中性 是 你是叫李新柱吗？

准相关 是 关于王某某被伤害一事，你愿意如实回答问题吗？

准绳 否 你以前是做过怕人知道的事情吗？

相关 否 王某某是被你亲手伤害的吗？

中性 是 你是汉族人吗？

准绳 否 你以前是做过对不起别人的事情吗？

相关 是 是你亲手伤害的王某某吗？

准绳 否 你以前是做过不道德的事情吗？

相关 否 亲手伤害王某某的人，是你吗？

准相关 否 除了刚才问的以外，你担心问你别的问题吗？

第二组：

中性 是 你是叫李新柱吗？

中性 是 你是大庆人吗？

准相关 是 关于王某某被伤害一事，你愿意如实回答我的问题吗？

相关 否 王某某被伤害，你怀疑是别人伤害的他吗？

准绳 否 你以前是做过怕人知道的事情吗？

相关 否 王某某被伤害，你知道是谁干的吗？

相关 否 王某某被伤害，是你干的吗？

中性 是 你是汉族人吗？

相关 否 王某某被伤害，是背后有人指使的吗？

准绳 否 你以前是做过对不起别人的事情吗？

相关 否 你知道作案人是因为什么伤害王某某的吗？

题外 否 除了刚才问的，你担心问你别的问题吗？

第三组：

中性 是 你是叫李新柱吗？

中性 是 你是大庆人吗？

准相关 是 关于王某某被伤害一事，你愿意如实回答我的问题吗？

相关　否　你知道作案人是几个人吗？

准绳　否　你以前是做过怕人知道的事情吗？

相关　否　你知道作案人是哪里的吗？

相关　否　你知道作案人用的是什么工具吗？

中性　是　你是汉族人吗？

相关　否　你知道作案人伤害到王某某的什么部位了吗？

准绳　否　你以前是做过对不起别人的事情吗？

相关　否　你知道作案人的工具是哪里来的吗？

题外　否　除了刚才问的，你担心问你别的问题吗？

第四组：

首题　否　你是叫李新柱吗？

首题　否　你知道作案人使用什么工具打的王某某吗？

中性　否　槁把？

中性　否　铁管子？

相关　否　刀？

中性　否　铁棒子？

中性　否　砖头子？

第五组：

首题　否　你是叫李新柱吗？

首题　否　你知道直接伤害王某某的人有几个吗？

中性　否　1 个人吗？

中性　否　2 个人吗？

中性　否　3 个人吗？

相关　否　4 个人吗？

中性　否　5 个人吗？

中性　否　5 人以上？

第六组：

首题　否　你是叫李新柱吗？

首题　否　你知道作案人是住在哪里的人吗？

中性　否　嫩江县的吗？

中性　否　九三管理局其他农场的吗？

中性　否　七星泡农场的吗？

中性　否　其他农场的吗？

中性　否　外省的吗？

第七组：

首题　否　你是叫李新柱吗？

首题　否　你知道作案人是怎么找到王某某的吗？

中性　否　是告诉地址自己找到的吗？

中性　否　跟踪过去的吗？

中性　否　指认王某某开车辆了吗？

中性　否　亲自领着到现场了吗？

中性　否　指认王某某本人了吗？

第八组：

首题　否　你是叫李新柱吗？

首题　否　你知道什么原因伤害王某某的吗？

中性　否　因为女人？

中性　否　个人矛盾？

中性　否　受人指使？

中性　否　经济上？

中性　否　其他原因？

第九组：

首题　否　你是叫李新柱吗？

首题　否　你知道作案工具现在的去向吗？

中性　否　藏到家里了？

中性　否　藏到朋友那里了？

中性　否　藏到野外了？

中性　否　藏到亲属那里了？

中性　否　藏到其他地方了？

第十组：

首题　否　你是叫李新柱吗？

首题　否　除了作案人本人外还有谁知情？

中性　否　父母？

中性　否　兄弟姐妹？

中性　否　妻子？

中性　否　岳父岳母？

中性　否　指使人？

中性　否　其他人？

经过近一个小时的中心测试（测试过程中，被测人很配合，测试出的数据图像清晰）……

综合测试结论：(1) 李新柱本人并且一人作案；(2) 作案动机：受人指使；(3) 作案工具去向：藏到野外；(4) 妻子知情。

问：基本上测试完了，也不需要再测了，刚刚问你的这些问题，有多个答案，但是其中一个答案是正确的，这个正确的答案你心里清楚，现在测谎仪也鉴定清楚了，你相信科学吗？

答：我相信科学。

问：既然你相信科学，说明你还是聪明的，现在多余的话我也不说了，还是那句话好汉做事好汉当，不要牵扯家人，好吧？在鉴定报告没有出来之前我还是能挽救你媳妇的，她也知道你做的这件事情，这是已经很清楚了。

答：她不清楚。

问：（及时制止）她知不知情是你说了算的吗？她没长嘴吗？你已经告诉我答案了。

答：大哥求求你不要拘留她，她要是进来就没有人照顾孩子了。

问：这就对了，自己做的事情自己担当不要牵扯家人，既然你态度这么好，我可以让农垦公安局主管刑侦的刘局长帮帮你，让他当面答应你的要求，但是你现在要说清楚是让你砍死还是就吓唬吓唬？

答：就让我吓唬吓唬。

问：那你把刀藏拿儿了？

答：藏到农场北面3公里处一个涵洞里了。

问：谁让你干的，虽然我们知道，但是还是你自己说对你自己有利，明白吗？

答：大哥，你答应不牵扯到我媳妇说话算数吗？

问：算数啊，我不会骗你，这样吧，我现在给主管刑侦的刘局长打电话，你当面跟他提出来你的要求，但是你的认罪态度一定要好，明白吗？

答：谢谢你大哥，那就让刘局长来吧。

问：好，我现在打电话（拨通刘局长电话），“刘局长，你在单位吗？现在李新柱态度不错，我想帮他求你点事情，他要当面跟你详细交代，但是他提出点要求，你看能不能给我这个面子……”（挂断电话）刘局长还真给了我这个面子，马上就回来，你当面对他提出你的要求，但是前提是你一定要先承认错误，明白吗？

答：（眼睛湿润）谢谢你大哥，只要不牵扯我家人，我一定好好配合。

问：这就对了，这才是男人。再说了，你也是替别人办事，对吧，又不是你自己的事情，那些承诺都没有用了，他自己都进来了，自己都保不了自己了，还能兑现什么承诺。你态度好，主动承认错误，会给你一个宽大处理的……（大约两分钟刘局长来了）刘局长，现在新柱想当面向你交代问题，态度很好，如果不违反原则，可以照顾照顾。

问（刘局长）：不错，只要好好交代，我会考虑的，但是前提是态度一定要好，一定要如实交代。

答：我如实交代，但是别牵扯我的家人好吗？让我媳妇回家，不然没有人照顾孩子啊，求求你了刘局长。

问（刘局长）：刚刚专家也跟我替你求情了，这个面子我一定要给的，但是前提是你要好好如实交代，不能有一点隐瞒，不然可别怪我说话不算数?

问：刘局长已经给我这个面子了，你可不能再有所隐瞒了，不然我可“坐蜡”了，如果你再撒谎我也保不了你媳妇了。

答：放心吧领导，我如实交代。

问：你现在就详细谈一谈事情的经过吧?

答：既然这样我也就彻底跟你们说了吧，4月初的时候，农场里的社会大哥闫三找到，说让我帮他干一个活，事成了给我一个商服，并给100万元现金作为报酬，当时没告诉我什么活，我当时也没敢答应，一想肯定不容易干不然不会给这么多的钱，我想了两天两夜没咋睡觉，感觉我是外地来的在这里没有大哥罩着也不行，另一个给我一个商服还有现金，第三天我就找到闫三答应他了，他就告诉我让我把一个叫王某某的砍残了，不用砍死，并且把王某某的体貌特征告诉了我，在干案子的头一天他开的他那台奥迪A8L拉着我去王某某家踩的点，在干案子的那天我自己拿着砍刀提前躲到了他家车库旁边一个角落里，等了有两个多小时，看到一台大吉普开到他家楼下停到车库北面的树下面了，车上就下来一个人，体貌特征和王某某非常像，好像喝酒了，我就偷偷绕到他后面，这个人拿钥匙正准备开单元门时，我上去用砍刀照着他右后脑砍了过去，他用右手往后一挡，我感觉好像砍得挺深，他翻过身来用左手拽我并且大声喊人，我用刀往他身上捅了两下之后就拎着刀一直往农场的北面跑，跑了大约三公里多，找到一个涵洞，我把刀藏到涵洞里用土埋了起来，就绕道回到家里换了衣服并把身上的血都洗掉了。

问：你能配合把那把刀找到吧?

答：能找到。(当晚带领侦查员找到并指认作案工具砍刀)

第十一章　审测案例实务

1. 2016年“5·17”黑龙江省大庆市杜蒙县伪装交通肇事报复杀人案

2016年5月17日16时45分许，在杜蒙县三道街发生一起交通肇事亡人案件，肇事人于某某被杜蒙县交警大队刑事拘留，但在事发第二天受害人李某家属到县公安局反映，于某某与李某以前认识并存在矛盾，怀疑于某某是故意撞死李某。

经过外围调取视频监控、走访案发现场群众、查找目击者、与受害人家属谈话等一系列工作，发现诸多疑点，并且外界传出死者与嫌疑人的妻子有不正当男女关系的风声，经过综合判断此起交通亡人案件存在嫌疑人主观故意的可能。但是，嫌疑人已经按照交通肇事罪在押7天，且没有任何直接证据，鉴于此情况，专案组决定对犯罪嫌疑人于某某妻子吴某某、嫌疑人于某某进行“审测”。测谎专家杨鹏经过多方面的准备工作，对犯罪嫌疑人妻子吴某某进行审测，排除了吴某某与死者有不正当男女关系的可能性，但此时，网安部门从于某某妻子吴某某的手机恢复数据中得到一条信息“飞，我们两个人的事情我老公知道了”，案件再次陷入困境中。杨鹏再次对吴某某进行“审测”得出相同结论，根据此情况杨鹏又对于某某进行了“审测”。测试结果倾向于于某某存在主观故意的可能，但动机是经济和其他原因，而不是他妻子引发的不正当男女关系，并且心理状态已经处于崩溃边缘，经5个小时的“审测”，于某某的心理防线彻底崩溃，其交代：5月17日16时10分许，其在杜蒙县府前路驾车时遇见受害人李某，想起李某赖账不还钱的事，产生报复心理，其驾车尾随李某寻找作案时机，在这过程中不断强化其想报复李某的想法，当至三道街时，其驾车将李某撞死。

一、“审测”嫌疑人于某某妻子吴某某

问：你是吴铁男（化名）吗？
答：是的。
问：多大了？
答：35岁了。
问：你和于利民（化名）是什么关系？
答：我们是夫妻关系，他是我丈夫。
问：他是因为什么事情被公安机关拘留的啊？
答：他开车把人撞死了。
问：被撞的人你认识吗？
答：认识，是我们隔壁烤肉店经理李二。
问：你们熟悉吗？

答：挺熟的，我们有时候互相借东西。

问：你们之间什么关系？

答：就是正常邻居关系。

问：没有其他特殊关系吗？

答：（不解地看着笔者）啊，没有啊。

问：好，我们先聊一聊你夫妻二人的事情吧，你们结婚多少年了？

答：12 年了。

问：听说你们是白手起家，挺不容易的？

答：唉，我们是在一起打工认识的，我就相中他这个人了，我们是农村的，家里穷，结婚时家里一分钱都没有，当时我们两口子都没有自己的房子，连做土坯子那种男人都干不动的活我都和我丈夫一起干，一天一个人能挣 30 块钱，我们就是这样一点点打工攒了点儿钱又从亲属家借了点儿钱开的这个烤羊腿饭店。

问：现在生意怎么样啊？

答：还可以，一年能赚十五六万元。

问：那不错啊，这个饭店干几年了？

答：6 年了。

问：那你们现在小日子过得不错嘛？

答：现在跟以前比可是强多了，就是开饭店太操心。

问：孩子多大了，谁帮忙看着呢？

答：孩子 10 多岁，是男孩，他奶奶白天帮忙看着，晚上跟我在一起住。

问：上小学了三四年级了吧，学习怎么样？

答：4 年级了，平时我管他学习，学习还可以吧，班级里排上中等。

问：你既管饭店又得管孩子，也够忙的了，那你丈夫平时负责什么啊？

答：他负责进货，买东西。

问：我们两家孩子年龄差不多大小，我媳妇也就是你嫂子也是既要工作又要带孩子，我的工作性质太忙什么都帮不上，你们都属于贤妻良母型，为了家庭付出太多了。从这一点今天我也要帮帮你，其实今天我找你来不是审讯你的，我是测谎专家，是杜蒙县公安局的领导请我过来让我帮忙对你进行测谎，因为社会上有一些风言风语，对你的名声不太好，你知道这件事情吗？

答：（惊讶犹豫的表情）是什么风言风语啊？

问：说你丈夫是故意撞死的人。

答：不能吧？他们没有那么大的仇啊。

问：其实还有一些风言风语，不知道你听没听到？

答：不知道啊，是什么啊？

问：刚刚我们在一起聊了一会儿，我觉得你不是那种人，但是外面确实在传，说你和被撞死的李二有不正当关系。

答：（表情愠怒）那怎么可能，李二比我小，再说我们就是普通的邻居，有什么急需的互相借点东西，除此之外就没有别的来往了啊？

问：没见到你之前我还有点相信那些传言，毕竟多大的仇啊才能撞死人啊，但是我们见面后我对那些传言也表示怀疑了，刚刚我们聊了这么多，你就是一个贤妻良母啊，不会做出那种事情来，但是我自己相信你不行啊，我们得拿出一个正规的科学鉴定来才能让别人相信是不是？

答：行，想让我怎么做吧，我没做过的事情我不怕。

问：好，凭你这个态度，我就想帮你，只要这个事情和你没有关系，今天我就还你一个清白，但是如果测试后显示和你有关系，你可要好好配合公安机关工作，不为别的，就为了你这个家庭，好不好？

答：好。

问：那就是同意测谎了呗？

答：（斩钉截铁的语气）同意。

问：现在给你说一说测谎的原理，测谎是一项技术，叫作生理心理测试技术，老百姓俗称为测谎。

问：你知道测谎吗？

答：不知道。

问：测谎顾名思义在字面上就是测试你到底说没说谎，实际上是测试你的记忆痕迹，也就是你的心理变化会带动你的生理变化，生理变化会通过这些传感器体现在我电脑上，我通过技术鉴定判断出真实情况。100 多年前意大利的科学家龙勃罗梭研发了这项技术，在我们国家也有 40 多年的历史了，现在国内公安、检察院、司法、军队等部门都应用得非常好，所以这项技术已经很成熟了，你不用担心出现什么错误，你听明白了吗？

答：大概明白了。

问：其实用老百姓的一句话就是不做亏心事不怕鬼敲门，这回听明白了吧？

答：噢，我基本明白了。

问：你就尽量放松，好吗？

答：好的。

问：这是测谎协议书（向他出示），你看看里面的内容，你看不懂我也可以给你读出来？

答：我看看（拿着协议书仔细看了一分钟多）。

问：这上面写着你本人同意进行心理测试（测谎）的，主测官已经向你解释了心理测试（测谎）的原理，你本人对解释表示满意，相信心理测试（测谎）技术并对测试结果完全负责。

答：看明白了，在哪儿签字？

问：在下面被测人那里签字，写上日期和按上指纹。

答：快速签了字并按了指纹（正常人微反应）。

问：一会儿我把测试的问题先告诉你，你越放松越好，我问你什么你要简洁回答“是与不是”“知道不知道”“明白不明白”……不用摇头不用点头也不用解释，每套题最多问三遍，一分钟多一点，中间可以休息，听明白了吗？

答：听明白了。

问：现在给你戴上仪器（陪同测审的女侦查员帮忙用了大约三分钟戴

上仪器)。这些仪器没有电也没有辐射，对人体没有伤害不要担心，一遍问题累了就可以休息一下，现在开始测试，可以吧?

答：没事。

开始测试……

第一组：

中性　是　你是叫吴铁男吗?

准相关　是　关于这次测试你愿意如实回答吗?

准绳　否　你做过见不得人的事吗?

相关　否　你知道你丈夫撞到人是意外吗?

相关　是　你丈夫撞人是故意的吗?

中性　否　你是汉族人吗?

准绳　是　你以前说过谎话吗?

相关　否　这起交通事故是你丈夫预谋造成的吗?

相关　否　你丈夫预谋撞人你事前知情吗?

准绳　否　你做过违法不应该的事情吗?

第二组：

中性　是　你是叫吴铁男吗?

准相关　是　你愿意如实回答问题吗?

准绳　否　你以前骂过人吗?

相关　否　你丈夫撞的那个人你认识吗?

中性　是　你是汉族人吗?

准绳　否　你想过其他男人吗?

相关　是　被撞的那个人和你有不正当的男女关系吗?

准绳　否　你和别人吵过架吗?

相关　否　你们的不正当关系是被你丈夫发现了吗?

第三组：

首题　否　你丈夫和被撞的李二有什么利害关系吗?

无效　否　?

中性　否　因为口角矛盾？

中性　否　因为经济？

中性　否　因为女人？

中性　否　因为朋友？

中性　否　其他原因？

经过近40分钟的中心测试（测试过程中，被测人积极配合，测试出的数据图像相对清晰）……

综合测试结论：(1）生活作风问题：吴铁男和李二之间没有不正当的男女关系，除了丈夫外外面没有其他男人；(2）对于利军是否故意撞死李二不知情，但有所怀疑；(3）于利军与李二有经济上的矛盾。

问：现在基本上测试完了，但是你要有一个心理准备，你明白我的意思吗（进一步微反应测试)？

答：(着急的表情，眼泪要掉下来了）可是我真的没有和李二有关系啊（正常人微反应)。

问：(进一步施压进行微反应判断）有一些事你不说明白是不行的，即使一时糊涂犯点错误也是可以理解的，但是人命关天啊，这时候再不说实话可就不对了。

答：(眼泪掉了出来，激动得满脸通红）可是和我真的没有关系啊(正常人微反应)。

问：好，这个先放一放。你说一下你丈夫和李二前一段时间发生了什么？

答：20天前吧，因为李二欠我丈夫钱的事情，在我家店里被我丈夫打了，好像李二的脖子被划伤了。

问：怎么打的？

答：我没有看到，我进屋的时候都完事了。

问：这样吧，我再给你点时间，你去好好想一下，好吧（进一步微反应测试)？

答：我不需要想，我说的都是实话（正常人反应)。

问：你下去先休息一下吧（示意陪同女侦查员把她带下去）。

吴铁男心理测试数据显示和非对抗审讯谈话微反应测试综合结论：(1) 排除吴铁男和李二有不正当男女关系；(2) 对于利民撞死李二的真实目的不知情。

二、“审测”嫌疑人于某某

问：你是于利民（化名）吧？

答：是。

问：多大了？

答：34 岁。

问：你比你媳妇小一岁啊？

答：你认识我媳妇？

问：也是刚刚通过这个案件认识的，她是个贤妻良母啊！

答：跟我吃了不少苦。

问：你儿子上小学 4 年级了吧？

答：是的，平时都是他奶奶管，学习他妈管。这个事情和我媳妇有什么关系吗？

问：本来是没有关系的，可是现在有关系了，知道为什么吗？

答：(疑惑的表情）不知道啊。

问：真人不说假话，看在你媳妇和孩子的面子上我就直接告诉你吧，不跟你绕弯子了，现在杜蒙县里都传疯了，说你撞死李二是因为李二和你媳妇有那种关系被你发现了，是这样吗？

答：(疑惑表情）他们怎么能扯到一起啊，再说李二岁数小啊，不可能的。

问：我见到你媳妇后，也认为她不是那种人，因为她对你很有感情，你被拘留后，她天天都哭，在外面着急上火坏了，非常担心你，在家里还不敢表现出来，怕老人和孩子担心，冲这一点我就认为你媳妇是一个贤妻良母，可是我也纳闷，为什么全县都传李二和你媳妇有不正当男女关系才引起杀身之祸，无风不起浪啊，这个你怎么解释呢？

答：可是我真不知道他们有关系，不可能啊。

问：说了半天我还没有自我介绍呢，我是测谎专家，今天把你提出来不是为了审讯你，而是领导请我来让我帮忙搞清楚究竟啥原因，怎么就是把人撞死了？

答：我就是从那里路过，不小心……

问：（及时制止）我说了，我不是审讯你来的，你不要和我说过程。好不好，看到你媳妇人不错，而且你们是白手起家吃了很多苦，听说你这个人也应该不错，就是脾气有点不好，但是从现在开始你可以不说话，但绝不能说假话，知道吗？因为你一说假话我一测谎马上就会暴露出来，本来对你印象挺好的，那时候我们多不好意思？听明白了吗？从现在开始你可以不说话，但绝不能说假话。

答：（声音略小）明白了。

问：我们两家孩子差不多大，看在我们都是当父亲的份儿上，今天我会帮你的，知道吗？

答：（沉默）……

问：大家都说我这个人挺有性格的，脾气不好愿意较真，我不骗别人但是别人也不能骗我。据我了解你也是这种人，我说的对吗？

答：我脾气是不好，但我从来不害人。

问：对吧，所以说我们也是一路人，但是我们这样的人在社会上吃亏啊，太直容易得罪人，也容易被人骗。

答：唉，可不是吗。

问：既然我们是脾气秉性相同的人，我先放下警察的身份，以朋友的身份和你聊聊天，毕竟我干了这么多年警察，你这种情况可以帮你出出主意，你可以管我叫大哥，好不好兄弟？

答：谢谢你大哥。

问：你虽然是农村出来的，可是你也在外面待了很多年了，现在这个社会高科技多发达你应该听说过对吧？“雁过留声人过留名”在现在这个科技发达的空间里已经很正常了，再说得直接一些，现在监控遍地都是，大白天的你做点坏事想让别人发现不了几乎是不可能的，明白我的意思了吗？现在我以大哥的身份帮你出出主意，有些事情可以大事化小，但是化不了，知道吗？

答：（沉默）……

问：你想蒙混过关可能吗？人家也有家人，家人能不盯着吗，人家不会上访吗？但是，人毕竟死了，有些事情你逃避不了，你必须要面对，只要情理上说得过去，大家是可以接受的，但是你老是逃避，只能把这个事情搞得越来越大，不但你自己无法收场，还会牵扯到家人，再说了，好汉做事好汉当，是个汉子就一个人担着，是不是？

答：跟我家里人没有关系啊，不要找我的家人。

问：有些事情不是你说没有关系就没有关系的，你不说明白了，只有调查之后才能确定和她们有没有关系，知道吗？既然你说没有关系就把事情说明白了，有些事情不是稀里糊涂就能过关的，明白吗？

答：（沉默）……

问：刚刚也和你说了，我今天不是来审讯你的，刚刚和你说的这些话也是今天工作外的题外话，是否能够帮助到你，你自己琢磨，我不会强求你怎么做，最终何去何从还要看你自己。不管你主观上是否故意开车撞人，但是你和李二之间存在矛盾这个事情可有人反映上来了，我想知道到底是怎么回事，可以吗？

答：噢，我们之前确实发生过矛盾，也就是这个事情发生的前10天左右，在我家店里我们打起来了。

问：是打起来了，还是你把他打了，他还手了吗？

答：（说话吞吐的样子）他没还手。

问：因为啥啊，你打他他都不敢还手，听说你还用刀架到他的脖子上了，有这事吗？

答：（说话吞吐的样子）我当时就是想吓唬吓唬他，他借了我6000元都好几个月，一直不还，当时借的时候说急用一周内就还钱，可是怎么要都不还。

问：后来还了吗？

答：就打架那天还了4000元，还有2000元一直没还，说一周内还上，到现在也没有给我啊。

问：你们之间除了这个矛盾还有其他矛盾吗？

答：没有了。

问：是真的吗？

答：真的。

问：既然你这么肯定，我就给你一次机会，鉴定你说的这个话的真假，你想要这次机会吗？

答：当然可以了，快点给我鉴定吧。

问：也就是说你同意测谎，对吧？

答：对，我同意。

问：那你了解测谎吗？

答：我在电视里看过，但是不了解具体什么是测谎。

问：测谎顾名思义在字面上就是测试你到底说没说谎，这是老百姓的理解，实际上我们是通过测谎仪测试你的记忆痕迹，也就是你的心理变化会带动你的生理变化，生理变化会通过这些传感器体现在我电脑上，我通过技术鉴定判断出曾经发生过的事情的真实情况。这项技术是100多年前意大利的科学家龙勃罗梭发明的，这项技术已经相当成熟了，所以你不用担心出现什么错误，你只要尽量地放松来配合我就行了，你听明白了吗？

答：听明白了。

问：既然你能保证你没有说假话，不做亏心事不怕鬼敲门，你就不用怕，对吧？

答：对，不做亏心事不怕鬼敲门。

问：这就对了，坦坦荡荡，这才是男人，不过话又说回来一会儿有什么你没有和我说的真实情况也可以和我说，之前你没说实话，我也可以理解，但是从现在开始就必须说实话了，我能帮到你的一定帮你，我们两家的孩子都差不多大小，就是为了孩子也要帮帮你。

答：谢谢大哥。

问：这是测谎协议书（向他出示），你看看里面的内容，你看不懂我也可以给你读出来？

答：我看看（拿着协议书仔细看了两分钟左右）。

问：我现在读给你听，大概意思是你本人同意心理测试（测谎）的，主测官已经向你解释了心理测试（测谎）的原理，你本人对解释表示满意，相信心理测试（测谎）技术并对测试结果完全负责？看明白了吗？

答：看明白了。

问：在被测人那里签字吧，写上日期和按上指纹。

答：（签字时有所犹豫）签了字并按了指纹（非正常人微反应）。

问：你越放松越好，测试的问题我会事先告诉你，我问你什么你都要简洁回答“是与不是”“知道不知道”“明白不明白”“清楚不清楚”……不用摇头不用点头也不用解释，每套题问三遍，每遍中间可以休息，听明白了吗？

答：听明白了。

问：现在给你戴上仪器（用了大约三分钟戴上仪器）。这些仪器没有电也没有辐射，对人体没有伤害，累了就可以休息一下，现在开始测试，可以吧？

答：可以。

开始测试……

经过近一个半小时的中心测试（测试过程中，被测人正常配合，测试出的数据图像清晰）……

综合测试结论：(1) 开车撞人具有主观故意，即蓄意撞人；(2) 动机：经济上引起的矛盾；(3) 希望发生的后果：撞伤吓唬为目的；(4) 家人不知情。

问：现在基本上测试完了，你的真实情况现在都在我的心里（微反应测试）。

答：（装作淡定的样子）可是我真的没想杀人啊（非正常人微反应）！

问：（进一步微反应判断）我说你想杀人了吗？你没有想到后果这么严重而已，但是这也只是一个普通的交通肇事，这个你不要否认。

答：我、我（非正常人微反应）……

问：我之前说了，你不要在我们面前说假话。现在已经这样了，我可以帮你，因为你也不是真的想撞死他，可是你越是回避，越会引起李二家属的怀疑，有些事情你也不想发生，但是发生了你就要负责任，毕竟那是一条人命，该适当赔偿要适当赔偿，给人家家里人一点安慰，人心换人心，放到你家里要是摊到这个事情了你能答应吗？你说是不是？

答：唉，那是啊。谁也不会答应。

问：这就对了，首先态度上要承认错误，对吧，错了就是错了，不管前提你再有理，可是现在你错了就要承认。现在我就让你说你是不是错了？

答：（犹豫一会儿）我错了。

问：这就对了，谁不犯错误啊，谁都有错误的时候，伟人都有犯错误的时候，何况我们是一个普通人，犯错误不怕，就怕那种犯了错还死不承认的人，你不是那种人，我看人还是挺准的，刚刚你也承认错误了，这很好，但是你错到哪里要给家属和公安机关一个交代，对吧，你就是为了撞死他还是想吓唬吓唬他一不小给撞死了，这个你得说明白了，不然我也帮不了你。

答：我没想撞死他。

问：那我明白了，当时你就是想吓唬吓唬他，可是你咋把人给撞死了呢？

答：我也没想到会把人撞死，我开车不熟练。

问：就为了那点事情就要撞人家？

答：我当时挺生气，越想越气，就想吓唬他一下。

问：刚刚测试你可不是无意中遇到的啊，这个怎么解释？

答：我、我是跟过去的，当时我开车从饭店出来，往西走去买菜走到西街电视台附近时，看到李二自己从西往东走，我就掉头拐了回来，从这个路北侧一个路上绕了过去，跟上去，一直跟到东南街口，我看到他从辅路上下来走了，我就开车从他后面撞了过去，本打算吓唬他一下，让他还钱，结果没想到把他撞死了。过后我也不敢说了，怕定我为故意杀人。

问：你说的都是实话吗？

答：都是实话，我真没想撞死他。

问：你现在后悔吗？

答：后悔了。

问：既然知道后悔了，你就接着好好配合办案单位实事求是地说清楚，能做到吧？

答：（声音微小）我能做到。

2. 2017年“4·25”黑龙江省肇源县亡人疑难案件

2017年4月25日16时许，肇源县公安局接到古龙镇居民张某报案称，其姐姐张某（女，54岁，肇源县古龙镇人）于24日上午8时30分许乘坐本村王某某（男，49岁，肇源县古龙镇人）驾驶的吉普车时受伤，现伤者在油田总院抢救，家属对王某某所描述的情况表示怀疑，遂报案。接到报案后，县局领导高度重视，工作人员进行了调查走访、视频侦查、情报研判等大量的工作，但是由于现场既无有效视频又无第三人证明以及伤者受伤后语言无法表达等条件所限，王某某前期规避和女受害人有不正当男女关系并对案件发生情况前后供述不一致等行为，引起了伤者家属的怀疑并多次提出异议。26日，伤者张某死亡。

鉴于此情况，县局请示市局领导决定对嫌疑人王某某进行“审测”，以验证其供述的真实性，防止受害人一方上访。笔者带领徒弟小韩在经过翻阅卷宗、踏查现场、报案人回访、主办案件人员介绍案情等多项工作的基础上对嫌疑人王某某进行“审测”。由于王某某已经被多次讯问且刑拘在押导致心理压力较大，于是工作人员在“审测”过程中运用共情、测试谈话、观察体态语、问答时身体微反应等技巧综合性得出准确结论，该结论得到了伤者家属的认可。

问：你是王树文（化名）吧？

答：是的。

问：多大年龄了？

答：49 岁了。

问：家里都什么人啊？

答：离婚了，一个孩子。

问：孩子多大了？

答：23 岁了。

问：男孩还是女孩？

答：小子。

问：现在孩子干嘛呢？

答：在长春打工呢。

问：那现在就你一个人生活吗？

答：是的，就我自己。

问：你是古龙镇土生土长的吗？

答：是的，我就是古龙镇出生的。

问：你和张丽（化名）是什么关系？

答:(低头想了一下)我们是一个村子的。

问:还有其他关系吗?

答:(低头想了一下，声音略小)我们还有男女关系。

问:我们都是男人，没有什么不好意思的，再说了你们都是单身，没有违反法律和道德，我说的对吗?

答:(抬起头看着笔者)那是，我们也没犯法。

问:我年龄虽然比你小一点，但是我们是一个年代的人，你的情况我也知道了一些，所以有些事情作为男人我也理解，但是你开始不说实话这我就不理解了，实话实说，该犯到哪条就承担哪条的责任，不该承担的，也不会冤枉你，我说的对吗?

答:(连连点头)那是，那是，谁犯法也不行，可是这个事情跟我真没有关系啊，我是冤枉的。

问:(严厉的表情)你说什么呢?我问这件事和你有关系了吗?我问了吗?

答:(看着笔者声音略小)没有。

问:我没问，你为什么说这件事情和你没有关系呢?

答:我以为你说的是我呢。

问:我说的是在现在这个社会谁犯法都不行的，都必须接受惩罚的，可是问你其他事情了吗?

答:(低头声音略小)没有。

问:没有问你为什么要着急说跟你没有关系的话?说说为什么?

答:(低头沉默不语)……

问:你不说就对了，因为你内心着急，所以不等我们问你，你自己说这个事情跟你没有关系，俗称“此地无银三百两”，刚刚你没问自答的情况就是“此地无银三百两”，你说是不是?

答:(抬起头不服的样子)这个事情跟我真没有关系。

问:(突然大声)你再说这件事跟你没有关系，张丽当时是不是坐你的车，我问问你?

答：（声音略小）是的。

问：当时是不是你把她送到的医院？

答：（声音微小）是。

问：这叫没有关系吗？我告诉你这叫有很大关系，你可以辩解说她的伤和你没有关系，但是不能说这整个事情和你没有关系，明白吗？你听明白我的意思了吗？

答：（顿了一顿）明白了。

问：做人都是有感情的，刚刚你也说了你和张丽是男女关系，现在她都那样了，先不说她的伤和你有没有关系，作为普通有感情的人，你的心里能好受吗？

答：（低头唉声叹气）谁也不想发生啊。

问：既然你也不想发生，这个事情能和你没有关系吗？

答：要是你那么说和我确实也有关系，可是这个我没有什么责任啊，我也没有犯法啊？

问：好，我们说说看看这个事情你有没有责任，首先是你开车把她拉到那个地方的吧？

答：是的。

问：是你开车时造成她受伤的吧？

答：（低头想了一下）是的，可是我不是故意的，是她要抢我的方向盘才撞到树的，她才受伤的。

问：我没有问你是不是故意的，我就问你，你作为司机有没有责任，你要是故意的那就是故意杀人了，你不故意，但是造成了她受伤之后死亡，也是你的过失造成的，因为你是司机，车在行驶中造成的伤害才出现的结果，这个你承认吧？

答：（愣愣地看着笔者）我承认是我开车造成的，但是我不是故意的。

问：你要是故意的那性质就变了，就成了纯粹的故意杀人了，现在我没有说你是故意的，是不是故意的，那是一会儿再说的事情，我们现在就说即使你不是故意的，你也是有责任的，只是责任大小而已，明白吗？

答：（想了想）我认为我没有什么责任。

问：（口气严厉）你真没有什么责任吗？那我问问你，你们因为什么出的车祸？

答：因为她抢我的方向盘，撞到树上了。

问：她因为什么抢你的方向盘？

答：（犹豫一下）因为我们吵架了。

问：如果你们不吵架你们能否发生那个车祸？

答：（犹豫一下）不能吧。

问：老百姓常说的一句话叫“一个巴掌拍不响”，你明白是什么意思吗？

答：就是指的两个人吵架都有责任的意思吧？

问：你说的太对了，如果有一方忍让一下就不会出现吵架的情况，你和张某也是这种情况，即使她再不讲理你要是忍让一下也不至于吵到她去抢方向盘出车祸的情况，所以从这个角度来说你是有责任的，只是责任大小而已，毕竟人家是一条人命没了，而且是因为和你吵架在你的车里受的伤，你脱不了干系，这回你明白了吗？

答：（看着笔者）要是这么说，我是有点责任。

问：（语气坚定）不是有点责任，是有一定的责任，虽然你刚刚强调你不是故意的，但是不是故意的不代表就是一点责任，我们都是男人，既然是男人就要像个男人样，该担当时就要担当，不是你的责任那谁也不会冤枉你，刚刚我们聊得也不错，我们年龄相差不大，今天我就做一个顺手人情，帮帮你，毕竟我干了这么多年的警察，法律知识肯定要比你强吧，而且我毕竟知道现在案件到什么程度了，知道这些人不会超过几个人，这些都是保密的，所以我会看得很清楚，你下一步怎么走，我会根据你的态度帮你，听明白我说的意思了吗？

答：太感谢了，领导。

问：你也不用管我叫领导，我比你小几岁你可以管我叫老弟。

答：谢谢你了，你就帮帮我吧，我真的不是故意的，该赔偿的我也认赔偿。

问：这就对了，你这个态度很好，作为男人该我们担当的，我们就要担当，当然如果不是你的责任我会帮你向办案的领导说明白的。刚刚说了这么多，我还没有自我介绍呢，其实今天我来这里不是审讯你的，我是测谎专家，来这里是给你做测谎的，也就是你之前说的那些，人家家属不认可，领导让我来辨别一下你说的是否都是真话，或是真假参半，今天我来就是这个任务，明确地说，我今天不是来审讯你的，如果你真是被冤枉的，我今天就是你的救星，听明白了吗？

答：（愣了一下看着笔者）我真的不是故意的，之前警察就说我是故意的，如果你真是专家就好了。

问：你是不是故意的，只是其中一个问题，这个问题对你很关键，如果你是故意的就是故意杀人，今天我可以保证如果你不是故意的我可以帮你洗脱嫌疑，但是其他事情你必须如实说清楚，你能做到吗？

答：（稍微想了一下）好吧，你就帮帮我吧。

问：我可以帮你，之前你说的那些都算过去了，不要再去想了，但是从现在开始你不能再跟我说一句假话，这个你能做到吗？

答：（犹豫一下）放心吧，我不会说假话了。

问：这就对了，既然这样你为了证明自己肯定是同意测谎了吧？

答：同意，我想证明我的清白。

问：你之前听过测谎吗？

答：没有。

问：在电视里也没有看到过吗？

答：好像听到过，但是没有什么印象了。

问：没有关系，我可以先给你讲一讲测谎的原理，让你先明白测谎是什么意思。

答：谢谢。

问：其实最简单的道理就是不做亏心事不怕鬼敲门。

答：是的，不做亏心事不怕鬼敲门。

答：现在给你说一说测谎的原理，测谎是一项技术，叫作生理心理测试技术，老百姓俗称为测谎。测谎顾名思义在字面上就是测试你到底说没说谎，实际上测谎是测试你的记忆痕迹，也就是你的心理变化会带动你的生理变化，生理变化会通过这些传感器体现在我电脑上，我通过技术鉴定判断出真实情况，刚刚说的不做亏心事不怕鬼敲门就是这个意思，听明白了吗?

答：听明白了。

问：100 多年前意大利的科学家龙勃罗梭研发了这项技术，现在国内公安、检察院、司法、军队等部门都应用得非常好，在你面前的这台测谎仪已经参与了几百起案件，从来没有出现过失误，所以你不用担心出现什么错误，你听明白了吗?

答：明白了。

问：你不用紧张尽量放松就好?

答：好的。

问：这是书面的测谎协议书（向他出示），你看看里面的内容，你看不懂我也可以给你读出来?

答：我有点看不懂，你帮我读一遍吧。

问：好吧，你仔细听着，这上面写着你本人同意进行心理测试（测谎）的，主测官也就是我已经向你解释了心理测试（测谎）的原理，你本人对解释表示满意，相信心理测试（测谎）技术并对测试结果完全负责，听明白了吗?

答：听明白了。

问：我再重复一遍，你要对测试结果负责的，明白吗?

答：（下定决心的样子）唉，我就相信你了老弟，在哪里签字?

问：在协议书下面被测人那里签字并写上日期和按上指纹。

答：签了字并按了指纹（正常人微反应）。

问：一会儿我把测试的问题先告诉你，你越放松越好，我问你什么你要简洁回答“是与不是”“知道不知道”“明白不明白”“清楚不清楚”……不用摇头不用点头也不用解释，中间累了可以休息，听明白了吗？

答：听明白了。

问：戴上仪器吧（陪同测审侦查员帮忙用了大约两分多钟戴上仪器）。现在可以开始测试吗？

答：可以了。

开始测试……

第一组：

中性　是　你是叫王树文吗？

准相关　是　关于张丽被伤害一事，你愿意如实回答问题吗？

准绳　否　你以前是做过怕人知道的事情吗？

相关　否　张丽是你故意伤害的吗？

中性　是　你是汉族人吗？

准绳　否　你以前是做过对不起别人的事情吗？

相关　是　是你故意伤害的张丽吗？

准绳　否　你以前是做过不道德的事情吗？

相关　否　故意伤害张丽的人，是你吗？

准相关　否　除了刚才问的以外，你担心问你别的问题吗？

第二组：

中性　是　你是叫王树文吗？

准相关　是　关于张丽被伤害一事，你愿意如实回答问题吗？

准绳　否　你以前是做过怕人知道的事情吗？

相关　否　张丽是你故意伤害的吗？

中性　是　你是汉族人吗？

准绳　否　你以前是做过对不起别人的事情吗？

相关　是　是你故意伤害的张丽吗？

准绳　否　你以前是做过不道德的事情吗？

相关　否　故意伤害张丽的人，是你吗？

准相关　否　除了刚才问的以外，你担心问你别的问题吗？

第三组：

中性　是　你是叫王树文吗？

中性　是　你是肇源人吗？

准相关　是　关于张丽被伤害一事，你愿意如实回答我的问题吗？

相关　否　张丽被伤害，你认为是故意造成的吗？

准绳　否　你以前是做过怕人知道的事情吗？

相关　否　张丽被伤害，你认为是过失造成的吗？

相关　否　张丽被伤害，是你直接造成的吗？

中性　是　你是汉族人吗？

相关　否　张丽被伤害，是你间接故意造成的吗？

准绳　否　你以前是做过对不起别人的事情吗？

相关　否　你当时打张丽了吗？

相关　否　你当时骂张丽了吗？

题外　否　你还担心问你别的问题吗？

第四组：

中性　是　你是叫王树文吗？

中性　是　你是肇源人吗？

准相关　是　关于张丽被伤害一事，你愿意如实回答我的问题吗？

相关　否　张丽是什么也没说自己跳下车的吗？

准绳　否　你以前是做过怕人知道的事情吗？

相关　否　张丽是你推下车的吗？

相关　否　张丽是被你用语言撵下车的吗？

中性　是　你是汉族人吗？

相关　否　张丽是让你停车你没停自己下的车吗？

准绳　否　你以前是做过对不起别人的事情吗？

相关　否　张丽是被别人喊下车的吗？

题外　否　除了刚才问的，你担心问你别的问题吗？

第五组：

中性 是 你是叫王树文吗？

中性 是 你是肇源人吗？

准相关 是 关于张丽被伤害一事，你愿意如实回答我的问题吗？

相关 否 你们是因为打麻将一事吵起来的吗？

准绳 否 你以前是做过怕人知道的事情吗？

相关 否 你们是因为男女关系一事吵起来的吗？

相关 否 你们是因为钱的事情吵起来了吗？

中性 是 你是汉族人吗？

相关 否 你们是因为其他小事吵起来了吗？

准绳 否 你以前是做过对不起别人的事情吗？

相关 否 你们是因为矛盾吵起来了吗？

题外 否 除了刚才问的，你担心问你别的问题吗？

第六组：

首题 否 你是叫王树文吗？

首题 否 你知道张丽的伤是怎么形成的吗？

中性 否 被人直接打的？

中性 否 被人从车上推下去的？

中性 否 自己跳车摔的？

中性 否 被人从车上撵下去的？

中性 否 其他方式形成的？

第七组：

首题 否 你是叫王树文吗？

首题 否 你知道张丽是从车的什么位置下去的吗？

中性 否 驾驶员位置？

中性 否 副驾驶后面？

中性 否 副驾驶？

中性 否 驾驶员后面？

中性　否　不是很清楚？

经过一个小时的中心测试（测试过程中，被测人积极配合，测试出的数据图像较清晰）……

测谎结论：一是排除该案性质为故意杀人即过失行为；二是二人矛盾因素为男女关系争风吃醋；三是在事情发生的过程中有些细节供述不完全真实，怕承担责任；四是之前与伤者有身体接触。该测试结论与法医鉴定结果以及前期调查工作情况相互印证。

问：现在基本上测试完了，在测试之前我说了，如果这个事情你不是故意的，我可以帮你证明清白。但是是在你事情说得清清楚楚的前提下，刚刚我们测试的问题你也清楚地知道了，你现在有什么需要说清楚的吗？如果你不愿意说，我也不会逼你，这是我们在帮你，不是我们在求你，你一定要明白这个道理。

答：（低头想了一会儿）唉，我说了吧，之前我不敢说，是怕被她家里人赖上说我是故意的，我们之间确实当时吵架了，她老是认为我跟别的女人有关系，就吃醋了，我当时也挺激动的，在出车祸之前确实在一个草甸子上发生了争执，但是后来又说好了，就上车往回走，到现场附近因为一句话她就又激动了，要跳车，我就拽着她没让跳，之后一抢我的方向盘，就撞到路边的树上了，正好撞到她坐的副驾驶那边了，当时我害怕就把她送到镇医院便开车跑了。之前我确实没敢说明我们在草甸子上吵架撕扯的事情，但是我也是害怕，我真不是故意撞她的。

问：一会儿办案人员给你详细做一份笔录，你把事情的经过详细地说一下，不能有半点隐瞒，好吧？

答：（感激地看着笔者）好的。

嫌疑人所交代的与测试结论、法医鉴定结果、前期调查工作情况相互印证。案件真相得以清晰地还原，得到了受害人家属的认同。

3. 2017年“5·26”黑龙江省杜蒙县侯某某、殷某某敲诈勒索案

2017年5月26日，杜蒙县石人沟渔业公司某渔场承包人王某某举报：2015年，石人沟渔场居民侯某某和殷某某以举报被承包的石人沟渔场水面资源开垦耕地相要挟，向其敲诈15万元现金。接到举报后县局立即成立了专案组，经过工作，了解到侯某某曾经是国企的警察身份，近些年经常以各种名义组织当地居民到各级政府进行上访，据当地居民反映该人有过敲诈石人沟渔场前任领导的行为，该案件极为敏感。

经过工作将侯某某和殷某某抓捕，通过对二人10余小时的审讯，二人矢口否认犯罪事实，且现有的证据只有报案人和证人的言词证据，案件陷入僵局。经请示，市局领导决定派刑侦支队“审测”专家杨鹏前往支援，杨鹏带领徒弟小韩驱车前往杜蒙县，经过前期的详细准备工作，用时4个多小时分别对殷某某夫妻二人进行了“审测”，二人如实供述了伙同侯某某敲诈勒索的犯罪事实，并将剩余部分赃款退回，案件得以告破。

嫌疑人侯某某的妻子李淑娟（化名）：

问：李淑娟吧？

答：（声音很小）嗯。

问：多大了？

答：（声音略小）50岁了。

问：你和殷宝贵（化名）是什么关系？

答：我们是一家的。

问：你们有几个孩子啊？

答：一个。

问：男孩儿还是女孩儿？

答：女孩儿。

问：多大了？

答：20岁了。

问：孩子现在还在上学吗？

答：在吉林上大一了。

问：不错啊，在农村能把孩子供上大学说明你们两口子挺有本事，你们平时以什么为经济来源？

答：我们家地不多，就20亩地，所以家里养貉子赚钱。

问：养了多少只貉子啊？

答：200多只。

问：在农村来说不错了，每年能收入个20万元左右吧？

答：到不了，但是也够花了。

问：这日子过得就可以了，看来你们两口子也是挺能干的，就从刚刚你说的这些话也看得出来你们不是大奸大恶之人，今天我能帮到的地方我会尽力帮你们，但是首先你们的态度要端正了，不然谁都帮不了你们，知道吗？

答：（声音微小）知道了。

问：我自我介绍一下，我是大庆市公安局的测谎专家，也就是说我今天不是来审讯你的，我就是来鉴定一下你哪句话说的是假话哪句话说的是真话，有些违法犯罪的事情和你们两口子有没有关系，听明白了吗？

答：（低头小声）明白了。

问：既然这样，测谎之前我们要聊一聊，我想我当了近20年的警察，法律知识不比一个普通的律师差多少，有些法律上不懂的我可以以私人角度帮你出出主意，你看如何？

答：（小声）谢谢你。

问：知道为什么找你们夫妻二人吗？

答：（声音微小）知道。

问：跟我说说你知道什么？

答：（小声）说我家那位和老侯一起拿人家钱了。

问：难道不是吗？

答：（低下头声音微小）我也不知道啊。

问：（声音严厉）你真不知道吗？告诉你，刚刚我说了可以帮你，但是是在你和我说实话的前提下帮你，你不说实话谁也帮不了你们夫妻二人，最后遭罪的还是你夫妻二人，我们不会因为你们影响到什么，听明白了吗？

答：（低头沉默不语）……

问：你不说话就对了，你以前说的话无论真假我都会既往不咎，从现在开始你可以不说话，但是说话就要说实话，在我这里我不想听到假话，因为你说的假话马上会被我发现，明白吗？不想说话，你可以摇头或者点头。

答：（犹豫一下没有说话，轻轻地点了点头）……

问：看得出来你是一个本分的女人，我也听人介绍了，说你胆子很小，人很老实，你刚刚说的拿别人钱的那个事情可不是那么简单的事情啊？那是犯法的事情啊，不是自己应得的钱是不能随便拿的，拿了早晚都有心病，知道吗？这次你说话回答我？

答：（声音微小）知道。

问：即使一时糊涂，现在改正也不晚，即使是你丈夫拿的，你知情不报一样也是犯法的，你们现在不主动承认错误，一会儿经过测谎后，还原了事情的真相你们会很被动的，知道吗？我在测试之前说这么多就是想帮助你们，不然我何必呢？我就是做测谎的，把测谎做完了，出一个鉴定报告给办案单位的领导就行了，具体你们是否拿人家的钱，是否犯法，就和我没有什么关系了，到那个时候，你们想哭都来不及了，我现在这么做是在帮助你们，知道吗？你们这是个什么案子啊，在我面前太小了，我办的哪个案子不比这个大，可以说不是杀人的就是放火的，你们这个算什么？所以不要认为我能在你们这个案子上得到什么利益，可以说我不会因为你们这个案子得到一点好处，我就是出于对你们夫妻二人的印象不错才说这么多，你能理解吗？

答：（抬头看看笔者小声说）谢谢你。

问：你家和老侯是什么关系？

答：我们是邻居，他家住我们家东院。

问：你们两家关系怎么样？

答：还可以。

问：你丈夫和老侯单独办事吗？

答：我不知道啊。

问：2015年，他们二人单独出去过吗？

答：（犹豫一下小声说）我有点记不清了。

问：（严厉的声音略大）刚刚我说了，我问你问题时你可以不回答，但是回答就要说真话，明白吗？

答：（低下头小声说）明白。

问：那我问你2015年你丈夫和老侯单独出去办过事情吗？

答：（低头不语）……

问：这就对了，你可以不说话，但是说了就要说实话。我再问问你在2015年的时候，有一次你丈夫和老侯出去后是否拿钱回来？

答：（害怕要哭的样子，低头不语）……

问：你也不用害怕，这件事情可大可小，今天你遇到了我也算是幸运了，我这个人向来是想做别人的贵人，不想做别人的小人，今天也一样我只是想做你的贵人，不想做你的小人，听明白了吗？

答：（沉默不语点了点头）……

问：我也理解你，毕竟你是一个女同志，从来也没有经历过这样的事情，我也给你时间考虑考虑，这样我先给你做测谎，做完之后，我看看结果，如果这个事情真的和你们有关系，我也对你们网开一面，先不出鉴定报告，想办法尽量帮助你们大事化小把事情解决了，好不好？

答：（低头声音微小）谢谢。

问：测谎你以前听说过吗？

答：（声音略小）没有。

问：在电视里看过吗？

答：（声音略小）没有。

问：不知道测谎也不要紧，我现在可以给你讲解一下测谎的基本原理，让你了解一下测谎之后我们再进行测试，好吧？

答：好的。

问：你同意测谎吧？

答：（小声回答）同意。

问：既然你同意测谎一会儿需要你签一个书面的协议书，可以吧？

答：（小声回答）可以。

问：测谎这个词是普通老百姓那么称呼的，其实测谎书面上叫作生理心理测试技术，在我们国家也有40多年的历史了，现在国内公安、检察院、司法、军队等部门都应用得非常好，这项技术是100多年前意大利的科学家龙勃罗梭研制成功的，所以这项技术已经很成熟了，这台测谎仪是国内最先进的，不会出现错误的。不做亏心事不怕鬼敲门，这就是测谎的原理，明白了吧？

答：不做亏心事不怕鬼敲门我知道。

问：就是这样，没有做过的事情不会冤枉你们，但是要是你们干的也不会让你们逃过去，知道吗？

答：（低头不语）……

问：这是测谎协议书（出示），你好好看看这个协议书里面的内容，如果你看不懂我也可以读给你听？

答：（接过协议书默默地看了三四分钟）……

问：你看明白了吗？

答：（小声说）看得差不多。

问：这样吧，我现在再给你读一遍这上面写的内容，上面写着你本人同意进行心理测试（测谎）的，主测官已经向你解释了心理测试（测谎）的原理，你本人对解释表示满意，相信心理测试（测谎）技术并对测试结果完全负责，大概内容就是这些，听明白了吗？

答：（小声说）听明白了。

问：既然听明白了，如果没有什么异议就签字按手印吧？

答：（犹豫不决）……

问：刚刚我说了，我可以帮助你，可是要以你说实话作为前提条件，你要是不敢签字就证明你在撒谎，这个事情就是你们夫妻二人参与，不用测试也可以直接出鉴定报告。

答：（声音微小，犹豫中签了字并按了指纹）我签字。

问：我说了，我会帮你的，即使测谎完了，我也会给你最后一次机会，所以在测试时你尽量放松，一会儿我把测试的问题先告诉你，我问你什么你要简洁回答“是与不是”“知道不知道”“明白不明白”“清楚不清楚”……不用摇头不用点头也不用解释，每个问题就一分钟多一点，中间可以休息，听明白了吗？

答：（小声说）听明白了。

问：好，现在给你戴上仪器，这些仪器没有电也没有辐射，不要担心，平时我们自己练习时也戴（在女侦查员的配合下用了三分钟左右的时间将仪器戴上）。准备好了吗？

答：（小声说）嗯。

开始测试……

第一组：

中性　是　你是叫李淑娟吗？

准相关　是　关于2015年殷宝贵往家拿回钱的事情，你愿意如实回答问题吗？

准绳　否　你以前是做过对不起别人的事情吗？

相关　否　那些钱是殷宝贵从外面拿回来的吗？

中性　是　你是汉族人吗？

准绳　否　你以前是做过怕人知道的事情吗？

相关　是　从外面拿回钱的人是殷宝贵吗？

准绳　否　你以前是拿过不属于自己的东西吗？

相关　否　是殷宝贵拿回来的那些钱吗？

准相关　否　除了刚才问的以外，你担心问你别的问题吗？

第二组：

中性 是 你是叫李淑娟吗？

中性 是 你是石人沟人吗？

准相关 是 关于2015年殷宝贵往家拿回钱的事情，你愿意如实回答我的问题吗？

相关 否 那些钱是通过别人给殷宝贵的吗？

准绳 否 你以前是做过怕人知道的事情吗？

相关 否 那些钱都是你殷宝贵自己拿回来的吗？

相关 否 那些钱是其他人分给的一部分吗？

中性 是 你是汉族人吗？

相关 否 你知道这些钱的去向吗？

准绳 否 你以前是做过对不起别人的事情吗？

相关 否 你知道是殷宝贵和谁拿回来的钱吗？

题外 否 除了刚才问的，你担心问你别的问题吗？

第三组：

首题 否 你是叫李淑娟吗？

首题 否 你知道殷宝贵一共拿回来多少钱吗？

中性 否 是2万元吗？

中性 否 是3万元吗？

中性 否 是4万元吗？

中性 否 是5万元吗？

中性 否 是6万元吗？

中性 否 6万元以上？

第四组：

首题 否 你是叫李淑娟吗？

首题 否 你知道这些钱殷宝贵给谁了吗？

中性 否 父母？

中性 否 兄弟姐妹？

中性　否　妻子?

中性　否　朋友?

中性　否　其他人?

第五组:

首题　否　你是叫李淑娟吗?

首题　否　你知道那些钱现在的去向吗?

中性　否　存到银行里了?

中性　否　都藏起来了?

中性　否　都花了?

中性　否　花了一部分了?

中性　否　还债了?

经过近一个小时的中心测试(测试出的数据非常清晰)……

综合测试结论:(1)认定其丈夫殷某某与侯某某参与了案件;(2)李淑娟部分知情;(3)赃款交给了李淑娟;(4)得到的赃款数额:5万元(次强反应为3万元);(5)赃款去向:部分花掉。

问:现在基本上测试完了,结果我已经清楚了,既然我刚刚答应你要帮助你我就不会食言,我可以给你思考的时间,但是思考完之后,你必须要给我一个明确的态度,就像测试之前我跟你说的,这件事情可大可小,不该是你们的钱就不要花,现在拿出来也不晚,知道吗?

答:(低头不语眼泪掉了下来)……

问:事情发生了,谁让你们当时一时糊涂了,你是本分人,这几年估计你心里也不好受,老是害怕,对吧?

答:(声音微小)我本来胆子就小,可是我们真……

问:(及时制止)我再提醒你一下,你可以不说话,说话就要说真话,你在我面前说的话真假我一听就知道,你要是说假话我会很生气,现在我再给你思考的时间,你不要不珍惜机会,听明白了吗?

答:(轻轻点了点头)……

问:哭可以,但是没有作用,现在真能帮助你们自己的就是你们自己的态度，知道吗？

答：（低头不语）……

问：虽然你是个女同志胆子小，但是你智力健全，我现在来给你算一笔账，看看你下一步怎么做更划算，如果因为这件事情你们两口子都进去了，以后你们还能在那里住吗？你们的女儿怎么看你们，她以后还要找对象，女孩子最重要的是名声，一听说她父母因为敲诈勒索都进去了，谁家里老人还敢让儿子找这样家庭的女孩儿，到时候你们会毁了你女儿一生的幸福，你们辛辛苦苦的为了什么？不都是为了孩子吗？那时你后悔都来不及了。现在你还有最后一次机会，你们先把钱拿出来，不是自己的钱你们花着心里也不舒服啊。先把你们得的那部分钱拿出来，还给人家，取得人家的谅解事情就好办了，对不对？这样我可以帮你在领导那里求情，你完全有机会回家，知道吗？

答：（小声说）可是我家里没有那么多的钱了，就剩3万了。

问：那些都花出去了吗？

答：（小声说）你让我回去借，花出去的2万，我也能借到，可是我真不知道是什么钱。

问：这就对了，不是自己的钱不能花，你丈夫一共拿回来多少钱？

答：（犹豫一下小声说）一共5万元。

问：这个态度就对了，放心，我答应你的事情会尽量做到，你也不容易，好吧？

答：（低头小声说）谢谢。

问：既然能相信到我，你就把事情的经过详细说一下？

答：（犹豫一下后抬起头说）我记得是2015年夏天的一天下午2点多，我家那口子和我家东院邻居侯大哥开车回来了，他当时好像喝酒了，回来后给了我一个塑料袋子，里面装了5万元，我问他钱是哪儿来的，他说“你看看人老侯大哥真能耐，一下子就整那么多钱……”，后来这5万元花了2万给貉子买饲料了，事情就是这样。

问：他没说这钱是怎么来的吗？

答：我问了，他没有具体说，后来我就不敢问了。

问：他有说你家邻居侯大哥得了多少钱吗？

答：没有说，但是听口气可能不少，比5万要多。

问：既然你的态度这么好，我会去领导那里帮你求情，让你回家，但是你一定要配合好办案单位把下一步工作做好，可以吧？

答：（感激地看着笔者）太感谢了，我一定配合好。

问：第一，你配合办案人员回家把剩余的3万元赃款拿回来。第二，一会儿你配合工作人员录一个视频劝你丈夫配合工作。这些能做到吗？

答：（点头说到）没有问题。

通过李淑娟的配合，顺利地将剩余赃款找回，并通过她的劝说，殷某某交代了伙同侯某某敲诈勒索渔场承包人王某某15万元的详细过程。

4. 2018年“2·6”大庆涉黑涉恶案件

以下为省厅贺电

大庆市公安局并铁人分局：

欣悉你局成功打掉李峰（化名）、王小莉（化名）等恶势力犯罪团伙，及时消除严重危害社会治安的重大隐患，狠狠打击了犯罪分子的嚣张气焰，省公安厅特向你局表示祝贺！并向全体参战民警致以亲切慰问！

2月6日，副省长、公安厅厅长毕宝文对《大庆市韩某某、于某某等11人反映以李峰、王小莉为首黑恶势力》作出重要批示后，厅党委委员、副厅长高庆国高度重视，立即组织相关部门认真研究。3月2日，刑侦总队总队长白晓明带领刑侦、技侦、网安等部门相关人员赶赴大庆，大庆市副市长、公安局局长安庆华亲自组织，抽调精干力量，会同省公安厅成立联合专案组开展侦查工作。经过15天连续奋战，彻底查清李峰等人违法犯罪事实，一举打掉李峰、王小莉恶势力犯罪团伙，抓获涉案犯罪嫌疑人8名，有效维护了市场经营秩序。经查，近年来，李峰（男，50岁，大庆站前海鲜市场实际控制人，大庆市政协委员、大庆市萨尔图区政协常委、中国民主建国会会员）、李小莉（女，52 岁，大庆市站前海鲜市场法人，李峰妻子）等人以代替税务部门收取税费为由，虚构事实，向市场商户每月收取税费；雇凶殴打商户；无故扣押商户冰柜、鱼缸、海鲜；为争抢客户，实施故意伤害等多起违法犯罪事实。

李峰、王小莉等恶势力犯罪团伙被成功打掉，充分体现了大庆市公安局各参战单位和参战民警对党和人民高度负责的责任感和顽强拼搏、勠力攻坚、求真务实的工作作风。希望你们认真总结经验，再接再厉，砥砺进取，为全省扫黑除恶专项斗争再添战绩，为维护全省社会治安安定和社会稳定再立新功、再创佳绩！

黑龙江省公安厅

2018 年 3 月 23 日

在该涉黑涉恶案件的侦办过程中，领导首先安排笔者通过“审测”成功突破两个主要关键嫌疑人员的心理防线，拿下其“2015 年雇凶伤害”当时未破一案的口供，对整个案件的成功告破起到了至关重要的作用。

直接雇凶伤害嫌疑人庞国（化名，因另一起轻伤害案看守所内在押）：

问：你是庞国吧？

答：是的。

问：多大了？

答：32 岁。

问：你是大庆本地人吗？

答：是的，我是龙凤区乙烯建兴村小屯的。

问：结婚了吗？

答：结婚了。

问：媳妇多大了？是干嘛的？

答：我媳妇比我小三岁，今年 29 岁，无业在家哄孩子。

问：家里是儿子还是女儿啊？

答：女儿？

问：多大了？

答：5 岁了。

问：上幼儿园了吗？

答：上幼儿园了。

问：是 2014 年出生的吧？

答：是的。

问：比我儿子小一岁，我儿子是 2013 年出生的，我要孩子要晚了，不过这个时候孩子最好玩了，你多长时间没有看到孩子了？

答：（眼睛有点湿润）唉，有四个多月没看到了，进来之后就没有看到过。

问：我比你大 8 岁，看来你得管我叫大哥了。

答：你是大哥，谢谢大哥。

问：没什么，你干的又不是杀人放火，一辈子出不来的事情，对吧？一个打架的事情，也没有多大的事情，今天我们认识了也是缘分，等你出来了我们就是朋友了。

问：现在是不是特别想孩子啊？

答：特别想，晚上做梦都梦到。

问：我能理解你，我经常出差，有时候出差一周就想孩子想得不行了，何况你已经进来四个多月了。我们两家孩子都差不多，前几天我儿子找我要了一个学习机器人，天天玩，特别喜欢，你女儿这么大也正好玩这样的机器人，等你出去了一定要给你女儿买一个啊。

答：唉，我进来的前几天她就找我要机器人了，我都答应给她买了，可是我现在（悲伤的样子）……

问：不要伤心了，你现在最重要的是早点从这里出去，其他的你不要想那么多，知道吗？

答：我知道，可是我这个不得判个三四年啊？

问：有些事情也不是你想的那么复杂，就得看你自己怎么个态度，你之前对办案人那样说肯定是不行的。对了，我忘了自我介绍了，我姓杨，是大庆市公安局刑侦支队专门负责测谎工作的，所以可以明确地告诉你，我今天来不是来审讯你的，是领导让我来给你进行测谎的，说你以前说的话有些不真实，并且还隐瞒了其他事情，所以才有了我们今天见面的这个缘分，但是我现在不问你关于案件的事情，我们先聊一聊，刚刚我们聊得很好，我比你大，是你大哥，你的女儿比我家儿子也小一岁都上幼儿园，可以说这些都是我们共同的话题，冲你的女儿我今天也要照顾你，能帮你尽量帮你，只要不违反原则，我都会尽力的，但是有一个事情必须说明白了，那就是之前你和其他人说的，不管真话假话我都会既往不咎，但是从现在开始，你和我说的话必须是真话，你可以不说话，要是说话就要说真话，听明白了吗？

答：大哥，我听明白了（声音略小）。

问：你是个重情重义的男人，一来我来之前对你了解了一些，二来刚刚从我们的聊天中就能看出来，可以说我们是一个性格的人，就冲这些我也要用我当了这么多年警察的经验来帮帮你，尽量把你自己的事情大事化小，但是化不了，明白我说的意思了吗？

答：大概明白。

问：大概明白是什么意思，我告诉你，你觉得你讲义气，今天我就以大哥的身份说说你，你对谁讲义气，你最应该对你的女儿、你的媳妇、你的老妈讲义气，连对你最亲的人都无情无义，对别人讲义气，那是什么？那是傻，你在这里蹲看守所，他们干吗去了，你家老妈和你媳妇还有你的女儿在外面他们照顾了吗？还不是自己在照顾自己？你老妈身体不好还要照顾你女儿，你在这里待了这么长时间你媳妇不担心吗？我问问你这个世界上谁对你最重要？你说说？

答：（低头沉思一会儿才回答）我女儿和我老妈。

问：看来你还不傻，对了，这个世界上对你来说最重要的就是你的女儿和你老妈，再进一步讲你媳妇也很重要，你的那些所谓义气的狐朋狗友跟她们比那都是差远了，对不对？

答：（低头小声回答）那是啊。

问：可是你为了所谓的义气在看守所里蹲着，让你最亲的人为你担惊受怕，为你受罪，你对得起你的这些最亲的亲人吗？

答：（小声回答）对不起。

问：那你是讲的什么义气？连自己最亲的人都对不起你讲的什么义气，你跟我说说？

答：（低头沉思不回答）……

问：（突然大声）来，抬起你的头看着我，正面回答我的问题！

答：（抬起头目光不敢看我，沉默）……

问：（大声）为什么不说话了，告诉你，我知道你为什么不说话了，是因为你回答不上来了，你不好意思回答了，因为你也感到羞愧了，对不对？

答：（小声回答）是的，大哥。我对不起她们，我老妈心脏病可严重，在外面肯定担心我，她还得天天照顾我女儿。我真是不应该打这一架。

问：你是打这一架的事情吗？

答：（惊讶）还有什么事情啊，我就是打这一架进来的啊？

问：你这个打架的事情已经很清楚了，已经到了法院阶段了，马上就要开庭了，就是今天我们来提审你也是拿着法院批准的手续来提审你的，这个你还不清楚吗？

答：是啊，大哥，今天你们来提审我，我还纳闷呢，现在应该是马上到第一审了，怎么你们公安还来提审我呢？

问：对啊，你打架的事情已经很清楚了，就等着法院马上进行审判了，我是公安局的人今天来肯定不是为了你的这起打架的事情了，是另有案情了，今天给你提出来到这个屋子里是看守所里的心理测试室，也就是因为另一个事情要找你进行核实，明白了吧？

答：（疑惑）还有什么事情啊？

问：还有什么事情，看在我是你大哥的份儿上我可以给你提一个醒，你想听吗？

答：我没有什么了啊，你说吧，大哥。

问：你到底想不想听吧？

答：想听啊。

问：2015 年的事情，你想想那一年你干了什么违法犯罪的事情了？

答：（低头想了一想，犹豫一下说）没有啊，大哥，我没干过其他违法犯罪的事情了啊？

问：（及时制止）你可以想，但是不要回答我知道吗？刚刚你所说的话我当作没有听到，你知道吗？我既然来找你了，就有十足的把握，你回答后一会儿一测谎马上就会发现你说的是谎话，那我们刚刚聊得那么好怎么办，我们还好意思聊下去了吗？所以我告诉你现在不要轻易说话，明白我的意思了吗？

答：（小声回答）明白了，大哥。

问：这就对了，不要轻易回答什么，我现在让你回答了吗？我让你回答了吗？

答：（小声回答）没有。

问：（声音略大）那你为什么着急回答？为什么着急回答？我问你呢？

答：对不起，大哥，我错了。

问：好，这次我原谅你，但是不能再犯错误了，不然别怪我立马翻脸不认你这个弟弟了，知道吗？

答：知道了，大哥。

问：这个态度还差不多，冲你这个态度，我再提醒你一下，你们海鲜市场是不是有一个叫作李文广（化名）的在2015年被打了？这个事情你知道吧？

答：（声音略小）我听说了，好像是他得罪人了吧？

问：不要跟我说那些没有用的，他肯定是得罪人了，不得罪人能大白天的无缘无故的被堵到家门口四五个人一阵打吗？关键是谁指使打的，当初分局这个案子没破，那是当时科技手段没有现在这么高，现在不一样了，很多以前的案子没破现在捡起来都破了，你相不相信现在的科技手段？

答：（声音略小）相信。

问：相信就好，雁过留声人过留名，就是说的现在的科技手段，不管什么时候，都是能查到的，不要以为自己做得神不知鬼不觉的，以为当年都没有破案现在就更不可能了，不是那样的，现在科技发达了，我们市局能上来就是领导也重视了，明白吗？

答：（声音略小）明白了，可是这个事情和我没有关系啊。

问：（及时制止）我让你说了吗？我让说跟这个事情有没有关系了吗？你这么着急干吗？我现在问问你，你为什么这么着急辩解，我让你回答了吗？你现在给我说明白了，现在就说？

答：（有气无力）我没有着急啊，也没有辩解啊……

问：我现在不问什么了，也不说什么了，现在我这个大哥就端正一下你的态度，你说刚刚你着急的态度错没错，就说错没错（声音突然加大）？

答：（沉默）……

问：我说你错了吗？刚刚我问你这个事情是你干的了吗？我问了吗？

答：（声音略小）没问。

问：那你为什么着急回答？

答：我以为你提醒我，就是在问我是不是我干的呢？

问：你以为行吗？你以为的事情多了，你要是什么都以为对了，你现在用在这里蹲看守所吗？你说你错没错？现在你就跟我说你错没错？

答：（低头声音略小）我错了。

问：这就对了，毕竟我比你大，说话时你也要尊重我一些，明白吗？不能什么都要辩解，着急说，这回知道了吧？

答：（声音略小）知道了。

问：刚刚提醒你了，你也明白我这次来的目的了，你现在应该好好想一想中国十好几亿人为什么偏偏要单独来找你提醒这个事情，这个看守所里也有800多人在押为什么偏偏提醒你这个事情，这是你现在要想的，明白了吗？我现在不需要你回答什么，就是让你好好想想，已经过去快3年了，2015年的事情，当时案子都没有破，为什么突然我要来看守所里提醒你，这也是你要想的事情，现在你要想这个事情，而不是急于回答我什么，我现在也没有要求你回答，听明白我说的意思了吗？

答：（声音略小）听明白了，大哥。

问：从现在开始你不要轻易说话，说了就要负责任，还是之前说的那句话我可以既往不咎，因为我也理解你，没有懂的人帮助你，你自己也想不明白，现在有我了，我刚刚告诉你了，你首先要有情有义的对象是你5岁的女儿，以及生你养你现在还帮着你伺候女儿全身都有病的老妈，还有替你生儿育女的媳妇，这些人是你第一个需要讲义气的人，其次才能有其他人，可是你为了你所谓的哥们义气进来待了这么长时间，你这么做对得起你的这些亲人吗？这些才是你现在该想的事情。而不是想着怎么对付我，我现在不是来审讯你，也不是你的敌人，我说了我是做测谎的专家，是因为现在你认了我这个大哥，你女儿和我家儿子就差一岁，我理解你这个当爹想孩子的那份心情，所以我是看在这些情谊上放下警察的身份以一个大哥的身份和你说话，你明白我的心意吗？

答：（感激的目光）谢谢，大哥。

问：话已经没少说了，我给你思考的时间，你现在不用回答我什么，我们现在可以对你进行测谎，这样也好让你心服口服，让科学说明一切，今天呢我也网开一面，如果你通过了测试，关于我说的那个事情再也不提了，回去我和办案单位的领导说这个事情和你没有关系了，但是如果测试结果显示和你有关系，那不好意思了，我们就得说道说道了，不过我也会给你机会的，谁让我们今天聊了这么多呢？你说这样行不行？

答：（略微思考一下低声说）行。

问：也就是说你同意测谎是吧？

答：（稍微犹豫一下）同意。

问：这就对了，不做亏心事不怕鬼敲门，对吧？

答：是的，不做亏心事不怕鬼敲门。

问：这就是测谎的原理，你以前了解测谎吗？

答：不了解，只是好像在电视里看过测谎仪什么的。

问：既然你在电视里看过就说明你也知道测谎的准确性和科学性了，这就好办了。下面我向你介绍一下测谎是怎么回事，让你对测谎的科学性和原理更了解一些，好吧？

答：好吧。

问：我给你讲一下测谎的科学性原理，该项技术是100多年前意大利的科学家龙勃罗梭发明的，书面上叫作生理心理测试技术，在我们国家也有40多年的历史了，国内公安、检察院、司法、军队等部门都应用得非常好，所以这项技术已经很成熟了，这台仪器已经参与侦办案件几百起了，还没有失误过，所以你放心它的科学准确度吧。

答：（略微思考）我相信你，大哥……

问：刚刚也说了，老百姓常说的那句话是不做亏心事不怕鬼敲门，也是这个意思。

答：（有心事的样子）嗯。

问：既然你同意测谎了，我们就签一个书面协议书，好吧？

答：（犹豫一下）好吧。

问：这是测谎协议书（向他出示），你详细看看里面的内容。

答：（仔细看了三分钟左右）我看完了，在哪儿签字？

问：你看明白了吗？

答：看明白了。

问：这个测谎协议书上面写着你本人同意进行心理测试（测谎）的，主测官已经向你解释了心理测试（测谎）的原理，你本人对解释表示满意，相信心理测试（测谎）技术并对测试结果完全负责，里面的内容你看懂了吗？

答：（声音略低）看懂了……

问：在协议书下面的被测人那里签上你的名字和日期并且按上指纹吧。

答：（略微犹豫一下签了字并按了指纹）……

问：一会儿我在正式测试之前，先把测试的问题告诉你，我问你什么你就简洁回答“是与不是”“知道不知道”“明白不明白”“清楚不清楚”……不用摇头不用点头也不用解释，你听明白了吗？

答：听明白了，那我紧张不影响测试吗？

问：紧张是正常的，你给我戴上测谎仪我也紧张，不过你尽量放松，对不对，你又没杀人放火，多大个事情啊，是不是？不过你也放心，即使你紧张了我也不会测错的，紧张那部分会排除掉的，如果一紧张就测错了，那不出现老多冤假错案了啊？我还能干到现在啊？

答：那我明白了，别测错就行啊。

问：放心吧，测不错。不用说你这个小案子，那些杀人案子都一测一个准。

答：好吧。

问：好，现在给你戴上测谎仪的传感器（用三分钟将仪器戴上）。你现在准备好了吗？

答：准备好了。

开始测试……

第一组：

中性　是　你是叫庞国吗？

准相关　是　关于李文广被伤害一事，你愿意如实回答问题吗？

准绳　否　你以前是做过怕人知道的事情吗？

相关　否　李文广是被你伤害的吗？

中性　是　你是汉族人吗？

准绳　否　你以前是做过对不起别人的事情吗？

相关　是　是你伤害的李文广吗？

准绳　否　你以前是做过不道德的事情吗？

相关　否　伤害李文广的人，是你吗？

准相关　否　除了刚才问的以外，你担心问你别的问题吗？

第二组：

中性　是　你是叫庞国吗？

中性　是　你是大庆人吗？

准相关　是　关于李文广被伤害一事，你愿意如实回答我的问题吗？

相关　否　李文广被伤害，你怀疑是别人伤害的他吗？

准绳　否　你以前是做过怕人知道的事情吗？

相关　否　李文广被伤害，你知道是谁干的吗？

相关　否　李文广被伤害，是你干的吗？

中性　是　你是汉族人吗？

相关　否　李文广被伤害，是背后有人指使的吗？

准绳　否　你以前是做过对不起别人的事情吗？

相关　否　你知道作案人是因为什么伤害李文广的吗？

题外　否　除了刚才问的，你担心问你别的问题吗？

第三组：

中性　是　你是叫庞国吗？

中性　是　你是大庆人吗？

准相关　是　关于李文广被伤害一事，你愿意如实回答我的问题吗？

相关　否　你知道作案人是几个人吗？

准绳　否　你以前是做过怕人知道的事情吗？

相关　否　你知道作案人是哪里的吗？

相关　否　你知道作案人用的是什么工具吗？

中性　是　你是汉族人吗？

相关　否　你知道作案人伤害到李文广的什么部位了吗？

准绳　否　你以前是做过对不起别人的事情吗？

相关　否　你知道作案人的工具是哪里来的吗？

题外　否　除了刚才问的，你担心问你别的问题吗？

第四组：

首题　否　你是叫庞国吗？

首题　否　你知道直接伤害李文广的人有几个吗？

中性　否　1 个人吗？

中性　否　2 个人吗？

中性　否　3 个人吗？

相关　否　4 个人吗？

中性　否　5 个人吗？

中性　否　5 人以上？

第五组：

首题　否　你是叫庞国吗？

首题　否　你知道作案人使用什么工具打的李文广吗？

中性　否　刀？

中性　否　铁管子？

相关　否　镐把？

中性　否　铁棒子？

中性　否　砖头子？

第六组：

首题　否　你是叫庞国吗？

首题　否　你知道作案人是住在哪里的人吗？

中性　否　是大庆四县的吗？

中性　否　是安达的吗？

中性　否　是大庆市区的吗？

中性　否　是大庆以外地区的吗？

中性　否　是外省的吗？

第七组：

首题　否　你是叫庞国吗？

首题　否　你知道作案人是怎么找到李文广的吗？

中性　否　是告诉地址自己找到的吗？

中性　否　是跟踪过去的吗？

中性　否　指认李文广开的车辆了吗？

中性　否　亲自领着到现场了吗？

中性　否　指认李文广本人了吗？

第八组：

首题　否　你是叫庞国吗？

首题　否　你知道什么原因伤害李文广吗？

中性　否　因为女人？

中性　否　个人矛盾？

中性　否　受人指使？

中性　否　经济上？

中性　否　其他原因？

第九组：

首题　否　你是叫庞国吗？

首题　否　你知道伤害李文广的真正目的是什么吗？

中性　否　想打死他？

中性　否　想开个玩笑？

中性　否　想吓唬吓唬他？

中性 否 想让别人看看好害怕？

中性 否 其他目的？

经过近50多分钟的中心测试（测试出的数据相对清晰）……

综合测试结论：（1）庞国为2015年李文广被伤害的参与人；（2）作案动机：受人指使；（3）没有亲自到现场；（4）目的：吓唬对方，让对方害怕；（5）作案人数：倾向于4人。

问：基本上测完了，还是那句话不管结果如何我都要管你，现在可以明确地告诉你，你没有通过测试，也就是通过测谎明确你参与了2015年李文广被伤害一事，你现在不要急于回答我什么，我给你思考的时间，但是你谁也保不了知道吗？

答：（沉默）……

问：这就对了，要不可以不说话，说话就要说真话。我可以给你思考的时间，你现在要做的是怎么让自己先从这里出去，出去后看看你5岁的女儿，让已经没有睡过安稳觉的老妈，睡一个踏踏实实的觉，其他的你不要想，有意义吗？如果你不早出去，你媳妇也会怨恨你的，认为你作为一个男人，作为一个丈夫不负责任，为了别人所谓的义气，让自己家人遭罪上火，换作是你，你也会这么想啊，人心换人心啊？

答：（低头沉默）……

问：你想看看你的女儿吗？

答：（突然抬起头惊讶的表情）想啊？

问：想她吗？

答：非常想。

问：你想让你的女儿看到你现在的样子吗？

答：（思考了一下）不想。

问：你想也不能让她看，她那么小看到自己的爸爸在监狱里会对她一生都造成影响的，你犯了错误，但是你的女儿没有错误，我说的对吗？

答：（感恩的目光）你说的对，大哥。

问：我们都是为人父的，我理解你的心情，不管你之前做了什么，但是只要你承认错误，都是可以原谅的，但是原谅你的前提是你必须要承认错误，连错误都不承认，你让我怎么原谅你，来之前我了解到你的女儿和我儿子年龄差不多，我就特意去了一趟你家，看了看你的女儿，并且代表你给女儿买了点小零食，不知道我做的对不对？

答：大哥，太感谢你了（眼泪掉了下来），我女儿怎么样，是不是长高了，看到我妈了吗？我老妈心脏病犯了吗？

问：你老妈我没有看到，但是我看到你媳妇了，她说你老妈没事，就是担心你，天天去你家帮忙哄孩子，我特意找到前两天过节时你妈和孩子的录像，一会儿我可以给你看，但是现在你必须给我一个明确态度，你做没做错事情？

答：（乞求的目光）大哥，我真的错了。

问：我刚刚给你测谎了，我想听听你到底错在哪儿了？

答：（低头犹豫、声音略小）我、那个事情是我干的。

问：哪个事情？说清楚了。

答：就是李文广被打的事情是我干的（眼色不敢直视）。

问：真是你干的吗？

答：真是。

问：没有冤枉你吧？

答：没有，是我找人干的。

问：是谁指使你找人打李文广的？

答：没有人指使，是我自己想打他。

问：你为啥要找人打李文广啊？你们有什么利益关系吗？

答：我看他生气，他从我们市场搬到后来成立的那个海鲜市场，上蹿下跳地来我们市场拉人，去那个市场。

问：你现在工作的这个海鲜市场有股份吗？

答：没有。

问：你在市场是干什么的？那怎么给你开工资呢？

答：我是市场保安，每个月固定给我4000元。

问：有其他效益奖吗？

答：没有。

问：这就奇怪了，这个海鲜市场没有你一点股份，你每个月的工资是固定的，打人这个事情难道是职责之一吗？

答：不是。

问：那这是额外赠送的咋的？我说了，我刚刚给你测谎了，到底是什么情况，我心里有数，你就不要在这里撒谎了，看在你能主动说出来这个事情是你找人的态度上，我可以再原谅你这次，背后指使你的人暂时放到这里不去说，一会儿我们谈完了其他的再去说他，也是给你一个思想斗争的过程，你先把找人打李文广事情的经过详细说一说，可以吧？

答：好的，大哥（语气轻松了一下）。2015 年 5 月份左右的时候，大庆的另一家海鲜市场成立了，他们老板就跑到我们市场来抢卖海鲜的业主，李文广被他用什么手段利诱走了，他走就走呗，一回海鲜市场就游说其他卖海鲜的业主跟他一起走，我就很生气，我就琢磨找人打他一顿，正好我的一个叫张刚的朋友是乙烯的手下有几个人好打架，我就打电话跟他说有一个人跟我嘚瑟，你带几个人揍他一顿，他家住哪儿我知道，张刚同意了。第二天我们约好早上 7 点左右在我们的海鲜市场门口见面，张刚他们开了一辆白色的捷达车来的，当时我没有注意车牌号码多少，车上算张刚大约 4 个人或者 5 个人，他们都没下车，我挤到车上告诉他们在市场门口附近，有一个半截槽子的那种轿货车是李文广的，并且把那台车指给他们看，让他们盯着那台车就行，李文广大约 9 点左右从市场出来，他家住在让胡路区乘风庄一带，安排完之后，我给了张刚 1000 元现金加油用，我就下车了。大约上午 11 点多的时候，我接到张刚电话，在电话里张刚说事情办完了，我问他把李文广打的怎么样，他说用镐把子打了两下，没打怎么样，打跑了。就这样大约下午 3 点多我开车去乙烯找到张刚给了他 3000 元现金，让他们哥几个吃点饭用，张刚说，其中一个哥们的手机被打坏了，我又去二手手机市场买了一个差不多的手机给他了。事情经过基本上就是这样的。

问：张刚是哪里人，多大岁数，体貌特征什么样？

答：张刚是大庆龙凤区乙烯小屯的，跟我年龄差不多，大约32岁左右吧，身高1.65米左右，偏瘦，短发，肤偏白。

问：另外一共是几个人，都叫什么名字，都是哪儿的人？

答：除了张刚之外我记得是3个人或者4个人，因为他们没下车，一直在车上坐着，我就没注意，大约都在二十五六岁，具体叫什么名字，是哪儿的人我真不清楚，那几个人都是张刚找的，我不认识。

问：那个手机是在哪儿买的？什么牌子的？大约花了多少钱？

答：手机是在萨尔图二手手机市场买的，是仿造的三星999的，我记得花了800元左右。大哥我都说了，能让我看看我孩子的录像吗？

问：我既然答应你了，肯定让你看的。

答：谢谢大哥。

问：看可以，但是看之前我要明确地告诉你，你只说了一部分实话，不代表我让你看录像就相信你了，所以你看录像的同时，也要想明白，什么时候把余下没说的部分说出来，这样行吧？

答：（略微犹豫、声音略小）行。

问：（笔者把手机拿出来，找到庞国老妈带着孩子过节吃饭时的录像以及孩子在幼儿园照的照片）给你，你自己拿着多看一会儿吧。

答：（非常感动、迫不及待的样子）谢谢大哥（大约反复仔细看了4分钟）。

问：看够了吧（把手机接了过来）？

答：（恋恋不舍的样子）怎么都看不够。

问：我知道你还在犹豫是否说出来，是谁指使你干的这个事情，其实这个事情再傻的人都明白不是你自己的主意，因为打李文广这一次就花销了5000元左右，你一个月工资才4000元，你因为看着他生气就花了一个多月的工资雇人打他一顿，说出来谁都不会相信，何况我们刚刚给你测谎的问题里也提到谁指使你干的，那些答案里就有真正花钱让你找人打人的人，刚刚我不那么快揭露你，也是想继续给你机会，因为要是你始终说你自己是真正的幕后指使者，你肯定判得要重，加上之前的那个轻伤案子，你真是得5年都看不到你女儿了，等你出来你女儿真的就不能认识你了，还是最初我这个当大哥对你说的那句话，讲义气重情义没有毛病，但是首先要讲义气和重情义的人应该是自己的亲人，也就是你的女儿、你的老妈、你的媳妇，你在监狱待5年，你女儿就5年没有爸爸，你老妈就得上火5年，你媳妇就得等你5年，可是别人是幕后指使者，你就变成了从犯，从犯就会少判一两年，这一两年意味着你的女儿早一两年有爸爸了、你老妈早一两年能睡个安稳觉了、你媳妇早一两年见到你了，这些是金钱所买不到的，我现在再给你三分钟的思考时间，我掐着表，我没有太多的时间给你，这样我已经对你很够意思了，这三分钟时间你要不要，不要我就不管你了，我的任务已经完成了，我立马走人，“脚上的泡是自己走的”。如果需要我就再最后一次给你个机会，好不好？

答：（低头沉思）好。

问：（三分钟）时间到了，该给你的机会已经给你了，该说的我也说了，你也不是小孩儿了，也是有一定社会经验的成年人了，利弊得失你自己把握，你说不说清楚是你自己的事情，在这里没有人求你，现在是你求我们，知道吗？只有我们能帮助你，对吧？用不用我管你了，你给一个明确的态度？

答：（声音略低）你得管我啊，大哥。

问：好，既然让我管你，你就说说怎么管你？

答：（低头并声音略低）打完之后我告诉我们女老板王小莉了。

问：（声音略大）来，你抬起头看着我，你是过后告诉我的吗？你大点声，这是你最后一次机会，再撒谎我立马就走。

答：（低头犹豫一下，下定决心的样子）好吧，我全说了吧，是打李文广的几天前，老板王小莉对我说，你找几个人收拾收拾李文广，让他上蹿下跳的，让他们知道我们也不是好惹的，就这样我找的张刚（化名）他们打的李文广。

问：你给张刚的钱是怎么回事？

答：平时我手上就有市场的钱，老板王小莉扣掉了4000元钱了。

问：扣掉4000元钱是什么意思？

答：就算给了我4000元钱。

问：给了你4000元钱是什么意思？

答：就是我一共给了张刚的那4000元钱。

问：买手机谁花的钱？

答：买手机是老板王小莉和我一起去的二手手机市场买的手机，是她花的钱。

问：张刚你能找到吗？

答：能找到。

问：你能配合好公安机关把张刚找到吗？

答：能配合好。

通过庞国的配合将张刚抓获，张刚如实供认了被雇佣伤害李文广的详细过程，但庞国是受何人指使并不知情。

指使庞国雇凶伤害李文广的海鲜市场女老板王小莉（秘密调查得知其住院一个月刚刚从医院出院，病历显示出院时血压高压最高值为240，身体状况为下一步讯问造成了很大的障碍）：

问：你是王小莉，王大姐吧？

答：我是王小莉。

问：你今年多大年纪了？

答：52岁了。

问：长得挺年轻啊，看不出来有52岁了？

答：年轻啥，经营这么个市场太操心了，哪儿还能年轻啊？

问：没有，你这个精神头还是不错的，身体怎么样？

答：我刚刚出院，血压最高时240，心脏也不好。

问：我2009年就患过心肌梗死了，当时很危险，这不天天兜里都装着速效救心丸和硝酸甘油，（把药拿出来放到桌子上）一会儿你要是不舒服可以用上。我已经让人给你买降血压的药去了。

答：谢谢。

问：你丈夫李峰现在在哪儿呢？

答：从哈尔滨往回走呢。

问：刚刚你正在和朋友吃饭，在饭桌上就把你找来了，对你有些突然吧，其实你丈夫专案组的人也正在从哈尔滨往回带呢。

答：（惊讶的样子）啊，你们去哈尔滨找他了？

问：是的，看出来我们这次是动真格的了吧？

答：（低头沉默）……

问：我们是对事不对人，我们以前不认识吧？可以说是往日无怨近日无仇啊，所以你也不用担心，该是你们的责任你们得担着，不是你们的责任也不会冤枉你，现在是法治社会。

答：（抬起头很委屈的样子）那我们也没犯什么法啊，他们告我们是黑社会，他们才是黑社会呢，我们都干了20多年的海鲜市场了，他们非得让我们黄了，我们不干，他们就使各式各样的招数整我们，你说我们冤不冤？

问：冤不冤呢，你说的不算，我说的也不算，只有事实说的算，如果你们真的干了违法犯罪的事情了，那就不冤，明白吗？王大姐，你也不要委屈，我一会儿先说一个事情，让你感觉不冤就行了，这事情肯定会让你感觉不冤枉的。

答：（疑惑的样子）什么事情啊？

问：不急，一会儿我会告诉你的。我们先聊点别的，我比你小，我就管你叫大姐吧，好吧？

答：随便吧。

问：王大姐家是本地人吗？

答：是的，我有正式工作的，我是乙烯石化总厂化肥厂的职工，我爸是总厂的处级干部退休的。

问：噢，那你是本地出生的了？

答：是的，我就是龙凤出生的。

问：你是在什么地方上的学啊？

答：我小学、初中是在龙凤上的，后来上的技校，毕业之后就去化肥厂上班了，后来就买断了。

问：听说你和李峰是二婚，你们之前都有过一段婚姻？

答：是的。

问：你们现在几个孩子？

答：我和李峰在一起后就没有再要孩子，我们每个人以前都有一个孩子了，就当自己孩子养吧，我们都在一起生活二十年了。

问：你们能在一起生活二十年和睦相处真不容易，说明你们两个人心地都不坏啊。

答：那是啊，我待他儿子像亲儿子一样，从来不偏向，不过李峰对我儿子也和亲儿子一样，从7岁时就跟他在一起了，他们两个可好了，我那儿子跟他比和我的关系都好。

问：你儿子现在干吗呢？

答：我儿子考上军校了，刚刚毕业4年，现在在山东的一个部队工作呢，现在已经是副营了。

问：他儿子干吗呢？

答：他儿子大一些，现在已经结婚了，技校毕业后在石化总厂化肥厂当工人呢。

问：你们两个人挺有本事的，把孩子都供出去了，都有一个不错的工作。就冲这一点啊，我对你们还真是改变了印象，后妈和后爸都不好当啊，你们能相互把对方的孩子抚养成人，像对待自己亲生的儿子一样说明你们的心地还是善良的。这么看来你们人不错啊，看来有些人说你们人咋的，挺黑的，有些不符合事实啊。但是人不坏不代表不犯糊涂，不代表不一时冲动干违法犯罪的事情，对不对？

答：可是我们一直合法经营啊，反倒是他们老是威胁我们让我们别干，还把我们市场卖海鲜的业主打了，这些都是他们干的事情。

问：他们有违法犯罪的事情你们也可以反映，记得在年前李峰也写过举报信，我们也正在工作中，不过今天我们找你来是要先把你们自己的事情说清楚，等你们自己的事情说清楚后，再反映对方海鲜市场的违法犯罪的事情也不迟，我们也得一个一个来，这样可以吧？我们这样是不是很讲理？

答：我们也没干啥违法犯罪的事情啊？

问：（突然声音加大）也许你认为你们干的事情神不知鬼不觉的，以为当时案子没破，以后就更不容易破了，是吧？其实事实不是你想的那样，现在科技发达了，领导又很重视，现在事实已经清楚，事情已经露了，我再给你次机会，你自己好好想一想？

答：（低头沉思一下）我们也没啥事情可露的啊？

问：你一直认为你委屈，我现在可以郑重告诉你，你一点都不委屈，你信不信？

答：这个世道就是做好人很难啊，我们合法经营反倒被抓了起来，他们啥都干反倒逍遥法外了，这个社会还公平吗？

问：他们是否犯法是下一步的事情，他们要是犯法一样要受到法律的制裁的。你现在在这里说社会不公平，那我就要说你了，你家现在这个市场是你家自己买下来的吧？

答：是的。

问：多少平方米？

答：2000 多平方米。

问：当时买的时候多少钱？

答：500 多万元。

问：我问你那 500 多万元是怎么来的？

答：我们挣的啊。

问：怎么挣的？

答：（犹豫一下）开市场挣的啊。

问：据说你去山东给你儿子买房子去了，得多少钱？

答：400 多万元吧。

问：这些钱都是你们做生意挣的吧？

答：是的。

问：（声音突然提高）那我问问你，如果我们这个社会不公平，你们是怎么挣的这么多的钱？如果你不生在我们中国，你生在非洲，你能挣到这么多钱吗？你生在叙利亚现在连家都没有，你还不知足，你现在在中国是赶上了好社会了，才有了你今天发财了，你还敢喊不公平？谁说都没有你说的份，我们这么好的国家你还说不公平，你的良心被狗吃了吗？别以为你年龄比我大我说你两句你心里受不了，你年龄再大也是从一岁开始长大的吧，告诉你每个人都会犯错误，而且随时随地都会犯，只是要把握底线，不能犯违法犯罪的事情，刚刚我说的话有可能重了一些，但是作为弟弟我必须要纠正你这个大姐的思维方式，让你心态平和下来，不要认为谁都欠你似的，要懂得感恩，这样你的心态就会好起来，你的身体也就会好起来，我说的这些也都是为你好。我说的对不对？

答：（低头沉默不语）……

问：你也不用回答我，你毕竟是大姐，我说你了，你也不好意思，不过你也不用和我不好意思，我见的人多了，在我面前坐的人也多了，你的素质是高的，虽然我年龄比你小，但是我干的这行决定了我见的人不一定比你少，对吧？

答：（声音略低）那是，你们天天接触各式各样的人。

问：你也不是一般人，一个女人天天管理那么大一个市场，不简单，但是你毕竟是一个女人，还是有时候转不过来弯，以为做的事情能神不知鬼不觉的，要是10年前差不多，现在科技这么发达了，做点违法的事情想神不知鬼不觉的是不可能了。我现在可以提醒你一下，李文广认识吧？

答：（犹豫一下）认识啊，以前我们市场的，现在去那个市场了，那才不是个玩意呢，那个人不怎么地。

问：怎么不咋的了，说说？

答：他违反合同，没有履行完合同就搬走去别的市场经营了，法院已经判他进行赔偿了，现在还欠我们10多万没执行完呢，天天去我们市场煽动其他业主搬走，上蹿下跳的，不是个好东西。

问：2015 年他被打的那个事情你知道吗？

答：知道啊。

问：你怎么知道的啊？

答：（犹豫了一下）我、我听市场里那些业主说的，说他得罪人了，让人给打了，后来来市场也看到好像是哪儿受伤了。

问：我已经提醒你了，你应该明白什么意思吧？

答：我明白啊，你的意思是不是我找人打的他呗，我倒是真想打他一顿，可是没等我打呢就有人打他了，我也不知道谁打的啊？

问：你的意思是 2015 年李文广被打一事不是你干的呗？

答：不是我干的，我倒是想了，可是不知道谁就把他打了。

问：是吗？我得到的消息可不是这样啊？

答：你说是我干的吗？我可没那能耐。

问：既然能这么兴师动众地把你们夫妻两个找回来，你要是聪明人就应该想到我们肯定是掌握了一定的证据了才会动手，不然，你丈夫李峰也是市政协委员啊，民主党派，没有十足的把握我们能轻易动人吗？所以我这个当弟弟的奉劝一下大姐你也不要抱有什么侥幸心理了，我刚刚说的那个先让你心理平衡的事情就是 2015 年李文广被打一事，这个事情不会冤枉你，也不可能冤枉你，我能轻声细语地跟你谈话是刚刚通过交流知道你们夫妻二人也不是他们反映的那么坏，能相互把对方的儿子抚养成人也是不错的人，但是还是那句话，人不坏不代表不犯错误，这个事情你就犯了一个错误，现在你心理平衡了吧？

答：你说的那个事情也不是我干的啊？我倒真想打他一顿。

问：这样吧，真人不说假话。聊了这么长时间我也忘了介绍自己的身份了，我姓杨，是市局刑侦支队专门负责测谎工作的，也就是我今天来不是审讯你的，我只是来对你进行测谎，明白吗？

答：我不懂。

问：你是说你不懂测谎吗？

答：你说的我不懂。

问：不懂没有问题，你是技校毕业，有一定的文化，我一解释你就懂了，这个不要紧。你以前没在电视里看过测谎仪吗？

答：没看过，我也没有时间看电视啊。

问：那不要紧，你是很聪慧的人，一点就通。刚刚我们说了2015年李文广被伤害的案子，你说和你没有关系，我们已经掌握足够的证据证明和你有关系，不但和你有关系而且你还是指使者，不过你现在不要轻易否定什么，因为那样会对你很不利，因为嘴不是长在你一个人身上，那么多人的，你以为他们不知道怎么回事情吗？再说你家里那个亲属，也是当时的经理，不是现在在看守所里的吗？你以为你自己不说他们能不说吗？

答：（向右侧扭过脸小声说）那也不是我干的，他们愿意说什么就说什么呗，和我有啥关系啊？

问：你在那里小声说什么呢？你以为你自己给自己增强信心就管用吗？你也是见过世面的人，你那不是自欺欺人吗？有意思吗？这次我就当没听到，知道吗？你不服气没有问题，一会儿用科学来进行鉴定，好不好，鉴定出来了是要负法律责任的，知道吗？

答：（低头沉默）……

问：这就对了，不要瞎说话，从现在开始你可以不说话，但是说的每一句话都要是真话，知道吗？我就是负责测谎的，我最生气别人在我面前撒谎，知道吗？你也别把我惹生气了，我现在管你叫大姐，也是尊重你，但是人也要识敬，人有脸树有皮，不要把自己的尊严弄没了，到那时也别怪我这个弟弟翻脸不认人，听到了吗？

答：（向两侧扭头，沉默不说话）……

问：这就对了，我现在不需要你说话，需要你思考你自己的问题。我刚刚跟你也说了很多，现在我还是你弟弟，我能照顾到的还是要尽量照顾你，谁让我认你这个大姐呢？（对旁边的同事说）给大姐拿瓶矿泉水喝，（同事递给她一瓶矿泉水）刚刚带你回来你也挺紧张的，回来后开始你还感觉挺委屈，现在我这个弟弟也跟你说了很多了，你喝点水平复一下心情，好好想想何去何从，我这个当弟弟的是不是在骗你，好不好？

答：（接过水仰着头喝了一口，接着沉默）……

问：你也不要只顾喝水，喝水的时候也要想一想下一步怎么办，是一条道走到黑呢，还是争取一个好的态度，把主动权掌握在自己的手里，你自己好好想一想，我也不着急，有的是时间，你边想我边问你，李峰现在和你一起管市场吗？

答：他早都不管了，半年也不来一次。

问：什么时候开始不管的？

答：2015 年，那家海鲜市场开业的前几个月就不管了，以前一直是他管市场，他被人家熊的不想干了，我一看这种情况，我就开始管了，他那才熊呢，我就咽不下这口气，市场也不能让人家熊黄啊，凭啥我们干了 20 多年了，他上来就让我们黄啊，凭啥他要干就不让我们干啊？凭啥啊？

问：大姐，你说这些话我不反对，市场是开放的，是不允许垄断的，只要办营业执照了就可以合法经营啊，别的市场不能阻止你们正常经营市场，同样你们也不允许阻止别人合法经营市场，我说的对不对？

答：那是，谁也不能不让谁开啊？

问：话又说回来了，你们也不能因为你们家经营了 20 多年了，就不让别人经营了，是吧？

答：我们也没不让他们经营啊，但是他们也不能老是上我这里抢业主啊，你们经营你们的，我们经营我们的，凭啥欺负人啊？

问：他们要是不正当竞争肯定是不对的，但是即使他们不正当竞争，他们要是违法犯罪了你们可以报警啊，但是你们不能自己也做违法犯罪的事情，知道吗？

答：我报警了啊，报了很多次警，可是分局他们也处理不了啊，每次最后都不了了之。

问：只要是违法犯罪的，分局肯定是要处理的，但是构成犯罪的，你们要是当时调解了，也是正常的啊？据我所知你们市场因为打架，只是轻微伤，最后在公安机关你们自己调解了，不用公安机关处理了，是不是有这回事啊?

答:(犹豫一下)有啊,是有两次。

问:这就对了吧,你不要老是说公安机关如何如何,有时候是因为治安案件,你们自己调解了,不构成犯罪,你们可以私下调解的,这也是符合原则的,所以你不要老是把责任往公安机关身上推,你哪次报警公安机关没管?如果真不管你完全可以找督查部门投诉他们,你现在就告诉我有没有不管的时候吧?

答:(声音略小)那倒是没有。

问:这就得了呗,不要抱怨这个抱怨那个,首先要想想自己做没做违法犯罪的事情,别老是说别人,知道吗?今天找你们来就是要说你们的事情,刚刚也说了,等你们自己的事情谈清楚了,可以给你机会检举揭发别人违法犯罪的事情,刚刚让你边说边想2015年李文广被伤害一案的事情,不知道你想的怎么样了,现在你可以不说,先进行测试,如果你通过测试我二话不说,我找领导打你放了,因为我们不能冤枉好人,但是如果测试鉴定出来了,你没有通过,就必须要给我们一个说法了,刚刚说了不能冤枉一个好人,但是我们也不能放过一个坏人。你虽然谈不上是坏人,可是违法犯罪了就要承担责任,不过一会儿真要是没有通过测试,我这个当弟弟的也帮你出出主意,毕竟我干了近20年的警察了,可以说一般的律师有可能都不如我啊,我可以帮你出出主意尽量大事化小,但是不能化了,知道吗?也可以说好汉做事好汉当,别看你是一个女的,我之所以管你叫大姐就是你说话确实挺汉子的,不像个女人,所以要是你自己做的事情就自己担下来不要牵扯不必要的人,特别是你的家人,是不是,话先说到这里,你现在也不必要和我说什么,等我们测试鉴定出来,再说下一步怎么办,你不会不敢测试吧?

答:有啥不敢,做呗。

问:对啊,既然你说不是你干的,没啥不敢做的,不做亏心事不怕鬼敲门是不是?

答:那是,不做亏心事不怕鬼敲门。

问：那就是你同意进行测谎呗？

答：（犹豫，声音略小）那就同意呗，不同意也不行啊。

问：这就对了，既然敢说和你没有关系还怕啥？

答：我没怕啊？

问：没怕就好，既然你同意了，一会儿签一个书面的协议书代表你同意，我们还是走正规程序，不过弟弟会对你网开一面，到时候测试之前把需要测试的题提前告诉你，这样对你也是照顾了，行不行？

答：行，听你的。

问：（向她出示）这是测谎协议书，你详细看看里面的内容，如果看不懂我可以给你读，你是自己看还是需要我读给你听，大姐。

答：我自己看吧，眼睛有点花，没戴老花镜。

问：那怎么办，需不需我去给你找一个老花镜？

答：不用了，我慢点仔细看就行了。

问：不着急，你仔细看好了，签完字是需要负责任的，知道吗？

答：知道了。（仔细看了五分钟左右）我看完了，上面写着我完全承担责任是什么意思啊？我是挺相信科学的，也相信你，可是你的这个仪器我也不了解啊，要是出现误差怎么办啊？

问：既然你提出来了异议，我就现在给你讲一讲测谎仪的测谎准确性和科学性。我向你介绍一下测谎是怎么回事，让你对测谎的科学性和原理更了解一些，省得你心里老是没底，行吧？

答：行。

问：我给你讲一下测谎的由来和科学性原理，该项技术是100多年前意大利的科学家龙勃罗梭发明的，书面上叫作生理心理测试技术，在我们国家也有40多年的历史了，国内公安、检察院、司法、军队等部门都应用得非常好，所以这项技术已经很成熟了，现在摆在你面前的这台仪器已经参与侦办案件几百起了，从来没有失误过，可以说那些案子基本上都比你这个案子大知道吗？所以你放心它的科学准确度吧，不要担心误差什么的。听明白了吗？

答：听明白了。

问：你相信科学吧？

答：科学肯定是相信的啊，现在谁能不相信科学啊？

问：那就得了呗，这就是科学，你相信科学就是相信这个测谎技术啊。

答：（有所犹豫）那就测吧。

问：既然你同意测谎了，那我再给你重申一遍协议书上的内容，这个测谎协议书上面写着你本人同意进行心理测试（测谎）的，主测官已经向你解释了心理测试（测谎）的原理，你本人对解释表示满意，相信心理测试（测谎）技术并对测试结果完全负责，听明白了吗？

答：（声音略低）听明白了……

问：在协议书下面的被测人那里签上你的名字和日期并且按上指纹吧。

答：（犹豫签了字并按了指纹）……

问：刚刚说了，一会儿我在正式测试之前，先把测试的问题告诉你，我问你什么你就简洁回答“是与不是”“知道不知道”“明白不明白”“清楚不清楚”……不用摇头不用点头也不用解释，你听明白了吗？

答：我听明白了。

问：一会儿你尽量放松，不过你也放心，即使你紧张我也不会测错的，紧张那部分会排除掉的，好不好？

答：来吧，都已经这样了，我怕啥啊。

问：哈哈，你也是有身份的人，吐口吐沫也是个钉啊。

答：也不是太有身份，可是我也是讲理的人。

问：这就好，现在给你戴上测谎仪的传感器（陪同测谎的女民警用三分钟将仪器戴上）。你现在准备好了吗？

答：准备好了。

开始测试……

第一组：

中性　是　你是王小莉吗？

准相关 是 关于李文广被伤害一事，你愿意如实回答问题吗？
准绳 否 你以前是做过怕人知道的事情吗？
相关 否 李文广是被你指使他人伤害的吗？
中性 是 你是汉族人吗？
准绳 否 你以前是做过对不起别人的事情吗？
相关 是 是你指使他人伤害的李文广吗？
准绳 否 你以前是做过不道德的事情吗？
相关 否 伤害李文广的人，是你指使的吗？
准相关 否 除了刚才问的以外，你担心问你别的问题吗？

第二组：

中性 是 你是王小莉吗？
中性 是 你是大庆人吗？
准相关 是 关于李文广被伤害一事，你愿意如实回答我的问题吗？
相关 否 李文广被伤害，你怀疑是别人伤害的他吗？
准绳 否 你以前是做过怕人知道的事情吗？
相关 否 李文广被伤害，你知道是谁干的吗？
相关 否 李文广被伤害，是你指使他人干的吗？
中性 是 你是汉族人吗？
相关 否 李文广被伤害，是背后有你认识的人指使的吗？
准绳 否 你以前是做过对不起别人的事情吗？
相关 否 你知道作案人是因为什么要伤害李文广的吗？
题外 否 除了刚才问的，你担心问你别的问题吗？

第三组：

中性 是 你是叫王小莉吗？
中性 是 你是大庆人吗？
准相关 是 关于李文广被伤害一事，你愿意如实回答我的问题吗？
相关 否 你知道作案人是几个人吗？
准绳 否 你以前是做过怕人知道的事情吗？

相关　否　你知道作案人是哪里的吗？

相关　否　你知道作案人用的是什么工具吗？

中性　是　你是汉族人吗？

相关　否　你知道作案人伤害到李文广的什么部位了吗？

准绳　否　你以前是做过对不起别人的事情吗？

相关　否　你知道作案人的工具是哪里来的吗？

题外　否　除了刚才问的，你担心问你别的问题吗？

第四组：

首题　否　你是叫王小莉吗？

首题　否　你知道直接伤害李文广的人有几个吗？

中性　否　1 个人吗？

中性　否　2 个人吗？

中性　否　3 个人吗？

相关　否　4 个人吗？

中性　否　5 个人吗？

中性　否　5 人以上？

第五组：

首题　否　你是叫王小莉吗？

首题　否　你知道作案人是怎么找到李文广的吗？

中性　否　是告诉地址自己找到的吗？

中性　否　是跟踪过去的吗？

中性　否　指认李文广的开车辆了吗？

中性　否　亲自领着到现场了吗？

中性　否　指认李文广本人了吗？

第六组：

首题　否　你是叫王小莉吗？

首题　否　你知道什么原因伤害李文广吗？

中性　否　因为女人？

中性　否　个人矛盾？

中性　否　受人指使？

中性　否　经济上？

中性　否　其他原因？

第七组：

首题　否　你是叫王小莉吗？

首题　否　你知道伤害李文广的真正目的是什么吗？

中性　否　想打死他？

中性　否　想开个玩笑？

中性　否　想吓唬吓唬他？

中性　否　想让别人看看好害怕？

中性　否　其他目的？

第八组：

首题　否　你是叫王小莉吗？

首题　否　你知道雇佣他人一共花了多少钱吗？

中性　否　2000 元左右？

中性　否　3000 元左右？

中性　否　4000 元左右？

中性　否　5000 元左右？

中性　否　6000 元左右？

中性　否　6000 元以上？

经过近一个小时的中心测试（测试出的数据相对清晰）……

综合测试结论：（1）王小莉为 2015 年李文广被伤害的指使人；（2）作案动机：经济方面；（3）没有亲自到现场；（4）目的：让其他业主害怕；（5）作案人数：不清楚；（6）一共花了 5000 元左右。

问：现在基本上测完了，大姐你心里应该明白结果了吧，你是聪明人还用我直说吗？还是那句话，这事情不要牵扯太多的人了，好汉做事好汉当，你也算是女中豪杰了，不要关键时候让别人看笑话，对吧？再说了人家也有家庭也有孩子，孩子还那么小，刚刚上幼儿园，你让人家为了你家的市场骨肉分离，你于心何忍啊？之前说到你们两口子对对方的孩子像自己家的孩子一样，说你们这么做是心地善良，可是人家也有孩子啊，人家媳妇一个人在外面看孩子容易吗？老妈还浑身是病，人家在市场里没有一分钱股份，一个月就挣4000元钱，你让人家一个人去承担，你这是善良的表现吗？（声音突然加大）我问你，你现在回答我的问题，你们两口子那么做是善良的表现吗？

答：（低头沉默，两个手互相使劲地搓着）……

问：现在让你说话了你怎么不说话了？是不好意思说了吧，刚才不让你说你还要说现在为什么不说了啊？是内心愧疚了吧，刚刚测试结果还用告诉你吗，我认为没有那个必要了，因为测试时你内心是怎么反应的你知道，我的仪器也知道，还需要我这个当弟弟的说出来吗？我说出来了我们之间还能成为朋友吗？我要给你面子和余地，是因为我们之前聊得很好，我认为你也不容易，可是现在事实已经很清楚了，你要是再说一些没有用的，我可真的瞧不起你了，你毕竟也是有身份有地位的人，你要是地痞流氓我就不跟你说这么多了，测完了我就走了，我的任务完成了，何必和你磨叽呢，没必要啊，我把鉴定报告给主办单位就OK了，他们该怎么办就怎么办呗，还有那么多的证据在那里，再加上这份鉴定报告，定你罪没有任何问题啊，那我为什么要说这么多呢？无非就是想帮助你，因为之前我答应你了，管你叫一声大姐，我不能白叫啊，肯定也用我的资源在不违反原则的前提下尽量帮你啊？你一个女同志身体还不好，对吧？这么一个小事，办案单位能把你怎么的啊？李文广当时什么样你也知道，咋的没咋的，不是吗？连轻伤都够不上，但是事情是由你引起的，你不承担让人家大小伙子承担，人家怎么办，家里老人和孩子怎么办，你怎么向人家家人交代，我现在就问你一句，这个事情你丈夫李峰知道吗？

答：（猛地一抬头）他不知道，他也不上市场上来（马上止住不说话了）。

问：不对吧，你们两口子，这个事情你能瞒着他吗？

答：（犹豫了一分钟左右）我没跟他说，我也是过后才知道的，是庞国找人打完了之后才跟我说的。这个事情李峰问过我是不是我干的，我说不知道。

问：（及时制止，声音略大）不对吧？我说了，我们经过测试了，你我都心知肚明的，真人不说假话，既然已经这样了，还有必要像挤牙膏似的往外挤吗？有意思吗？人家已经说得很明白了，再加上我们刚刚做的测试，整个事情已经完全清楚了，你说你丈夫李峰对这个事情不知情，我为什么不追究呢？不要再吞吞吐吐的了，既然已经说了，何必半说不说呢，现在没有给你取笔录是对你照顾，如果按照你说的给你取笔录，你看看最后结果怎么样？到了法院那个环节一看你就没有坦白从宽的情节了，即使外面的人想帮你都没有机会了，还是那句话嘴又不长在你一个人身上，你不说人家也会说，人家为什么要那么为你卖命啊，这个时候了，谁不自己保自己啊？再说了这个事情也是你引起的，人家实话实说也是对的啊，已经为了你在看守所里蹲了4个多月了，也够意思了，你还想让人家全部都替你顶下来吗？你自己的良心也过不去吧？从现在开始，我不想听你说你是过后才知道这个事情之类的话，我就问你你做这个事情时和李峰商量了吗？

答：他不知道，他那才熊呢，我要是找他商量，他能让吗？

问：那你是在什么情况下让庞国干的这个事情？

答：（犹豫了一会儿声音略低）我报警也没有人管，那天把我气哭了，我回来市场看到庞国在门口，我就对他说，找人揍他一顿，让他上蹿下跳的，我当时就那么一说，谁知道过了几天庞国告诉我事情办完了。

问：其实呢，大姐，这些事情你不说我们也知道了，只是你要是自己说出来对你还是有很大好处的，你好占据主动权，是不是，我们刚刚聊了那么长时间，其实不是我们求你，而是你应该求我们，因为这个案子已经板上钉钉了，你不说也一样能定罪。只不过你主动说对你自己及你的丈夫李峰都有好处的。

答：这个事情和李峰没有关系，他不知道。

问：和他有没有关系要看事实，我听听你说一下这件事情的详细经过，再说这个事情和李峰是否有关系，如果真和他没有关系，我这个当老弟的绝不冤枉他。（声音突然提高）不过大姐，我可丑话说到前面，你要是再像刚才那样挤牙膏似的，说一半藏一半，那你就别说了，我可没时间管你了。我立马就走，看看你能得到什么好处。你现在详细说一下2015年李文广被伤害的详细过程，我听听。

答：（无奈的样子）好吧，2015年三四月份的时候，那家海鲜市场要开业了，李文广就上蹿下跳拽我们市场其他业主去那家市场干，我看着就生气，正好有一天运海鲜的物流在高速公路口被那家海鲜市场的人截住了不让给我们送货，我就在会战分局报案了，当时是早上会战分局说不是他们辖区的，我就非常生气，我就自己去解决了，当时我气哭了，大约9点多，我回到市场，在市场门口我看到庞国在就对庞国说你找几个收拾一下李文广，吓唬吓唬他，让对方海鲜市场知道我们也不是好惹的，就这样，过了三四天一天中午11点多庞国给我打电话说事情办完了，我问人打的怎么样，他说没咋地，打跑了，后来市场里就传出来李文广被打的消息了，事情的经过就是这样的。

问：打李文广你花钱了吗？

答：庞国说一共给了4000元连加油带请吃饭。

问：这个钱你给庞国了吗？

答：不用给，当时庞国手里就有市场的钱作为日常经费，我就让他从市场的经费里直接扣除4000元了。

问：还有其他吗？

答：好像是当时庞国说有一个人在打架时手机打坏了。

问：怎么办了？

答：好像是一个翻盖手机，仿货，我给了庞国钱让庞国给买了一个新的，好像我给了他1000元左右。

问：买手机时你没去吗？

答：我记得我没去，时间太长了，我记不清楚了。

问：打李文广庞国亲自去了吗？

答：我记得他没去，怕被认出来，应该他找人去的。

问：他找的几个人，都是谁，你知道吗？

答：我还真不知道。

问：你让庞国吓唬吓唬李文广是什么意思？

答：就是打他一顿，让他以后别跟我们嘚瑟。

问：你对庞国说让他们也知道我们不是好惹的是什么意思？

答：意思是打李文广震慑一下对方海鲜市场我也不是好惹的，也让其他业主看看我们也不是好惹的。

问：这个事情李峰参与了吗？

答：他真没参与，他一直怀疑这个事情是我干的，我一直没有承认。

问：你还有其他要说的吗？

答：这个事情和我丈夫李峰没有关系，事情是我自己惹的，我愿意自己承担责任。

图书在版编目（CIP）数据

审讯测谎一体化实务宝典 / 杨鹏著 . —北京：中国法制出版社，2019. 5

ISBN 978 – 7 – 5216 – 0199 – 2

Ⅰ. ①审… Ⅱ. ①杨… Ⅲ. ①审理 – 测谎 Ⅳ. ①D918

中国版本图书馆 CIP 数据核字（2019）第 073524 号

策划/责任编辑　陈兴（cx_legal@163. com）　　封面设计　李　宁

审讯测谎一体化实务宝典

SHENXUN CEHUANG YITIHUA SHIWU BAODIAN

著者/杨鹏

经销/新华书店

印刷/河北鑫兆源印刷有限公司

开本/730 毫米 × 1030 毫米　16 开　　印张/23. 25　字数/333 千

版次/2019 年 5 月第 1 版　　2019 年 5 月第 1 次印刷

中国法制出版社出版

书号 ISBN 978 – 7 – 5216 – 0199 – 2　　定价：69. 00 元

北京西单横二条 2 号

邮政编码：100031　　传真：010 – 66031119

网址：http：//www. zgfzs. com　　**编辑部电话：010 – 66010405**

市场营销部电话：010 – 66033393　　**邮购部电话：010 – 66033288**

（如有印装质量问题，请与本社印务部联系调换。电话：010 – 66032926）